Klaus Riedel

Empathie bei Kindern psychisch kranker Eltern

Dr. phil. Klaus Riedel

arbeitet als Kinder- und Jugendlichenpsychotherapeut in Bielefeld. Er ist Diplom-Pädagoge und Diplom-Sozialarbeiter und tätig als Ausbilder für Personzentrierte Spieltherapie sowie als Dozent und Supervisor in der Fort- und Weiterbildung für Psychotherapeuten und Fachkräfte aus pädagogisch-therapeutischen Arbeitsfeldern.

für Neele und Mara

© 2008 GwG-Verlag, Köln

Lektorat: Thomas Reckzeh-Schubert
Layout: Jan Hansmann

Cover unter Verwendung eines Gemäldes von Andrea Ridder, Bielefeld: Horizonte, Acryl auf Leinwand, 2007

ISBN 978-3-926842-42-8

Klaus Riedel

Empathie bei Kindern psychisch kranker Eltern

GwG-Verlag, Köln
Gesellschaft für wissenschaftliche Gesprächspsychotherapie

Inhalt

Einleitung 8

1 **Das Phänomen der Empathie in der therapeutischen Theorie und Praxis** 10

    1.1   Modellansätze zur Empathie 11
           1.1.1   Der pragmatische Ansatz von Carl Rogers 11
           1.1.2   Entwicklungspsychologische Aspekte 16
           1.1.3   Bindungstheoretische Aspekte 22
           1.1.4   Geschlechtsspezifische Aspekte 25
           1.1.5   Sozialpsychologische Aspekte 27
           1.1.6   Empathie als Teil der Emotionalen Intelligenz 28
           1.1.7   Empathie und Aggression 29
           1.1.8   Empathie und Gefühlsansteckung 31
           1.1.9   Empathie und Perspektivenübernahme 34
           1.1.10 Empathische Reaktionen in Mimik, Gestik und Körpersprache 40
           1.1.11 Diagnostik von Empathie 42
           1.1.12 Empathie und der Einfluss der Spiegelneuronen 44
    1.2   Empathie in der Psychotherapie 47
           1.2.1   Der Personzentrierte Ansatz 49
           1.2.2   Der Psychoanalytische Ansatz 52
           1.2.3   Der Verhaltenstherapeutische Ansatz 54
    1.3   Schlussfolgerung 55

2 **Die Situation der Kinder und ihrer Eltern** 58

    2.1   Überblick zum derzeitigen Forschungsstand 58
           2.1.1   High-Risk-Forschung 60
           2.1.2   Genetische Studien 62
           2.1.3   Sozialpsychiatrische und familienorientierte Ansätze . 63
           2.1.4   Sozialpädagogische Ansätze 65
    2.2   Psychosoziale Belastungsfaktoren für das Familiensystem ... 67
           2.2.1   Belastungen für die Familie 69
           2.2.2   Belastungen aus der Perspektive der Eltern 72
           2.2.3   Belastungen aus der Perspektive der Kinder 77
    2.3   Protektive und kompensierende Faktoren für das Familiensystem 84
           2.3.1   Hilfreiche Aspekte auf Seiten der Familie 85
           2.3.2   Hilfreiche Aspekte auf Seiten der Eltern 88

	2.3.3	Hilfreiche Aspekte auf Seiten der Kinder	89
2.4		Diskussion	94

3 Hilfsangebote für Kinder psychisch kranker Eltern ... 100

- 3.1 Hilfsangebote im Rahmen der Psychiatrie ... 100
  - 3.1.1 Angehörigenvisite ... 100
  - 3.1.2 Angehörigengruppen ... 102
  - 3.1.3 Mutter-Kind-Angebote ... 105
- 3.2 Hilfsangebote im Rahmen der Jugendhilfe ... 109
  - 3.2.1 Erziehungsberatung ... 110
  - 3.2.2 Tagesgruppe ... 112
  - 3.2.3 Heimunterbringung ... 113
- 3.3 Psychotherapeutische Hilfsangebote ... 114
  - 3.3.1 Ambulante Angebote ... 115
  - 3.3.2 Stationäre und teilstationäre Angebote ... 116
- 3.4 Kind-orientierte Modellprojekte ... 117
  - 3.4.1 Kinderprojekt Auryn ... 117
  - 3.4.2 Präventionsprojekt Kipkel ... 122
  - 3.4.3 Kinderprojekt Mannheim ... 125
- 3.5 Institutionelle Schwierigkeiten bei der Entwicklung von Hilfsangeboten ... 133
  - 3.5.1 Kooperation der Fachdienste untereinander ... 134
  - 3.5.2 Finanzierung der Hilfsangebote ... 136
  - 3.5.3 Kompetenz der Anbieter ... 137
- 3.6 Schwierigkeiten bei der Inanspruchnahme der Hilfsangebote ... 139
  - 3.6.1 Organisatorische Schwierigkeiten ... 140
  - 3.6.2 Falsch verstandene Schonung durch die Eltern ... 141
  - 3.6.3 Redeverbot über die psychische Erkrankung ... 142
  - 3.6.4 Angst vor negativen Auswirkungen durch die Jugendhilfe ... 143
- 3.7 Zusammenfassung ... 144

4 Die empirische Untersuchung ... 147

- 4.1 Fragestellung und Forschungsstrategie ... 147
- 4.2 Die Untersuchungsgruppen ... 148
- 4.3 Testbeschreibung ... 148
  - 4.3.1 Die Child Behavior Checklist (CBCL) ... 149
  - 4.3.2 Der Empathie-Test für Kinder (ETK) ... 150
  - 4.3.3 Der Fachkraft-Fragebogen (FKB) ... 152
- 4.4 Durchführung der empirischen Untersuchung ... 153

	4.4.1	Vorbereitungsphase 154
	4.4.2	Versendung der Fragebögen 154
	4.4.3	Auswertungsphase 155
4.5	Ergebnisse 156
	4.5.1	Soziodemographische Beschreibung der Versuchs- und Kontrollgruppe 156
	4.5.2	Ergebnisse der Child Behavior Checklist (CBCL) ... 160
	4.5.3	Ergebnisse des Empathie-Tests für Kinder (ETK) ... 167
	4.5.4	Ergebnisse des Fachkraft-Fragebogens (FKB) 169
	4.5.5	Ergebnisse hinsichtlich der Erkrankung der Eltern . 179
	4.5.6	Die Empathiefähigkeit von Kindern psychisch kranker Eltern................................ 181
4.6	Ergebnisdiskussion 191
	4.6.1	Befunde und Interpretationen 192
	4.6.2	Folgerungen 198
	4.6.3	Hinweise zur praktischen Umsetzbarkeit der Ergebnisse 200

Literaturliste **202**

Abbildungsverzeichnis **216**

Tabellenverzeichnis **217**

Anlagenverzeichnis **219**

Sachregister **245**

Einleitung

Über psychisch Kranke existieren zahlreiche Publikationen, viele Aspekte psychischer Erkrankungen werden in Studien erörtert, aber darüber, welche Auswirkungen diese Erkrankungen auf die Kinder haben, ist kaum etwas bekannt. Dem Thema wurde lange Zeit weder in der Theorie noch in der Praxis Bedeutung beigemessen. Wenige Forschungsarbeiten bilden eine Ausnahme; erste deutschsprachige Studien werden in den 1980er Jahren durchgeführt, die erste deutschsprachige Monografie erscheint 1994. Danach wird lediglich vereinzelt zu diesem Themenkomplex publiziert. Erst in jüngster Vergangenheit gewinnen die *Kinder psychisch kranker Eltern* an Relevanz, was sich auch an einer deutlichen Zunahme von Kongressen und Fachtagungen zu diesem Thema sowie vermehrten Veröffentlichungen in den letzten Jahren erkennen lässt.

Ein Grund für den noch unzureichenden Forschungsstand kann die Tabuisierung der psychischen Erkrankung sein, da problembelastete Kinder selten in ihrer Rolle als *Kinder psychisch kranker Eltern* in Beratungsstellen, Jugendhilfeeinrichtungen, psychotherapeutischen Praxen oder Kinder- und Jugendpsychiatrien vorgestellt werden, sondern eher psychische oder somatische Krankheitssymptome oder Verhaltensauffälligkeiten im Vordergrund stehen. Der zusätzliche Aspekt der psychischen Erkrankung eines oder beider Elternteile wird vernachlässigt oder sogar völlig ausgeblendet.

Die Tatsache des geringen Bewusstseins bezüglich der Problematik der *Kinder psychisch kranker Eltern* sowohl in der Theorie als auch in der Praxis motivierte mich, über den Weg der wissenschaftlichen Auseinandersetzung mit der Thematik vorhandenes Material zu sichten sowie neue Erkenntnisse zu sammeln und auszuwerten, um darüber gegebenenfalls weiterführende Hilfsmöglichkeiten aufzuzeigen und anzustoßen. Insofern ist mir mit der vorliegenden Arbeit sehr daran gelegen, neben der wissenschaftlichen Abhandlung eine enge Theorie-Praxis-Verknüpfung zu ermöglichen.

Schließlich habe ich mich dem Themenkomplex *Empathie* zugewandt, der zwar in einigen Theorien einen gewissen Stellenwert einnimmt, jedoch ebenfalls bis auf wenige Veröffentlichungen eher selten umfassend untersucht und dargelegt worden ist. Das Thema *Empathie bei Kindern psychisch kranker Eltern* vereint somit zwei Themenkomplexe, die bislang wenig im Fokus der Fachöffentlichkeit gestanden haben, gleichsam aber interessante und lohnenswerte Anhaltspunkte für eine wissenschaftliche Auseinandersetzung bieten.

Zunächst wird das Phänomen der Empathie in Theorie und Praxis näher beschrieben, indem anfangs verschiedene Modellansätze zur Empathie erörtert werden, danach wird skizziert, welchen Stellenwert die Empathie in der Psychotherapie einnimmt, um schließlich zentrale Aspekte der Empathie zusammenfassend darzustellen.

Im zweiten Kapitel wird die Situation der Kinder psychisch kranker Eltern einer genaueren Betrachtung unterzogen. Nach einem Überblick über verschiedene Forschungsansätze werden die psychosozialen Belastungsfaktoren für die Familie sowie kompensierende und protektive Faktoren genauer analysiert. Dies geschieht jeweils zunächst aus der Perspektive der Familie, daran anknüpfend aus der Perspektive der Eltern und schließlich aus der der Kinder.

Verschiedene Hilfsangebote werden im dritten Kapitel vorgestellt. Angebote aus Psychiatrie und Jugendhilfe sowie psychotherapeutische Hilfen und kindzentrierte Modellprojekte werden ausführlich erörtert, bevor Schwierigkeiten bei deren Entwicklung und Inanspruchnahme aufgezeigt werden; Letzteres geschieht aus Perspektive der Institutionen und aus Sicht der Hilfesuchenden.

Die empirische Untersuchung zur *Empathie bei Kindern psychisch kranker Eltern* wird im vierten Kapitel dargestellt. Nach Beschreibung der Fragestellung, der Forschungsstrategie und der Untersuchungsgruppen folgen die genaue Darstellung der eingesetzten Testverfahren und Angaben zur Durchführung der Untersuchung. Anschließend werden die wesentlichen Ergebnisse präsentiert und es werden im Rahmen der Ergebnisdiskussion Befunde, Interpretationen, Folgerungen und Hinweise zur Umsetzbarkeit der Ergebnisse aufgezeigt.

Das Buch ist so aufgebaut, dass es von Anfang bis Ende gelesen werden kann. Die einzelnen Kapitel (Empathie; Situation der Kinder psychisch kranker Eltern; Hilfsangebote; empirische Untersuchung) können jedoch auch unabhängig voneinander bearbeitet werden, wobei die Zusammenfassung am Ende eines jeden Kapitels sowie das Sachregister im Schlussteil dabei wertvolle Orientierungshilfen geben können.

1 Das Phänomen der Empathie in der therapeutischen Theorie und Praxis

Der Begriff *Empathie* wurde Anfang des 20. Jahrhunderts vom amerikanischen Psychologen Titchener geprägt, als er eine Übersetzung für den deutschen Begriff *Einfühlung* suchte. Unter Einbeziehung des griechischen *empatheia* (heftige Leidenschaft, hineinfühlen) übersetzte er *Einfühlung* mit dem englischen Wort *empathy*. Dabei erschien ihm bei seiner anfänglichen Definition eine gewisse Nähe zum Begriff *sympathy* wichtig (vgl. Wispé 1986; Körner 1998). Auch in englischsprachigen Texten wird die ursprüngliche Herkunft des Begriffs *empathy* nicht geleugnet: „Indeed, it was from *Einfühlung* that the word *empathy* entered our language in 1912 (see Shorter Oxford English Dictionary)" (Bavelas et al. 1987, S. 318). In der folgenden Zeit gerät der Begriff *Einfühlung* in deutschsprachigen wissenschaftlichen Publikationen zunächst in Vergessenheit. In den 1950er Jahren wird die *Einfühlung* durch die aus dem angloamerikanischen Sprachraum übernommene *Empathie* verdrängt.

Historisch gesehen taucht der deutsche Begriff *Einfühlung* erstmals im 18./19. Jahrhundert auf und wird zunächst von Naturwissenschaftlern und Philosophen definiert als Möglichkeit, das Fremdartige selbst teilhabend zu erleben und sich davon ansprechen zu lassen (vgl. Körner 1998). Der Philosoph Theodor Lipps ist es schließlich, der, Anfang des 20. Jahrhunderts maßgeblich an der Transformation des eher philosophisch geprägten Empathie-Begriffs in die psychologische Terminologie mitwirkt (vgl. Körner 1998).

Im Rahmen der Weiterentwicklung sucht Titchener nach Abgrenzungen zum Begriff *sympathy*, was als Mitgefühl oder Teilen der Situation eines Anderen, ohne dabei die Gefühle des Anderen zu teilen, verstanden wurde. Empathie schien also emotional intensiver zu sein (vgl. Cierpka 2004). Das Verdienst der meisten Veröffentlichungen und Studien der damaligen Zeit kommt Titchener zu, der sich bemüht, ein differenzierteres Verständnis von Empathie herauszuarbeiten. Er beschreibt die zwei Seiten des Empathiebegriffs „as a way of knowing another's affect and as a kind of social bonding" (Wispé 1986, S. 316). Empathie beinhaltet also einerseits das Verständnis des emotionalen Zustandes eines Anderen sowie andererseits die Kompetenz des Mitfühlens beim Gegenüber.

In jüngeren wissenschaftlichen Publikationen existiert eine Vielzahl von Definitionsversuchen und Erhebungsinstrumenten zu Empathie mit jedoch unterschiedlicher Schwerpunktsetzung. Unter den Autoren, die genauere Definitionsversuche zu Empathie unternehmen, scheint es lediglich Einigkeit darüber zu geben, dass der Empathie schwerpunktmäßig eine entweder *kognitive* oder aber *affektive* Komponente zuzuschreiben ist, wobei ein Dissens bezüglich der Gewichtung besteht. Innerhalb der Publikationen und Übersichtsarbeiten kann ein Konsens lediglich darüber hergestellt werden, „daß man Empathie als einen *Mechanismus der sozialen Kognition* versteht, der Aufschluß über die emotionale Verfassung eines Anderen vermittelt, wobei die ‚Teilhabe an der Emotion' des Anderen eine entscheidende Rolle zugewiesen wird" (Bischof-Köhler 1989, S. 13).

Betrachtet man die Fachpublikationen unter Berücksichtigung altersspezifischer Komponenten, muss man feststellen, dass Studien für die Generation der Kinder und Jugendlichen äußerst selten zu finden sind. Zwar sind Empathie sowie entsprechende Kompetenzen bei Kindern und Jugendlichen Bestandteil zahlreicher Präventions-, Interventions- und Trainingsprogramme bei psychosozialen Auffälligkeiten; Forschungsergebnisse zur Empathiefähigkeit für diese Altersgruppe existieren jedoch verhältnismäßig wenige.

1.1 Modellansätze zur Empathie

Einer der Ersten, der sich mit Empathie in der pädagogisch-therapeutischen Praxis beschäftigt und daraus seine Persönlichkeits- und Therapietheorie entwickelt hat, ist der Mitbegründer der humanistischen Psychologe, Carl Rogers (vgl. Rogers 1959; Wispé 1987). Da dem Ansatz der Empathie zudem eine von drei wesentlichen Kernvariablen zukommt, ist es nahe liegend, den Ansatz von Rogers im folgenden Kapitel näher zu beschreiben.

1.1.1 Der pragmatische Ansatz von Carl Rogers

Für Carl Rogers ist die Empathie eine der drei wichtigsten Säulen seines von ihm begründeten ursprünglich Non-direktiven, später Klient-zentrierten und mittlerweile als Personzentriert bekannten Ansatzes.

In dem umfangreichen Sammelband über Empathie (vgl. Eisenberg und Strayer 1987) werden die Werke von Carl Rogers als die wohl wichtigsten Arbeiten zur Empathie überhaupt beschrieben: „Die vielleicht wichtigste Arbeit über Empathie war die von Carl Rogers (1942, 1951, 1957, 1975). Er hatte enormen Einfluss im Bereich der individuellen Beratung. Die meisten haben jedoch die

Zeit vergessen, oder wussten nichts davon, während der er am einflussreichsten war. Dies begann in den 1950er Jahren, als große Hoffnungen in Psychotherapie gesetzt wurden" (Wispé 1987, S. 27).

Dabei wird auf die Zeit der 1950er Jahre verwiesen, eine Zeit, in der große Hoffnungen in die Psychotherapie gesetzt wurden. Es war die Zeit nach dem Zweiten Weltkrieg, als an den öffentlichen Diskussionen zahlreiche Psychologen teilnahmen und immer mehr erkennen mussten, dass sie die Welt nicht verändern konnten. In diesem Klima erlangte Rogers' Idee von Empathie eine neue Renaissance.

Rogers hatte sich lange Zeit um eine klare Definition des Empathiebegriffes bemüht, die schließlich erstmals 1959 veröffentlicht wurde: „Der Zustand der Empathie oder empathisch sein bedeutet, das innere Bezugssystem eines anderen genau und mit den entsprechenden emotionalen Komponenten und Bedeutungen so wahrzunehmen, als ob man die Person selbst wäre, ohne jedoch die ‚als-ob'-Situation aufzugeben. Das bedeutet, das Verletztsein oder das Vergnügen des anderen so zu empfinden, wie er es empfindet, und deren Ursachen so wahrzunehmen, wie er sie wahrnimmt, ohne jedoch jemals zu vergessen, daß wir dies tun, ‚als ob' wir verletzt oder vergnügt usw. wären. Geht dieses ‚als-ob' verloren, dann wird daraus Identifikation" (Rogers 1959, S. 210f.; ebenfalls zit. in Rogers 1976, S. 35; Rogers 1980a, S. 77f.; Rogers 1989, S. 37).

In dieser ausführlichen ersten Definition kommt deutlich zum Ausdruck, dass es sich in der Anfangsphase der Non-direktiven Therapie keinesfalls um eine bloße Technik handelt, mit Hilfe derer die Gefühle des Klienten widergespiegelt werden oder, wie vielfach behauptet wurde, bei der der Therapeut einfach die letzten beiden Worte des Klienten wiederholen müsse, um auf eine non-direktive Art und Weise therapeutisch mit ihm zu arbeiten. Vielmehr sei es notwendig, die gefühlte Bedeutung des Erlebten beim Klienten wahrzunehmen und zu reflektieren (vgl. Rogers 1980a, S. 76).

Gendlin, ein langjähriger Mitarbeiter von Rogers, hat diesen Teil des Konzeptes 1962 zu seinem als *Experiencing* beschriebenen Konzept weiterentwickelt und dabei dem Konstrukt *Erleben* einen großen Bereich eingeräumt. Nach Rogers hat Empathie ebenfalls mit gefühlten Ereignissen zu tun: „Für Gendlin richtet sich Empathie auf die *gefühlte Bedeutung*, die der Klient in diesem bestimmten Augenblick erfährt" (Rogers 1980a, S. 78).

Anhand eines Beispiels kann die Bedeutung der Empathie und die Suche nach der Gefühlsbedeutung veranschaulicht werden: „Ein Mann in einer Encounter-Gruppe hatte unklare negative Aussagen über seinen Vater gemacht. Der Gruppenleiter sagt: ‚Es klingt, als ob du ärgerlich auf deinen Vater wärest.' Er antwortet: ‚Nein, ich glaube nicht.' ‚Möglicherweise bist du unzufrieden mit ihm?' ‚Ja, vielleicht' (ziemlich zögernd). ‚Vielleicht bist du enttäuscht von ihm.' Rasch antwortet der Mann: ‚Das ist es! Ich *bin* enttäuscht, weil er nicht stark ist. Ich glaube, ich bin schon seit meiner Kindheit enttäuscht von ihm.' " (Rogers 1976, S. 36).

Im Laufe der Entwicklung seines Ansatzes gelang es Rogers, seine Definition von Empathie weiter zu präzisieren. Als einen der wesentlichen Aspekte der Modifikation seines Empathiebegriffes bezeichnete er die Verwerfung der Hypothese, bei der Empathie würde es sich um einen *Zustand* handeln. Vielmehr würde ein Verständnis von Empathie als *Prozess* eine exaktere und zutreffendere Definition darstellen.

Dieser Prozess der Empathie beinhaltet in der aktualisierten Definition von Rogers verschiedene komplexe und mit hohen Anforderungen verbundene Aspekte. Man müsse die innere Wahrnehmung des anderen umfassend erspüren und sensibel für verschiedene Gefühlsbedeutungen und deren Veränderungen sein. Man müsse Teil der inneren Erlebniswelt des anderen werden und sich feinfühlig darin bewegen. Dabei dürfe man jedoch nicht versuchen, sämtliche Gefühle, die man in ihm wahrnimmt, vollständig aufzudecken, da dies zu bedrohlich für den anderen werden könnte. Außerdem müsse man eigene Gefühle bezüglich der inneren Welt des Gegenübers wahrnehmen und mitteilen sowie ihm bei der Entwicklung und Entfaltung innerer Gefühlszustände zur Seite stehen. Dafür sei es erforderlich, eigene Norm- und Wertvorstellungen außer Acht zu lassen, um der anderen Person vorurteilsfrei begegnen zu können. Das gelänge jedoch nur, wenn man sich selbst in seiner eigenen Welt so sicher fühlt, dass man nicht gefährdet sei, sich in der Welt des anderen zu verlieren (vgl. Rogers 1980a; 1992b).

Bestätigt durch zahlreiche Praxiserfahrungen und Forschungsergebnisse stellt Rogers die eindrucksvolle und gewichtige Bedeutung der Empathie in zwischenmenschlichen Beziehungen heraus: „Im Laufe der Jahre haben sich die Forschungsergebnisse angehäuft, die den Schluß nahelegen, daß ein großes Maß an Empathie in einer Beziehung wahrscheinlich der wichtigste, sicher aber einer der wichtigsten Faktoren ist, welche Veränderung und Lernen bewirken" (Rogers 1980a, S. 76). Weiterhin beschreibt er zahlreiche Studien, die beispielsweise belegen, dass der ideale Therapeut in erster Linie empathisch sei, dass das empathische Verhalten eines Therapeuten mit zunehmender Erfahrung ebenfalls zunehme und dass Empathie mit Selbsterkundung und Fortschritt im Prozess korreliere.

In deutschsprachigen Übersetzungen des Personzentrierten Ansatzes wird das englische Wort *empathy* oft auch wortgetreu mit *Empathie* übersetzt und synonym verwendet, insbesondere wenn es sich um Übersetzungen der Originaltexte von Rogers handelt. Während einige deutsche Autoren in ihren Publikationen den deutschen Begriff *Einfühlung* bevorzugen, wird in den älteren deutschsprachigen Veröffentlichungen für *empathy* meist die Terminologie *Einfühlendes Verstehen* verwendet. Das Ehepaar Annemarie und Reinhardt Tausch, die Rogers' Ansatz in den deutschen Sprachraum einführten, entwickelten sogar eine Überblicksskala, in der das Ausmaß an einfühlendem Verstehen anhand von Skalenstufen eingeschätzt und bewertet werden kann (Abb. 1).

Finke (2003) macht in diesem Zusammenhang deutlich, dass die Terminologie *Einfühlendes Verstehen* aus zwei Teilaspekten besteht: Zum einen aus dem *Einfühlen*, einer emotional-intuitiven Komponente, in der identifikatorische Teilhabe eine Rolle spielt, und zum anderen aus dem *Verstehen*, einer eher kognitiven Komponente, bei der es um das Verstehen des Erlebens und des Sinngehaltes geht.

Rogers verzichtet auf die Darlegung exakter schriftlicher Definitionen von Empathie und auf Vorgaben zur Art und Weise, wie diese zu übermitteln ist. Trotzdem aber geht es ihm und anderen Vertretern des Personzentrierten Ansatzes darum zu betonen, dass nicht nur, wie vielfach behauptet, das Reflektieren der Gefühle des Gegenübers gemeint ist. Vielmehr beinhaltet Empathie weitaus mehr Aspekte und ist wesentlich umfassender zu verstehen. „Rogers hat nicht festgelegt, wie diese Empathie dem anderen mitzuteilen ist, da er keine Technik daraus machen wollte. Dies hat jedoch zu vielen Missverständnissen geführt. So wurde das empathische Verstehen auf *die Worte des Klienten spiegeln* reduziert. Empathisches Verstehen bezieht sich aber nicht nur auf Gefühle, die die Klientin explizit nennt, sondern auch auf die Gefühle, die *am Rande der Gewahrwerdung* auftauchen. Damit sind Empfindungen gemeint, die die Klientin spürt, die sie vielleicht andeutet, die sie aber noch nicht in Worte fassen kann. Zumeist sind diese Gefühle aus der nicht-verbalen Kommunikation ablesbar: aus Stimme, Mimik, Gestik und Körperhaltung. Einfühlendes Verstehen kann der Klientin auf verschiedene Weise mitgeteilt werden. Durch Worte, durch Schweigen, durch Körperkontakt. Immer geht es darum zu spüren, was die Kli-

Abb. 1: Überblicksskala über einfühlendes nicht-wertendes Verstehen
der inneren Welt des anderen durch eine Person, etwa in Schulen, Familien, Kindergärten, Hochschulen oder Betrieben. Mit dieser Skala kann das Ausmaß des einfühlenden nicht-wertenden Verstehens einer Person gegenüber einem anderen eingeschätzt werden.

Eine Person versteht einfühlend und nicht-wertend die innere Welt eines anderen und läßt ihn das erfahren

Kein einfühlendes Verstehen	Vollständiges einfühlendes Verstehen
• eine Person geht auf die Äußerungen des anderen nicht ein • sie geht nicht auf die vom anderen ausgedrückten oder hinter seinem Verhalten stehenden gefühlsmäßigen Erlebnisinhalte ein • sie versteht den anderen deutlich anders, als dieser sich selbst sieht • sie geht von einem vorgefaßten Bezugspunkt aus, der den des anderen völlig ausschließt • sie zeigt nicht einmal, daß ihr die vom anderen offen ausgedrückten Oberflächengefühle bewußt sind • sie ist entfernt von dem, was der andere fühlt, denkt und sagt • sie bemüht sich nicht, die Welt mit den Augen des anderen zu sehen • sie befaßt sich nicht mit den vom anderen geäußerten gefühlsmäßigen Erlebnissen oder schmälert diese, indem sie bedeutsam geringere gefühlsmäßige Erlebnisinhalte des anderen anspricht • ihre Handlungen und Maßnahmen sind nicht der inneren Welt des anderen angemessen, sie gehen an dem Fühlen und den inneren Bedürfnissen des anderen vorbei	• eine Person erfaßt vollständig die vom anderen geäußerten gefühlsmäßigen Erlebnisinhalte und gefühlten Bedeutungen • sie wird gewahr, was die Äußerungen oder das Verhalten für das Selbst des anderen bedeuten • sie versteht den anderen so, wie dieser sich im Augenblick selbst sieht • sie teilt dem anderen das mit, was sie von seiner inneren Welt verstanden hat • sie hilft dem anderen, die von ihm gefühlte Bedeutung dessen zu sehen, was er geäußert hat • sie ist dem anderen in dem nahe, was dieser fühlt, denkt und sagt • sie zeigt in ihren Äußerungen und Verhalten das Ausmaß an, inwieweit sie die Welt des anderen mit seinen Augen sieht • sie drückt die vom anderen gefühlten Inhalte und Bedeutungen in tiefgreifenderer Weise aus als dieser es selbst konnte • ihre Handlungen und Maßnahmen sind dem persönlichen Erleben des anderen angemessen

| Kein Verstehen | 1 | 2 | 3 | 4 | 5 | Vollständiges Verstehen | * |

*) Stufe 1 = kein einfühlendes nicht-wertendes Verstehen der inneren Welt des anderen
Stufe 3 = mäßiges einfühlendes nicht-wertendes Verstehen
Stufe 5 = vollständiges einfühlendes nicht-wertendes Verstehen
(Tausch und Tausch 1979, S. 181)

entin im Moment bewegt und welche Beziehung sie dem aus ihrem subjektiven Bezugsrahmen heraus zuschreibt. So entsteht ein fortlaufender gemeinsamer *Suchprozess*" (Weinberger 2001, S. 30).

1.1.2 Entwicklungspsychologische Aspekte

Die Gefühlsansteckung als wesentliche Komponente der Empathie beinhaltet einen nicht zu vernachlässigenden genetischen Bestandteil. Verschiedene Autoren beschreiben, dass die Fähigkeit, sich von Affekten anderer anstecken zu lassen, angeboren ist. Die Menschen teilen diese Kompetenz mit höheren, sozial lebenden Tieren (vgl. Bischof-Köhler 1989; Körner 1998).

Bischof-Köhler beschreibt die Gefühlsansteckung, die unter 1.1.8 noch näher behandelt wird, als verhältnismäßig primitiven Mechanismus, der auch bei Tieren als *Stimmungsübertragung* bekannt und existent ist. „Das Ausdrucksverhalten eines Artgenossen ruft im Beobachter die gleiche Motivation hervor, die der Beobachtete ausdrückt. Dadurch wird das Verhalten gruppenlebender Tiere synchronisiert, sie fangen beispielsweise an, gemeinsam zu fressen, zu schlafen oder auf Wanderung aufzubrechen. Nach allem, was wir wissen, genügt der Anblick des Ausdrucksverhaltens beim anderen als Auslösemechanismus für die entsprechende Motivation. Nichts im Verhalten der Tiere deutet nun aber darauf hin, dass damit eine Einsicht in die subjektive Verfassung des anderen verbunden wäre, dass sie also wüssten, wie dieser sich fühlt" (Bischof-Köhler 2001, S. 322).

Gefühlsansteckung bei Menschen tritt bereits bei Neugeborenen auf, wenn diese sich durch das Schreien anderer Babys in unmittelbarer Nähe anstecken lassen. Im Laufe des ersten Lebensjahres breitet sich diese Gefühlsansteckung auch auf andere Emotionen aus. Ist die Mutter beispielsweise traurig (fröhlich), so reagiert das Baby auch traurig (fröhlich).

Der interessanten Frage, was uns Menschen bei der Gefühlsansteckung von den Tieren unterscheidet bzw. ob wir Menschen ab einem bestimmten Alter nicht doch zusätzlich neben der Gefühlsansteckung zu intensiveren Wahrnehmungs- und Ausdrucksformen wie etwa Empathie in der Lage sind, ging Bischof-Köhler mit Experimenten mit kleinen Kindern nach. Hierfür brachte sie zweijährige Kinder in empathieauslösende Situationen, indem einer vertrauten erwachsenen Spielpartnerin ein Teddy kaputtging und diese Spielpartnerin daraufhin für zwei Minuten Trauer bekundete (Teddy-Experiment) bzw. indem in einem anderen Versuch der erwachsenen Person beim Essen ein

Löffel zerbrach, was von Trauer und Beendigung des Essens begleitet wurde (Löffel-Experiment) (vgl. Bischof-Köhler 2001, S. 322). Die Kinder reagierten daraufhin als:

- *Helfer*, die selbst das Essen oder Spielen beendeten, um aus ihrer Betroffenheit heraus etwas zu unternehmen; beispielsweise halfen sie, indem sie ihre Mutter holten. Sie waren lange gebannt von der Situation der Spielpartnerin und reagierten erst erleichtert, als die Situation gelöst war. Diese Kinder bezeichnete man als empathisch.

- *Ratlose/Verwirrte*, die keine Reaktion in ihrem Handeln zeigten, sondern ängstlich oder betroffen reagierten, als würden sie nicht verstehen, was gerade passierte. Diese Kinder wurden als ratlos und verwirrt bezeichnet; einige von ihnen reagierten etwas empathisch, allerdings ohne zu wissen, was sie tun sollten.

- *Gefühlsangesteckte*, die sich von der Mutter trösten lassen mussten, da sie selbst traurig waren und weinende Reaktionen zeigten. Diese Kinder reagierten eher selbstbezogen; ihre Emotionen galten nicht der Spielpartnerin, sodass sie nicht als empathisch betrachtet wurden.

- *Unbeteiligte*, die zwar kurz realisierten, was passiert war, dann jedoch zum Spielgeschehen oder Essen zurückkehrten. Diese Kinder galten deutlich als unempathisch.

Zunächst wurden bestimmte Gründe für die jeweiligen Reaktionsmuster vermutet, wie etwa ein intensiveres Vertrauensverhältnis zur Spielpartnerin oder zum Teddy, ein Schwerpunkt der elterlichen Erziehung auf Hilfehandeln, das Alter, eine größere Selbstsicherheit oder das Vorhandensein von Geschwisterkindern. Diese Annahmen mussten jedoch wieder revidiert werden. Stattdessen ergaben sich Korrelationen zu einem anderen Test, der sich mit Selbsterkennen befasste.

Im so genannten *Rougetest* wird ein Kind vor einen Spiegel gesetzt, in dem es sich sehen kann. Dann wird ihm, ohne dass das Kind es merkt, ein Farbfleck auf die Wange gemalt. Nach der erneuten Aufforderung, sich im Spiegel zu betrachten, wird die Reaktion des Kindes beobachtet. Die Kinder reagieren hier je nach Alter unterschiedlich:

- 12-15-monatige Kinder reagieren mit *Playmate-Verhalten*: Sie erkennen den Fleck nicht im eigenen Gesicht, sondern lediglich im Spiegelbild. Das Spiegelbild wird von ihnen wahrgenommen wie ein zweites Kind, dem sie Spielsachen reichen, zulächeln usw.

- Einige Kinder ab 15 Monaten reagieren mit *Vermeidungs-Verhalten*, indem sie nicht in den Spiegel schauen möchten, gleichsam aber auch davon fasziniert sind. Einige dieser Kinder erkennen bereits, dass der Fleck im eigenen Gesicht vorhanden ist.

- Andere Kinder ab 15 Monaten reagieren mit *Identifikation* des Rougeflecks. Sie ziehen Grimassen und erforschen den Fleck auf der Wange (vgl. Amsterdam 1972).

Die Verknüpfung zwischen den Kindern aus dem Rougetest und denen aus dem Teddy- bzw. Löffelexperiment stellt sich nun so dar, dass die *Helfer* fast ausnahmslos auch die Kinder waren, die mit *Identifikation* reagierten. Die *ratlosen, verwirrten* Kinder entsprachen den Übergangskindern, die mit *Vermeidung oder Faszination* reagierten; die *Unbeteiligten* zeigten das *Playmate-Verhalten*, konnten also den Fleck lediglich im Spiegelbild lokalisieren.

Somit kann ein deutlicher Zusammenhang zwischen Empathie und Selbsterkennen festgestellt werden. Entwicklungspsychologisch betrachtet entsteht beides im Laufe des zweiten Lebensjahres, wenn die Kinder deutlichere Vorstellungen verschiedener Sachverhalte entwickeln und lernen, diese sprachlich umzusetzen und zu verknüpfen. „Sie verfügen jetzt gleichsam über eine *mentale Probebühne*, auf der sie einfache Probleme in der Fantasie lösen können. Mentales Probehandeln kann aber nur effizient ablaufen, wenn das Kind auch über eine Vorstellung über sich selbst verfügt. Wir bezeichnen den diesbezüglichen Denkvorgang als *Selbstobjektivierung*. Diese stellt die Basis für Ichbewusstsein dar und ist für die Genese von Empathie in zwei Hinsichten von Belang: Sie bildet die Voraussetzung für eine *Abgrenzung von Ich und Du* und ist die Grundlage für die *Identifikation mit dem anderen*" (Bischof-Köhler 2001, S. 324).

Die Abgrenzung vom *Ich und Du* findet also ebenfalls im zweiten Lebensjahr statt, wenn sich neben dem Zustand des *Ich*, in dem ich mich einfach erlebe, wenn ich bin, das *Du* entsteht. Unter dem *Du* versteht man ein reflektierbares und bewusstes *Ich*, welches zusätzliche Eigenschaften beinhaltet, also ein *Ich*, das durch die Selbstobjektivierung zum *Du* wird (vgl. Zahn-Waxler et al.; Bischof-Köhler 2001).

Die Art und Weise des Erlebens von Emotionen sowie die Differenzierung zwischen Gefühlsansteckung und Empathie hängt nun von diesem Unterschied zwischen Ich und Du ab. Im Status des *Ich* erlebt man Gefühle des anderen als Gefühlsansteckung, bei denen man sich nicht bewusst ist, dass sie vom anderen kommen. Im Status des *Du* hingegen werden Ich und Du als Individuen mit unterschiedlichem Erleben wahrgenommen, die durch eine psychische Grenze voneinander getrennt sind. „Der Entwicklungsfortschritt zur Empathie besteht nun darin, dass im emotionalen Erleben des Kindes eine *Differenzierung* möglich wird: Das gleiche Gefühl kann eine unterschiedliche Qualität annehmen, je nachdem ob es primär am Ich oder am Du *verankert* ist. Der Kummer, der sich von der Spielpartnerin überträgt, ist dann nicht primär ein eigener Kummer, sondern ein Kummer, der auf die andere Person verweist" (Bischof-Köhler 2001, S. 325).

Andere Autoren sehen das Vorhandensein von Empathie mit seinen unterschiedlichen Komponenten ebenfalls erstmals im zweiten Lebensjahr im Rahmen der Mutter-Kind-Interaktion. Das Kind erlebt durch die Feinfühligkeit und Spiegelung der Mutter ein Gegenüber und beginnt zunehmend, sich ebenfalls in die Mutter einzufühlen (vgl. Cierpka 2004, S. 39). Diese positive Auswirkung mütterlicher Feinfühligkeit wurde mehrfach von Zahn-Waxler in ihren Untersuchungen beschrieben.

Aus Sicht der Säuglings- und Bindungsforschung ist seit jeher unbestritten, dass Empathie seitens der Mutter bereits ab Geburt von großer Bedeutung ist und der Säugling bereits sehr früh das Gegenüber als soziales Wesen sucht und in der Lage ist, mit ihm in einen Dialog einzutreten.

Daniel Stern hat in sehr beeindruckender Art und Weise die Bedeutung der frühen Mutter-Kind-Interaktion beschrieben. Innerhalb dieser Beziehung ist es u. a. wichtig, dass das Kind von seiner Bezugsperson eine empathische Spiegelung auf seine Emotionen erhält. Nach Stern tauchen bereits zu Beginn seiner vier Phasen der Selbst-Entwicklung erste kommunikative Affekte auf, die mimisch erkennbar sind. Während sich in den ersten zwei Lebensmonaten (Phase der Sensibilität für selbstorganisierte Prozesse bzw. *Welt der Gefühle*) die Affekte Interesse, Erregung und Freude entwickeln, kommen vom 3.-6. Monat (Phase des Kern-Selbst bzw. *Welt der direkten Kontakte*) Ekel, Abneigung, Traurigkeit und Verzweiflung hinzu. Im 7. bis 15. Monat (Subjektives Selbst bzw. *Welt der Gedanken*) entwickeln sich Ärger, Verachtung, Furcht und Scham, bevor sich im 15.-18. Monat (*Welt der Wörter*) das verbale oder konzeptuelle Selbst entwickelt. Die Phase der intensivsten mimischen Interaktion sieht Stern zwischen dem 3. und 6. Monat während der Entstehung des Kern-Selbst. Das Kind erlebt, dass es mit

Hilfe seines mimischen Ausdruckes auf seine Umwelt einwirken kann. Darüber hinaus experimentiert es mit der Nachahmung wahrgenommener affektiver Ausdruckssignale seiner Bezugspersonen und erweitert somit seinen eigenen Fundus an affektiven Ausdrücken (Stern 2000a; 2000b).

Bei Betrachtungen der Perspektivenübernahme (vgl. 1.1.9) unter kognitiven und entwicklungspsychologischen Gesichtspunkten wird zumeist auf die klassische Studie von Piaget und Inhelder verwiesen, die in ihrem „Drei-Berge-Versuch" den Nachweis zu erbringen versuchen, ab welchem Alter Kinder kognitiv in der Lage sind, zwischen der eigenen Perspektive und der einer anderen Person zu unterscheiden. In ihrer Studie kommen sie zu dem Ergebnis, dass Kinder ab 7-8 Jahren beginnen, verschiedene Perspektiven zu koordinieren und zu differenzieren und erst mit 9-10 Jahren zur umfassenden kognitiven Perspektivenübernahme in der Lage sind (vgl. Piaget und Inhelder 1971). Körner (1998), der ebenfalls auf die beiden Forscher verweist, korrigiert diese Altersangabe deutlich nach unten und legt sehr dezidiert dar, dass die Fähigkeit zur kognitiven Perspektivenübernahme sich bei Kindern ab etwa dem dritten Lebensjahr zu entwickeln beginnt und in den folgenden Jahren stetig weiter ausdifferenziert.

Auch andere Forschungsergebnisse weisen eher darauf hin, dass Voraussetzungen für Empathie nicht erst, wie andere Forscher behaupten, in der späten Kindheit entwickelt werden. Die Darstellungen von Bischof-Köhler (1989) weisen das erste Auftreten von Empathie im Alter von 16-24 Monaten nach, wenn ein Kind sich im Spiegel erkennen kann; Zahn-Waxler und ihre Mitarbeiter (1982; 1992) konnten ebenfalls empathisches Verhalten bereits bei zweijährigen Kindern beobachten. Im Rahmen einer ihrer Studien zu kindlichen emotionalen Reaktionen auf das Weinen eines anderen Kindes fanden sie heraus, dass Empathie – im Vergleich zu Ärger und Angst – die häufigste Reaktion der kindlichen Probanden auf das Weinen eines Frühchens bzw. Säuglings im Nachbarzimmer waren (Zahn-Waxler et al. 1983). Auch Thompson (1987) weist in seiner Studie nach, dass sich bei Kindern bis Mitte des zweiten Lebensjahres eine enorme Empathiefähigkeit entwickelt.

Ähnlich unterschiedlich und widersprüchlich wie die Aussagen zum erstmaligen Auftreten von Empathiefähigkeit sind altersspezifische Angaben zur Entfaltung und Entwicklung empathischer Kompetenzen im Laufe der kindlichen Entwicklung. Friedlmeier (1993) untersuchte die Veränderungen der Empathie in der kindlichen Entwicklung zunächst anhand verschiedener Veröffentlichungen von Forschungsergebnissen. Dabei stellte er fest, dass die Ergebnisse von Studien mit Bildgeschichten auf eine Zunahme von Empathie bis in die

Grundschulzeit schließen lassen, erst in der mittleren Kindheit sind keine Veränderungen mehr festzustellen. Auch Ergebnisse aus Fragebogen-Erhebungen lassen auf eine Zunahme von Empathie in der Grundschulzeit schließen. Anhand eigener Studien musste er diese Erkenntnisse jedoch revidieren und feststellen, dass nicht etwa, wie ursprünglich angenommen, ältere Jungen mehr helfen als jüngere, sondern das Gegenteil der Fall ist und die jüngeren Kinder sogar größere empathische Reaktionen zeigen.

Ebenfalls gegen eine altersspezifische Zunahme empathischer Kompetenzen, aber auch gegen eine Abnahme sprechen Erkenntnisse einer Studie, die Kinder im Alter von 4-11 Jahren mit Hilfe von Selbstberichten und nonverbalen Signalen auf das Weinen von anderen Kindern untersuchte und dabei keine altersspezifischen Abweichungen erkennen konnte. Auch mimische Studien zur Empathie beim Ansehen von Filmsequenzen scheinen keine signifikanten Abweichungen bei Kindern unterschiedlichen Alters zu zeigen (vgl. Friedlmeier 1993). Schließlich bestätigen Ergebnisse einer Meta-Studie von Eisenberg und Miller (1997) ebenfalls die geringe Relevanz des Alters der Kinder für empathische Reaktionen.

Es ist somit nahe liegend, die Empathieentwicklung nicht allein und vor allem nicht primär am Alter festzumachen, sondern andere Einflussgrößen mit einzubeziehen und ihnen ggf. den Vorrang einzuräumen. Nach allen bislang entwickelten Erkenntnissen scheint dabei der Entwicklung und Entfaltung des Selbstkonzeptes eine zentrale Bedeutung zuzukommen, was durch Aussagen verschiedener Autoren untermauert wird. Friedlmeier beschreibt das Phänomen sehr anschaulich: „Die Entwicklung des Selbstkonzepts ist nach Hoffmann und gemäß der hier postulierten Vorstellung eine zentrale Einflußgröße für das Verstehen möglicher Veränderungen in der Empathie im Laufe der Kindheit. Das Selbstkonzept seinerseits aber bleibt von der Empathie nicht unbeeinflußt: Gerade durch die emotionale Anteilnahme und die Erfahrung, die emotionale Lage des anderen nachzufühlen und zu verstehen, führt dazu, daß man auch erspürt, was andere über die eigene Person für Vorstellungen, Gedanken und Gefühle haben. Dies hat Rückwirkungen auf das Selbstkonzept, das heißt auf die Art und Weise, wie man sich selbst sieht, bewertet und definiert (vgl. Barnett, 1987). Dies trifft insbesondere für Bezugspersonen zu, die beim Aufbau des Selbstkonzepts eine wesentliche Rolle spielen" (Friedlmeier 1993, S. 141).

Die essenzielle Rolle der Bezugspersonen beim Aufbau des Selbstkonzeptes und somit auch bei der Entwicklung und Entfaltung von Empathiefähigkeit wird von allen anderen Autoren, die sich damit befassen, ebenfalls gesehen.

1.1.3 Bindungstheoretische Aspekte

Das ursprüngliche Konzept der Bindungstheorie wurde von John Bowlby konzipiert. „Eine der zentralen Aussagen von Bowlbys Theorie ist, dass der menschliche Säugling die angeborene Neigung hat, die Nähe einer vertrauten Person zu suchen. Fühlt er sich müde, krank, unsicher oder allein, so werden Bindungsverhaltensweisen wie Schreien, Lächeln, Anklammern und Nachfolgen aktiviert, welche die Nähe zur vertrauten Person wieder herstellen sollen. [...] Das *räumliche* Ziel dieser Verhaltensweisen ist Nähe, das Gefühlsziel ist Sicherheit" (Dornes 2000b, S. 23).

Bereits bei Säuglingen ist also das angeborene Bindungssystem existent und nachweisbar. Aus der Sicherheit zur Bezugsperson heraus sind sie in der Lage, ihr Explorationssystem zu aktivieren, und sie begeben sich nach erfolgter *Exploration* oder bei angstauslösenden Erlebnissen wieder in die Nähe ihrer Bindungsperson, indem ihr *Bindungssystem* aktiviert wird (vgl. Grossmann und Grossmann 1994; Bowlby 2005). Mary Ainsworth, die neben Bowlby zu den Mitbegründern der Bindungstheorie zählt, hat in dem Zusammenhang das Konzept der *Feinfühligkeit* in der Bindungsforschung entwickelt. „Feinfühligkeit ist nach Ainsworth die Fähigkeit des Erwachsenen, die Signale und Kommunikationen, die im Verhalten des Kindes enthalten sind, richtig wahrzunehmen und zu interpretieren, und wenn dieses Verständnis vorhanden ist, angemessen und prompt zu reagieren. Um die Signale zu bemerken, muß die Mutter häufig für das Kind verfügbar sein, und sie muß eine niedrige Schwelle für die kindlichen Äußerungen haben. Um ‚richtig interpretieren' zu können, dürfen mütterlicherseits keine Verzerrungen erfolgen, eine Mutter muß sich ‚empathisch' in die Situation des Kindes einfühlen können, sie muß ihre eigenen Wünsche und Gefühle kennen, und sie muß sich gegenüber den Bedürfnissen des Kindes abgrenzen können" (vgl. Grossmann und Grossmann 1994, S. 29).

Ainsworth hat verschiedene Intensitäten der Feinfühligkeit von Müttern entdeckt und daraus 1978 ihre in der Entwicklungspsychologie bekannten Untersuchungen zur *Fremde Situation* entwickelt (vgl. Brisch 2000; Dornes 2000a). Dabei werden einjährige Kinder verschiedenen Trennungssituationen ausgesetzt. Es wird untersucht, inwiefern einerseits das Erkundungsverhalten des Kindes durch Spielaktivität, andererseits das Bindungsverhalten nach erlangter Sicherheit durch die Wiederkehr der Mutter aktiviert werden. Im Rahmen der Untersuchungen wurden folgende drei klassische Bindungstypen gefunden (vgl. Brisch et al. 1999; Grossmann 2000):

- Sichere Bindung (B): Bei diesem Bindungsverhalten existiert ein ausgewogenes Gleichgewicht zwischen dem *Bindungssystem* und dem *Explorationssystem*; Gefühle werden den Bezugspersonen gegenüber offen kommuniziert, besonders auch negative Gefühle, die zum Aufbau von Nähe zur Bezugsperson beitragen. Die Kinder haben Vertrauen in die Bezugsperson, dass sie hilft, ihren durch die Trennung erlittenen Kummer zu lindern. Bei genügend Sicherheit entwickeln sie wieder Neugierde zu weiterer Exploration.

- Unsicher-vermeidende (distanzierte) Bindung (A): Kinder dieses Bindungstyps fallen durch ein stärkeres Neugierde-Verhalten zu Lasten eines schwächeren Bindungsverhaltens auf. Negative Gefühle der Bezugsperson gegenüber werden unterdrückt oder verdeckt, positive hingegen geäußert. Es kommt zu plötzlichen Wut- oder Ärgerausbrüchen. In Phasen von Furcht und Leid wird eine Distanz zur Bindungsperson aufrechterhalten, da die Kinder Sorge vor Zurückweisung haben. Nähe und Sicherheit zur Bindungsperson werden eher indirekt (z. B. durch Spielzeug, Leistungen, u.ä.) versucht zu erreichen.

- Unsicher-ambivalente (verstrickte) Bindung (C): Bei diesen Kindern fällt die deutliche Ambivalenz zwischen der Sehnsucht nach und dem Widerstand gegen den Kontakt zu der Bindungsperson auf. Sie bemühen sich um Kontakt, äußern aber gleichzeitig Ärger und Unmut in dem Kontakt. Insgesamt reagieren die Kinder ärgerlicher oder ängstlicher als die anderen Kinder beim *Fremde-Test* oder sie reagieren passiver. Die Nähe zur Bindungsperson scheint ihnen keine Sicherheit zu geben.

Später wurde eine vierte Bindungsform, die desorganisierte Bindung (D), differenziert. Sie kann im Zusammenhang mit einer der drei genannten Bindungstypen oder aber bei nicht klar zuzuordnenden Kindern vorkommen. Diese Kinder haben häufig Bindungs- oder Trennungstraumata erlebt oder sind Opfer sexueller oder körperlicher Misshandlung oder Vernachlässigung. Sie fallen durch stereotype Bewegungen, desorientiertes Verhalten, plötzliche aggressive Ausbrüche etc. auf und reagieren nicht selten mit Angst bei Rückkehr der Bindungsperson (vgl. Grossmann und Grossmann 1994). In der ursprünglichen Studie von Ainsworth in Baltimore 1978 waren 68% der Kinder sicher gebunden (B), 20% unsicher-vermeidend (A) und 12% ambivalent (C) (vgl. Dornes 2000a; 2000b).

In einer später durchgeführten großen Meta-Analyse zur Bindungsforschung von van Ijzendoorn (1996) wurde innerhalb der Durchschnittsbevölkerung von 23,2% unsicher-vermeidend gebundenen Kindern (A), 17,6% unsicher-ambivalent gebundenen Kindern (C) und 59,2% sicher gebundenen Kindern (B) ausgegangen (zit. in: Schmidt und Strauß 1997). Die desorganisiert gebundenen Kinder (D) wurden nicht in die Meta-Analyse einbezogen, ihre Prävalenz wird aber von anderen Autoren mit 10% beziffert (vgl. Grossmann und Grossmann 1996).

Aus den dargestellten Aussagen der Bindungstheorie lässt sich die große Bedeutung der Kommunikation und Interaktion des Säuglings bzw. Kindes mit seinen primären Bezugspersonen ableiten. Oder, wie es Grossmann aus der Perspektive der Bindungspersonen beschreibt: „Wir können also für das Bindungsverhalten abschließend sagen: Die Bindungsperson ermöglicht Gefühle der Sicherheit, die offene Kommunikation von Signalen fördert und eine sichere Bindung bietet. Ist das nicht der Fall, dann entwickeln sich vermeidende oder ambivalente Bindungsqualitäten" (Grossmann 2000, S. 46).

Deutlich erkennbar sind emotionale oder empathische Kompetenzen im Zusammenhang mit der Bindungsforschung. Die Bedeutung der Empathie für die Entstehung der ersten Bindungsbeziehung zur Mutter kommt im folgenden Zitat zum Ausdruck. „Ein anderer wichtiger Aspekt der Empathie in einem evolutionären Zusammenhang ist, dass er der Bindung von Individuen zueinander dient, insbesondere der der Mütter zu ihren Kindern" (Plutchick 1987, S. 43).

Bischof-Köhler (2000; 2001) befasst sich ebenfalls mit Auswirkungen von Bindungsrepräsentationen, indem sie bei unsicher gebundenen Kindern ein zu starkes oder zu geringes Maß an Gefühlsansteckung nachweist. In einer anderen Studie über das Bindungsverhalten Zweijähriger fand sie heraus, dass unsichere Kinder mehrheitlich unempathisch waren, und sie betont weiterhin: „Der Vergleich der Daten ergab einen deutlichen Zusammenhang von sicherer Bindung und empathischem Verhalten" (Bischof-Köhler 2000, S. 154).

Auswirkungen unsicherer Bindungsbeziehungen auf das Einfühlungsvermögen werden ebenfalls aus Perspektive der Neurobiologie beschrieben: „In unsicheren Bindungen gefangene Kinder lernen erstaunlich rasch, ihre Gefühle nicht zu zeigen, sie zu verstecken oder sogar bestimmte Gefühle zum Ausdruck zu bringen, die sie in Wirklichkeit gar nicht empfinden, von denen sie aber wissen, dass sie in einer bestimmten Situation von ihnen erwartet werden. [...] Sie gehen dabei bisweilen äußerst schlau vor und lernen, andere sehr genau zu beobachten. Aber ihnen fehlt die Fähigkeit, sich in andere Menschen hineinzuversetzen und deren Empfindungen mitzufühlen" (Hüther 2005, S. 110).

Der Neurobiologe Bauer geht davon aus, dass Empathie nicht angeboren ist, sondern sich erst durch Bindungsbeziehungen in der frühesten Kindheit entwickelt, und dass Menschen „neurobiologisch auf Bindung geeicht sind" (2006a, S. 62). Deutliche Zusammenhänge und Auswirkungen von Bindungsbeziehungen auf Prozessverläufe finden sich auch in der Psychotherapieforschung: „In der Psychotherapie-Prozeßforschung ist es heute eine gesicherte Erkenntnis, daß die *Qualität der emotionalen Bindung* zwischen Therapeut und Patient (,therapeutic bond') eine der besten Voraussetzungen dafür ist, eine erfolgreiche Behandlung vorherzusagen (Orlinsky et al. 1994)" (Brisch 2000, S. 86).

1.1.4 Geschlechtsspezifische Aspekte

Bezüglich geschlechtsspezifischer Besonderheiten existieren historisch betrachtet lang anhaltende soziologische, psychologische und auch psychoanalytische Diskussionsprozesse darüber, ob Frauen mehr Sensibilität für die Anteilnahme an Gefühlszuständen anderer aufweisen als Männer (vgl. Eisenberg und Lennon 1983).

Zahn-Waxler et al. (1983; 1992) erbrachten den Nachweis, dass Mädchen mehr Empathie verbalisieren als Jungen und im Bereich des prosozialen Verhaltens signifikante Unterscheidungsmerkmale zugunsten der Mädchen zu erkennen sind; gleichzeitig räumen sie aber ein, dass in den meisten anderen Studien keine Geschlechterunterschiede gefunden werden. Auch Borke (1971) beschreibt, dass die von ihr untersuchten Jungen und Mädchen sich im Rahmen der affektiven Perspektivenübernahme, die bei Borke mit Empathie gleichgesetzt ist, ebenso wenig unterscheiden wie im Benennen von Gefühlen allgemein. In jüngeren deutschsprachigen Veröffentlichungen zu diesem Aspekt wird eine ähnliche Haltung eingenommen. So berichten Schick und Cierpka (2003), dass Mädchen nicht, wie vermeintlich angenommen, mehr empathische soziale Kompetenzen aufweisen als Jungen.

Eisenberg und Lennon, die 1983 die umfassendste englischsprachige Literaturstudie zu Geschlechterunterschieden bei Empathie veröffentlicht haben, sind hier um mehr Differenzierung bemüht. Sie beschreiben, dass Empathie-Studien, die durch *Selbstberichte* erhoben wurden (zu Fehlerquellen bei Selbstberichten vgl. 1.1.11), signifikante Geschlechterunterschiede bezüglich der Intensität empathischer Reaktionen nachwiesen. Andere Studien hingegen, die das Ausdrucksverhalten zur Messung von Empathie heranzogen, zeigten nur noch schwache Effekte; wurden physiologische Reaktionen herangezogen, konnten keinerlei Unterschiede mehr festgestellt werden. Diese Ergebnisse finden Bestätigung in einer später veröffentlichten Literaturstudie der beiden Autorinnen hinsichtlich relevanter empirischer Forschungsarbeiten. Dabei zeigte sich, dass die Geschlechterunterschiede von der jeweiligen Forschungsmethode abhängen. In Studien, in denen die Teilnehmenden bewusste Kontrolle über ihre Antworten hatten, ergaben sich signifikante Geschlechterunterschiede; in Studien mit weniger Kontrollmöglichkeit für die Teilnehmenden wurden die Geschlechterunterschiede kleiner und in Studien ohne bewusste Kontrollmöglichkeit, wie z. B. physiologische und somatische Indikatoren, ließen sich keine Geschlechterunterschiede mehr feststellen.

Auch im Rahmen einer Studie von Gross und Ballif (1991) zum kindlichen Verständnis von Emotionen im Gesichtsausdruck wurden keine geschlechtsspezifischen Unterscheidungskriterien gefunden. Allerdings werden diese Studienergebnisse von Zahn-Waxler et al. (1992) trotz ihrer Eindeutigkeit kritisch gesehen. Ihrer Ansicht nach wiesen seinerzeit aktuelle Beobachtungsstudien darauf hin, dass bereits bei Kindern, die jünger als 14 Monate sind, geschlechtsspezifische Unterschiede wahrgenommen werden können. So zeigten Mädchen hier bei Konfrontation mit Qualen anderer Menschen mehr empathisches Verhalten und prosoziale Beteiligung als Jungen. Die Autorinnen vermuten als Ursache den bereits ab der Geburt vorliegenden geschlechtsspezifischen Sozialisationsdruck, der Mädchen eher auf physische und emotionale Bedürfnisse anderer reagieren lässt.

Diese unterschiedlichen Bewertungen und die Tatsache, dass Geschlechterunterschiede zwar weitläufig untersucht worden sind, in den relevanten Studien jedoch nur als Begleiterscheinung analysiert wurden, veranlassen Lennon und Eisenberg (1987) zu der Forderung nach größerer konzeptueller und methodischer Präzision bei zukünftigen Forschungsvorhaben. Bei Analyse der Geschlechterunterschiede im Zusammenhang mit Altersunterschieden der Kinder können nach Lennon und Eisenberg (1987) Veränderungen bezüglich des spezifischen Index der Empathie festgestellt werden. Im Allgemeinen nimmt Empathie in Selbstberichten über Gefühle, die ein Kind auf Fotos oder in Geschichten eines Anderen wahrnimmt, bis zur Mitte des Grundschulalters zu, pendelt sich dann auf dem erlangten Level ein oder nimmt wieder ab. Ähnliche positive Assoziationen mit zunehmendem Alter sind im Rahmen von Fragebögen zur Empathie bei Vor- und Grundschulkindern zu erkennen, während Ergebnisse von älteren Kindern oder Jugendlichen eher inkonsistent bewertet werden müssen. Genauso inkonsistent sind Selbstberichte über Empathie im Zusammenhang mit dem unmittelbaren Erleben von Gefühlen beim Gegenüber sowie physiologische Messungen, sodass hier keine altersspezifischen Aussagen zu Geschlechterunterschieden im Zusammenhang mit Empathie gemacht werden können.

1.1.5 Sozialpsychologische Aspekte

Neben den dargelegten entwicklungspsychologischen und geschlechtsspezifischen bzw. den noch auszuführenden inhaltlichen und personspezifischen Aspekten der Empathie gibt es auch prozessuale Betrachtungsweisen. Diese setzen sich mit funktionalen Komponenten, wie etwa der Analyse einer bestimmten Situation oder der Lenkung der Aufmerksamkeit, auseinander (vgl. Friedlmeier 1993). Gemeinsam ist diesen Modellen, die sich mit Empathie als Prozess befassen, dass sie ausnahmslos emotionale Einflüsse außer Acht lassen und stattdessen sozial-kognitive Prozesse in das Zentrum ihrer Untersuchungen stellen. Die Abgrenzung zwischen entwicklungspsychologischen und sozialpsychologischen Ansätzen wird folgendermaßen beschrieben: „Die entwicklungspsychologische Perspektive stellt in ihren Interpretationsansätzen stärker Empathie als personspezifisches Merkmal in den Vordergrund, während sozialpsychologische Untersuchungen eher die Situationsabhängigkeit betonen" (Friedlmeier 1993, S. 131).

Empathie wird in diesem letztgenannten Zusammenhang beispielsweise als Prozess definiert, der in drei Phasen verläuft. In der ersten Phase werden verbale und nonverbale Signale sowie Verhaltensweisen beim Gegenüber wahrgenommen, was wiederum zu kognitiven bzw. affektiven Reaktionen führt. In der zweiten Phase versucht der Beobachter dann, die eigenen Gefühle möglichst frei von kognitiven Störungen (z. B. Vorurteile, Verallgemeinerungen) zu halten. In der dritten Phase kommt es dann im Beobachter zu einer deutlichen und bewussten Trennung der Gefühle, die die Situation in ihm auslöst, und derer, die er mit der anderen Person teilt. Die empathische Reaktion des Beobachters beinhaltet jedoch nicht nur die Reaktion des Beobachters, sondern auch seine Verhaltensweisen der anderen Person gegenüber. Diese Rückmeldung des Beobachters impliziert eine kommunikative Komponente der Empathie, die nicht ausgeblendet werden darf (vgl. Keefe 1976; 1979).

Friedlmeier (1993) verwendet dieses 3-Phasen-Modell als Basis für sein *Aktualgenetisches Modell*. Die Wahrnehmung der Situation des Betroffenen (z. B. Person fällt vom Fahrrad) löst im Beobachter einen emotionalen Ausdruck (z. B. Traurigkeit) aus. Der Beobachter interpretiert die Situation für sich und reagiert entweder mit Mitleid, d. h. die Aufmerksamkeit bleibt auf das Opfer gerichtet; oder er reagiert angespannt bzw. ängstlich, was dazu führt, dass er versucht, der Situation zu entfliehen, und die Aufmerksamkeit nicht länger auf das Opfer zu richten, sondern mehr auf sich selbst. Aus der Mitleid-Reaktion wird sich eher eine altruistische Motivation des Helfens entwickeln, während aus der letztgenannten Reaktion eher eine egoistische Motivation des Umgangs mit der Situation resultieren wird. In einem letzten Schritt werden die unterschiedlichen Motivationen in Handlungen umgesetzt. Hier spielen eigene Kompetenzzuschreibungen und die Möglichkeit, sich der Situation zu entziehen, eine Rolle. Der Beobachter kann beispielsweise das Opfer unmittelbar trösten oder handelnd eingreifen, indem er ihm das Fahrrad aufhebt. Er kann aber auch durch Ablenken versuchen, die Situation zu entschärfen, oder sogar Außenstehende zur Hilfe bitten und sich dadurch selbst der Situation entziehen.

Selbstkritisch wird am Ende der Beschreibung des *Aktualgenetischen Modells* und der Studie von Friedlmeier jedoch angemerkt, dass sich die Frage nach Empathie als Persönlichkeitsmerkmal nicht beantworten lässt, da die Versuchspersonen in der Studie lediglich mit einzelnen Situationen konfrontiert und entsprechend untersucht worden sind.

1.1.6 Empathie als Teil der Emotionalen Intelligenz

Eine aufschlussreiche Einordnung des Empathiebegriffes erfolgt im Zusammenhang mit der Diskussion über *Emotionale Intelligenz* in der ersten Hälfte der 1990er Jahre, verbunden mit dem Namen des amerikanischen Psychologen Daniel Goleman. Ausgehend von den Forschungen zur rationalen Intelligenz subsumiert Goleman im Konstrukt der Emotionalen Intelligenz gewissermaßen als Gegenpol zum IQ des Menschen einen EQ, der all das umfassen soll, was die Welt der Gefühle betrifft. Beide Systeme, das rationale und das emotionale, agierten in beständiger, hochkomplexer Wechselwirkung. Goleman versteht unter Emotionaler Intelligenz eine zu erlernende, zutiefst menschliche Fähigkeit: „Das ist die Fähigkeit, unsere eigenen Gefühle und die anderer zu erkennen, uns selbst zu motivieren und gut mit Emotionen in uns selbst und in unseren Beziehungen umzugehen" (Goleman 1998, S. 387).

Grundlegend dafür, mit den eigenen Gefühlen und denen der anderen bewusster umzugehen, ist dabei die Empathie. Empathie ist bei Goleman: „Spüren, was andere empfinden; fähig sein, sich in ihre Lage zu versetzen, und persönlichen Kontakt und enge Abstimmung mit einer großen Vielfalt unterschiedlich geprägter Menschen zu pflegen" (1998, S. 388), also die „Wahrnehmung der Gefühle, Bedürfnisse und Sorgen anderer" (S. 39).

Die Wurzeln der Empathie sieht Goleman (1996) in der Selbstwahrnehmung. Je offener man für die eigenen Emotionen ist, desto besser kann man die Gefühle anderer deuten. Der psychische Kontakt, der jeder mitmenschlichen Regung zugrunde liege, beruhe auf Empathie, der Fähigkeit, sich emotional auf andere einzustellen.

Goleman bezieht sich auf die umfangreichen Forschungen von Robert Rosenthal et al. (1977), der mit dem PONS (Profile of Nonverbal Sensitivity) in den 1970er Jahren an der Harvard-University den ersten ernstzunehmenden Empathietest entwickelt hat. Er stützt sich auf Videoaufnahmen einer jungen Frau mit unterschiedlichen Gefühlen, die von den Probanden entschlüsselt werden mussten. Die Ergebnisse belegen, dass die Empathiewerte eng mit der Lebens- und Lernleistung zusammenhängen.

Hinsichtlich der Entfaltung der Empathiefähigkeit verweist Goleman auf die Bedeutung der frühkindlichen Erziehung: „Kinder (...) entwickelten mehr Empathie, wenn ihre Eltern sie dazu anhielten, den Kummer, den sie durch ihr Fehlverhalten einem anderen bereitet hatten, zu beachten, und sie nicht schalten: ‚Das war unartig!', sondern sie ermahnten: ‚Schau mal, wie traurig du sie gemacht hast'" (Goleman 1996, S.131). Goleman verweist darauf, dass eine mangelnde Herausbildung der Empathiefähigkeit in der Kindheit „später hohe emotionale Kosten nach sich ziehen" (1996, S. 134) kann.

Das Konzept der Emotionalen Intelligenz und des EQ wurde in der Folge heftig diskutiert und ist bis heute auf der Ebene der Soft Skills (Teamfähigkeit, Führungsstärke) und der überfachlichen Kompetenzen – etwa bei der Entwicklung von Lehr- und Erziehungsprogrammen – fruchtbar. Eine direkte Übertragung des Konzeptes auf therapeutische Anliegen ist bisher noch nicht erfolgt.

1.1.7 Empathie und Aggression

Im Kontext der Aggressionsforschung setzt man sich ebenfalls mit Aspekten der Empathie auseinander. Die Eindämmung von Aggressivität bei Kindern und Jugendlichen kann derzeit als maßgebliches gesellschaftliches Ziel betrachtet werden. Nach Cierpka existieren mittlerweile etliche Konzepte und Programme zur Reduzierung von Aggressivität. Ein wesentliches Merkmal vieler dieser Programme ist die Förderung von Empathie bei Kindern. „Wissenschaftlich fundierte Präventionsprogramme liegen mittlerweile vor, um Aggressivität von Kindern einzudämmen. Diese Programme setzen an der Entwicklung von prosozialen Kompetenzen an, um aggressive und destruktive Handlungen einzudämmen. Die *Empathieförderung* (Hervorheb. K.R.) ist dabei ein zentraler Bestandteil" (Cierpka 2004, S. 37).

Das wissenschaftlich fundierte und eines der zurzeit im deutschsprachigen Raum renommiertesten Programme *Faustlos* wird als Gewaltpräventionsprogramm zur Förderung sozial-emotionaler Kompetenzen und zur Stärkung der Konfliktfähigkeit bei Kindergarten- und Grundschulkindern verstanden. Bei *Faustlos* kommt der Vermittlung von Kompetenzen im Bereich Empathie ebenfalls eine herausragende Bedeutung zu, da diese als eine von drei wesentlichen Zielvorstellungen formuliert wird (vgl. Cierpka 2003; 2004; Fröhlich-Gildhoff 2006).

Analysiert man vorliegende Untersuchungen bezüglich Korrelationen zwischen Empathie und Aggressivität, so ist festzustellen, dass bei sehr kleinen Kindern noch keine Aussagen über den Zusammenhang zwischen diesen beiden Konstrukten gemacht werden können. Kleinen Kindern fehlt noch das Vorstellungsvermögen, dass beispielsweise Insekten oder andere Tiere, die sie quälen, genauso leiden wie sie selbst. Die Kinder können noch nicht empathisch sein, was mit der fehlenden Fähigkeit begründet wird, dem Tier eine, wie Körner (1998) es beschreibt, *Objektrepräsentanz* zuzuordnen.

Im Verlauf der weiteren Entwicklung und der damit verbundenen Entfaltung von Empathiefähigkeit kann jedoch anhand der von Miller und Eisenberg (1988) durchgeführten Meta-Analyse zahlreicher Studien eine negative Korrelation zwischen Empathie und Aggression festgestellt werden.

Für die Perspektivenübernahme als Teilbereich der Empathie kann ebenfalls ein aussagekräftiger Zusammenhang nachgewiesen werden. Delinquente Jugendliche weisen in einer Studie im Vergleich zu einer gleichaltrigen Kontrollgruppe signifikant größere Schwierigkeiten auf, die Perspektive einer anderen Person zu übernehmen. Die nicht-delinquenten Jugendlichen konnten trotz ethnischer und sozioökonomischer Unterschiede bedeutend größere Kompetenzen in der Perspektivenübernahme entwickeln als die delinquenten Jugendlichen, die hier deutliche Mängel aufwiesen (vgl. Chandler 1982).

Feshbach (1987) hat Empathieverhalten von Eltern, die ihre Kinder körperlich misshandeln, mit anderen Eltern verglichen und die Auswirkungen auf die Kinder untersucht. Dabei wurde ein Zusammenhang zwischen geringer Empathiefähigkeit bei den misshandelnden Eltern und Anpassungsschwierigkeiten bei den Kindern festgestellt. Körperliche Gewalt korreliert signifikant mit geringer Empathiefähigkeit auf Seiten der Eltern.

Ein Zusammenhang zwischen körperlicher Gewalt und mangelnder Empathiefähigkeit der Eltern und entsprechenden Widerspiegelungen bei den Kindern scheint nahe liegend und wird ebenfalls von verschiedenen Autoren (vgl. Steins 1990) angenommen. „Unempathische Eltern haben unempathische Kinder. Die Kinder der unempathischen, mißhandelnden Eltern zeigten geringere Selbstachtung und insgesamt unangepaßteres soziales Verhalten und waren vor allem viel aggressiver" (Binder 1999, S. 41).

Darüber hinaus zeigen aggressive Kinder häufig Auffälligkeiten im Bindungsverhalten. Durch ihre oft desorganisierten Bindungserfahrungen und eine wenig bis gar nicht empathisch spiegelnde Mutter entwickelt sich bei ihnen selbst ein „Entwicklungsdefizit für Empathie" (Cierpka 2004, S. 39f.). Im Umkehrschluss ist festzustellen, dass Personen mit einem hohen Maß an empathischen Kompetenzen bedeutend weniger aggressive Tendenzen zeigen als andere Personen. „Weil empathische Menschen sich in Sichtweisen hineinfühlen und -denken können, sind sie weniger gefährdet, andere misszuverstehen und sich über deren Verhalten zu ärgern. Die Reduktion von Ärger kommt aber auch daher, dass empathische Menschen dazu neigen, eigene aggressive Tendenzen zu unterdrücken, weil die Wahrnehmung von Schmerz und Distress bei anderen Menschen bei ihnen selbst zu Distress-Reaktionen führt (Feshbach 1984)" (Cierpka 2004, S. 38).

1.1.8 Empathie und Gefühlsansteckung

Im Rahmen ursprünglicher Definitionen von Gefühlsansteckung existieren keine Unterscheidungen zur Empathie. Auch in späteren Arbeiten werden die Begriffe synonym verwendet. Bischof-Köhler (1989; 2001) kritisiert den Umstand, dass eine Unterscheidung zwischen Empathie und Gefühlsansteckung in der Literatur oftmals nicht vorgenommen wird. Sie benennt den aus ihrer Sicht markanten Unterschied dahingehend, dass man sich bei der Gefühlsansteckung genauso von Emotionen des anderen berührt fühlt wie bei der Empathie, jedoch ist man sich bei der Gefühlsansteckung nicht bewusst, dass es sich um das Gefühl des anderen handelt. *„Phänomenal* ist Empathie die Erfahrung, unmittelbar der Gefühlslage des Anderen teilhaftig zu werden und sie dadurch zu verstehen. Trotz dieser Teilhabe bleibt das Gefühl aber anschaulich dem Anderen zugehörig. Darin unterscheidet sich Empathie von *Gefühlsansteckung* (z. B. bei Panik, Begeisterung oder ansteckendem Lachen), bei der die Stimmung des Anderen vom Beobachter selbst Besitz ergreift und dabei ganz zu dessen eigenstem Gefühl wird" (Bischof-Köhler 1989, S. 26).

Auch andere Autoren beziehen Position für eine Differenzierung zwischen Empathie und Gefühlsansteckung. Ihrer Meinung nach handelt es sich bei der Empathie um ein umfassenderes Konstrukt. „Allerdings ist die Affektansteckung noch nicht mit der Empathie gleichzusetzen. Denn die Einfühlung erleben wir *stellvertretend* für den anderen und können unser Erleben dem anderen zuordnen. Diese Dezentrierung, die Zuordnung des erlebten Affekts zu einem anderen, fehlt aber in der Affektansteckung vollkommen. Der angesteckte Affekt wird zu einem eigenen Erleben, und er bleibt es auch in der sorgfältigsten Selbstbetrachtung" (Körner 1998, S. 7).

Friedlmeier (1993) definiert die Gefühlsansteckung als emotionale Reaktion auf eine emotionale Situation einer anderen Person, bei der man denselben emotionalen Zustand einnimmt wie die andere Person, sich also „anstecken" lässt. Es entsteht eine Identifikation mit der anderen Person, die bei der Empathie nicht zwingend vorkommt, weil man sich dabei des emotionalen Unterschiedes zwischen sich und der anderen Person bewusst ist.

Dass sich Empathie aus verschiedenen Bestandteilen zusammensetzt und die Gefühlsansteckung einen wesentlichen Bestandteil der Empathie ausmacht, ist mittlerweile genauso unbestritten wie die bereits beschriebene Annahme, dass Gefühlsansteckung angeboren und bereits bei Neugeborenen zu beobachten ist. „Die angeborene, primärprozeßhafte Gefühlsansteckung bildet den Kern der Einfühlung. [...] Mit der Fähigkeit zur Perspektivenübernahme entwickelt das Kind eine zunehmend komplexer werdende Kompetenz, die soziale Lage des anderen Menschen mit dessen Augen zu betrachten und zu akzeptieren, daß dieser die Welt unter anderen Voraussetzungen sieht und daher auch andere Absichten und Ziele verfolgt" (Körner 1998, S. 12).

Gefühlsansteckung spricht auf das *Ausdrucksverhalten* des anderen an, nicht aber auf die *Situation*, in der man sich befindet (vgl. Bischof-Köhler 2001). Der Nachweis dafür wurde durch einen Versuch von Klinnert erbracht, der Säuglinge und deren Mütter beobachtet hat, die sich in einem Raum mit Spielzeug befanden. Die Säuglinge waren von der Mutter durch eine im Boden eingelassene Glasplatte getrennt, unter der sich ein Abgrund befand. Die Kinder machten das Überqueren des Abgrundes vom Ausdrucksverhalten der Mutter abhängig. Lächelte diese ihnen zu, überquerten sie die Glasplatte, schaute sie ängstlich, trauten sich die Kinder nicht über die Glasplatte (vgl. Binder 1999). Das im Ausdruck der Mutter erkennbare Gefühl löst also durch die Beobachtung des Kindes ein ähnliches Gefühl in ihm aus, die jeweilige Situation ist dabei zweitrangig.

Da es nun aber auch Situationen gibt, die allein schon beim Erzählen Empathie auslösen, wie etwa die Schilderung eines bewegenden Erlebnisses durch eine andere Person, muss es neben der Gefühlsansteckung noch weitere und zusätzliche Faktoren geben, die für die Empathie notwendig sind und den Unterschied zwischen beiden deutlich machen. Nach Bischof-Köhler (vgl. 2001) bildet die Gefühlsansteckung die Grundlage, für die jedoch ein deutliches Bekunden der Emotionen oder Intentionen im Ausdrucksverhalten des anderen notwendig sind. Auf dieser Grundlage von Gefühlsansteckung kann sich Empathie gewissermaßen als Entwicklungsschritt entfalten, sobald sich beim Kind eine psychische Grenze zwischen sich und dem Gegenüber ausgebildet hat. Das ist im zweiten Lebensjahr möglich, wenn das Kind sich im Spiegelbild erkennen kann und die Abgrenzung zwischen *Ich* und *Du* stattgefunden hat. „Der Anblick des anderen in seiner Situation bringt also im Beobachter das subjektive Erleben zum Klingen, das dieser Situation entspricht. Aber wiederum erlaubt die Abgrenzung von Ich und Du, das induzierte Gefühl auf den anderen und seine Situation zu beziehen und dadurch zu erkennen, dass es *seine* kennzeichnet. Der zuletzt genannte Punkt berührt nun eine Schwachstelle der Empathie. Wie stark und ob die Abgrenzung von Ich und Du stattfindet, hängt von Faktoren ab, über die wir kaum etwas wissen. Auch Erwachsene können noch von Gefühlsansteckung weggeschwemmt werden oder sich im gegenteiligen Fall gegen das Leid eines anderen so stark abgrenzen, dass von empathischem Mitempfinden nicht mehr die Rede sein kann" (Bischof-Köhler 2001, S. 326).

Bei der Beantwortung dieser Frage könnte die Bindungsforschung hilfreich und richtungweisend sein. Hier scheinen sich Zusammenhänge zwischen Bindungsqualität und Gefühlsansteckung abzuzeichnen (vgl. Bischof-Köhler 1989; 2001). Sicher gebundenen Kindern gelingt das Gleichgewicht zwischen Abgrenzung und Identifikation mit dem anderen deutlich besser als unsicher gebundenen Kindern, die sich von stark betroffen oder aber deutlich blockiert im Bereich der Gefühlsansteckung zeigen. In einer Studie über mögliche Zusammenhänge zwischen Empathie und Bindungsverhalten konnte nachgewiesen werden, dass unsicher gebundene Kinder signifikant unempathischer reagieren als sicher gebundene Kinder (vgl. Bischof-Köhler 2000).

Die Korrelationen zwischen Empathie und Gefühlsansteckung als wesentlichem Teilbereich der Empathie werden in der Fachliteratur äußerst unterschiedlich beschrieben und dargestellt. Einige Autoren sehen Parallelen und direkte Wechselwirkungen zwischen Gefühlsansteckung und Empathie: „Weil die Affektansteckung vermutlich den affektiven Kern empathischen Geschehens ausmacht, wirken sich Mängel in dieser Fähigkeit oder Bereitschaft auch als Störung der Empathiefähigkeit aus" (Körner 1998, S. 7).

Andere Autoren hingegen weisen darauf hin, dass sich die Gefühlsansteckung konträr zu anderen Teilaspekten der Empathie (z. B. Perspektivenübernahme) verhält. Die Ergebnisse der Studie von Behr et al. (2004) sprechen dafür, dass Gefühlsansteckung beispielsweise positiv mit Angst und Depressionen bei Kindern korreliert. Außerdem sind Kinder mit hohem Maß an Gefühlsansteckung schlechter in der Schule.

Genauere und vertiefende Untersuchungen des Konstrukts *Gefühlsansteckung* mit all seinen Facetten sollten durchgeführt werden und können Aufschluss darüber geben, welche Bedeutung sie für die Empathieentwicklung einnimmt und welche der dargestellten Theorien Anhaltspunkte zur Weiterentwicklung beinhalten.

1.1.9 Empathie und Perspektivenübernahme

Wie bereits ausgeführt, werden im Zusammenhang mit Empathie oft drei Aspekte (Gefühlsansteckung, Perspektivenübernahme, Mimik/Gestik/Körpersprache) benannt, wobei der Perspektivenübernahme von verschiedenen Autoren ein zentraler Stellenwert eingeräumt wird. In der Literatur werden die beiden Konstrukte *Empathie* und *Perspektivenübernahme* als eng zusammenhängend, teilweise sogar synonym betrachtet und verwendet (vgl. Borke 1971; Bischof-Köhler 1989; 2001). Nach Bischof-Köhler handelt es sich bei Empathie jedoch um eine eher emotionale Reaktion, bei der das empfundene Gefühl beim Gegenüber verbleibt. In Abgrenzung dazu definiert sie Perspektivenübernahme folgendermaßen: „Perspektivenübernahme ist ein rein rationaler Mechanismus, bei dem man sich in die Lage eines anderen *hineindenkt*, ohne emotional davon berührt zu sein" (Bischof-Köhler 2001, S. 321). Auch bei der Analyse verschiedener anderer Definitionen stellt man fest, dass Perspektivenübernahme fast ausnahmslos als kognitiver Prozess betrachtet wird (vgl. Steins 1998).

Die erste umfassende Studie zur Perspektivenübernahme haben Piaget und Inhelder im Jahr 1947 mit ihrem *Drei-Berge-Versuch* durchgeführt. Bei dem Versuch, der die *visuell-räumliche Perspektivenübernahme* untersuchte, bekamen vier- bis zwölfjährige Kinder ein 1m² großes dreidimensionales Pappmaché-Modell einer Gebirgslandschaft, eine kleine Holzpuppe sowie zehn Bildkarten dieser Landschaft aus unterschiedlicher Perspektive vorgelegt. Die Kinder sollten nun beschreiben, was die um die Berge herumwandernde Holzpuppe wohl sieht, bzw. sollten sie unterschiedliche Perspektiven den entsprechenden Bildkarten oder Fotografien zuordnen. Piaget und Inhelder (1971) schlossen aus ihren Ergebnissen, dass vier- bis sechsjährige Kinder noch so egozentristisch sind, dass für sie die eigene Perspektive identisch ist mit der Fremdperspektive aus Sicht der Holzpuppe. Erst ab dem siebten Lebensjahr sei es möglich, den Egozentrismus zu überwinden und eine andere visuell-räumliche Perspektive einzunehmen.

In der Folge entwickelte sich jedoch viel Kritik an den Studienergebnissen, und Folgestudien wurden initiiert (vgl. Steins und Wicklund 1993). Dabei konnte beispielsweise nachgewiesen werden, dass durch die Reduktion der Komplexität der Aufgabenstellung, durch aktive Interaktionsmöglichkeiten mit der Umgebung sowie durch die Bereitstellung von Orientierungshilfen für das Kind die Fähigkeit zur Perspektivenübernahme deutlich gesteigert werden konnte, und zwar auch bei Kindern, die nach Piaget und Inhelder noch in der Phase des Egozentrismus verhaftet schienen.

Das zweite Konzept ist als *konzeptuelle Perspektivenübernahme* bekannt und wird von manchen Forschern auch unter der Terminologie *sozial-kognitive Perspektivenübernahme* oder als *Rollenübernahme* subsumiert (vgl. Steins 1990; Rugulies 1993). Es wurde ursprünglich von Flavell et al. (1968) als *Paradigma der privilegierten Information* entwickelt. Zentraler Gedanke dieses Versuchsaufbaus ist, dass die Versuchsperson über Informationen verfügt, die der Person, deren Perspektive übernommen werden soll, fehlen. Ist die Versuchsperson in der Lage, das Informationsdefizit der anderen Person zu berücksichtigen, kann von einer Kompetenz zur Perspektivenübernahme ausgegangen werden. Gelingt das der Versuchsperson nicht, ist sie (noch) stark in der Phase des Egozentrismus verhaftet und zur Perspektivenübernahme nicht in der Lage (vgl. Rugulies 1993).

Beispielsweise wird einem Kind eine siebenteilige Bildergeschichte vorgelegt, in der ein ängstlicher Junge plötzlich von einem aggressiven Hund verfolgt wird und auf einen Apfelbaum flüchtet, wo er einen Apfel entdeckt und diesen verspeist. Nun werden einige der sieben Bilder entfernt, wodurch die

Geschichte einen vollkommen anderen Inhalt erhält: Der Junge geht einen Weg entlang, entdeckt den Apfelbaum, auf den er klettert, um einen Apfel zu verspeisen. Der Hund ist zwar zu sehen, bleibt allerdings im Hintergrund. Während des Versuchs befinden sich zwei Versuchsleiter mit dem Kind in einem Raum; der eine verlässt den Raum, während der andere dem Kind die siebenteilige Bildergeschichte mit dem aggressiven Hund vorlegt. Nach einiger Zeit kommt der zweite Versuchsleiter hinzu, dem die vierteilige Bildergeschichte vorgelegt wird. Das Kind wird anschließend aufgefordert, die Geschichte so zu schildern, wie der hinzugekommene Versuchsleiter sie wahrnehmen würde. Die Herausforderung besteht somit für das Kind darin, die eigene Perspektive zu unterdrücken, um die Perspektive des Gegenübers einzunehmen. Nach den ersten Studienergebnisse zur *konzeptuellen Perspektivenübernahme* gelingt es den Kindern erst ab einem Alter von neun Jahren, die Geschichte aus der Perspektive des Anderen zu erzählen.

Ähnlich wie bei den Untersuchungen von Piaget und Inhelder zur *visuellräumlichen Perspektivenübernahme* existieren mittlerweile zahlreiche Folgeuntersuchungen zur *konzeptuellen Perspektivenübernahme*, die daran zweifeln lassen, dass Kinder erst ab dem neunten Lebensjahr dazu in der Lage sind. Verschiedene Forscher wiesen nach, dass es auch hier durch die Anwesenheit vertrauter Personen oder die Vereinfachung des Versuchsablaufes möglich ist, bereits bei vier- bis fünfjährigen Kindern *konzeptuelle Perspektivenübernahme* nachzuweisen (vgl. Steins 1990; Steins und Wicklund 1993).

Das dritte Konzept der *affektiven Perspektivenübernahme* fußt auf den Studien von Borke (1971) und beinhaltet die Kompetenz einer Person, die Bedürfnisse und Gefühle einer anderen Person vorherzusagen. Bereits dreijährige Kinder sind demnach in der Lage – zumindest im Zusammenhang mit positiven Emotionen – eine fremde Perspektive zu übernehmen. Drei- bis achtjährigen Kindern wurden zunächst Zeichnungen von ängstlichen, traurigen, ärgerlichen und glücklichen Gesichtern gezeigt, die sie entsprechend benennen sollten. Anschließend wurde ihnen Geschichten vorgelesen, in der andere Kinder leicht als ängstlich (sich im dunklen Wald verirren), traurig (Verlieren eines Spielzeugs), ärgerlich (gezwungen werden, ins Bett zu gehen) oder glücklich (Essen eines Lieblings-Snacks) wahrgenommen werden konnten. Die Kinder wurden gebeten, die Gefühle der beteiligten Akteure aus der Geschichte zeichnerisch in einem leeren Gesichtsbild wiederzugeben. In einem zweiten Durchgang wurde ebenfalls eine Geschichte vorgelesen, in der einer der vier Emotionsausdrücke durch das Verhalten eines anderen Kindes ausgelöst wurde. Beispielsweise „Teilen von Süßigkeiten" oder „Schubsen vom Fahrrad". Die Kinder sollten nun anhand der Gesichtsbilder das Gefühl benennen, welches dem betroffenen anderen Kind am besten entspricht. Die Untersuchungen ergaben eine auf das Alter bezogene Zunahme an affektiver Perspektivenübernahme sowie eine Abhängigkeit von der Art der jeweiligen Emotion. „Die Ergebnisse legen einen allgemeinen Trend für das Anwachsen sozialer Sensitivität mit zunehmendem Alter nahe und sind soweit konsistent mit den Beobachtungen von Piaget und Inhelder (1947). Die Daten zeigen jedoch auch, daß die Leistungen der affektiven Perspektivenübernahme in Abhängigkeit mit der zu identifizierenden emotionalen Reaktion variieren. Das Verständnis für positive Emotionen (glücklich) bei anderen Personen im Vergleich zu negativen Emotionen (traurig, ängstlich und ärgerlich) scheint schon mit drei Jahren etabliert zu sein" (Steins 1990, S. 23).

Als zentraler Kritikpunkt des Konzeptes der *affektiven Perspektivenübernahme* wird immer wieder angeführt, dass die affektive Perspektivenübernahme stärker noch als andere Formen der Perspektivenübernahme mit Empathie gleichgesetzt wird (vgl. Mehrabian und Epstein 1972; Steins 1990). Eine Differenzierung zwischen den beiden Konstrukten der Empathie und der affektiven Perspektivenübernahme versucht Steins (1990) herzustellen, indem sie die affektive Perspektivenübernahme als *Verständnis* der Gefühle anderer und somit als eher kognitive Komponente definiert, während sie Empathie als eher affektive Komponente versteht, die auch das *Erleben* von Emotionen impliziert. Eine dieser Auffassung entsprechende Definition von Perspektivenübernahme findet sich bei Iannotti: „Perspektivenübernahme beinhaltet das Verstehen der Gedanken und Motive des anderen ebenso wie seine Gefühle. Entgegen einiger Formen der Empathie erfordert sie keine emotionale Reaktion" (1985, S. 47).

Bei der Suche nach weiteren Unterscheidungsmerkmalen zwischen Perspektivenübernahme und Empathie kann u. a. die Nähe bzw. Distanz zur wahrgenommenen Person herausgearbeitet werden, die es zu differenzieren gilt: „Während Perspektivenübernahme eine gewisse, optimale *Distanz* zu der wahrgenommenen Person erfordert (Piaget, 1924), damit deren Perspektive überhaupt erkennbar werden kann, bildet das Kernstück der Definition von Empathie eine intensive emotionale *Nähe* zur wahrgenommenen Person" (Steins 1998, S. 119).

Weitere Unterschiede zwischen Empathie und Perspektivenübernahme sind in der Genese beider Konstrukte zu verorten. Die Perspektivenübernahme verläuft nach Piaget (1924) einerseits parallel zur kognitiven Entwicklung. Andererseits ist ein gewisses Maß an sozialer Anregung erforderlich, um die sozialen Faktoren des Konstruktes erwerben zu können. Die Genese der Empathie hingegen ist stark von sozialen Determinanten mit dem Schwerpunkt Entwicklungspsychologie und Bindungsforschung geprägt. Die Empathiefähigkeit der Mutter, eine enge Bindung zu einer wichtigen Bezugsperson, die Position in der Geschwisterreihe und der Erziehungsstil in der Familie scheinen wichtige Prädikatoren zur Empathieentwicklung zu sein (vgl. Steins 1998).

In den meisten Veröffentlichungen wird ein positiver Zusammenhang zwischen Empathie und Perspektivenübernahme angenommen; Personen mit besserer Kompetenz im Bereich Perspektivenübernahme gelten als empathischere Menschen bzw. deutet ein Mangel in der Fähigkeit zur Perspektivenübernahme auf mangelhafte empathische Fähigkeiten hin. In einer Meta-Analyse über Diagnostik von Empathie und Perspektivenübernahme hat Steins (1998) jedoch nachgewiesen, dass die beiden Konstrukte nicht immer in einem kausalen Zusammenhang stehen, sondern durchaus auch negativ miteinander korrelieren. Dies geschieht insbesondere in solchen Situationen, die zwischen Proband und Zielperson mit Konflikten beladen sind, bzw. in Situationen, die mit einem hohen Aufforderungscharakter verbunden sind. Daraus und aus den benannten Unterschieden zwischen Empathie und Perspektivenübernahme schlussfolgert sie, dass beide Begriffe deutlicher voneinander abgegrenzt werden sollten.

Steins und Wicklund (1993) entwickelten ein eigenes Modell zur Perspektivenübernahme, da ihnen die entwicklungspsychologische Sichtweise von Perspektivenübernahme als einmal entwickelte Fähigkeit, die für ein zivilisiertes Zusammenleben notwendig ist, zu begrenzt erschien. Sie beziehen dabei die Variablen *Nähe zur Zielperson* sowie *Qualität der Beziehung zwischen zwei Personen* mit ein. Dabei gehen sie davon aus, dass die Perspektivenübernahme besser gelingt, je größer die Nähe zwischen dem Probanden und der Zielperson ist. Bei der Qualität der Beziehung zwischen den beiden Personen vertreten sie die Annahme, dass sich die Fähigkeit zur Perspektivenübernahme reduziert, wenn ein Konflikt zwischen dem Probanden und der Zielperson besteht.

Zusammenfassend kann man Perspektivenübernahme aus Sicht von Rugulies, der an den Untersuchungen von Steins und Wicklund beteiligt war, folgendermaßen definieren: „Perspektivenübernahme besteht darin, den objektiv wahrnehmbaren Hintergrund einer Person zu erkennen (sic!) und durch diese Erkenntnis die visuell-räumliche, konzeptuelle und/oder affektive Perspektive der Person zu verstehen. Objektiv wahrnehmbarer Hintergrund können die aktuellen Aspekte der Situation sein, in der sich die Person befindet, aber auch Ereignisse, die vorher stattgefunden haben, ja die Berücksichtigung der gesamten Lebensgeschichte der Person kann unter bestimmten Umständen wichtig für eine gute Perspektivenübernahme sein. Es ist dabei nicht von

Belang, die Situation des anderen nachempfinden zu können, das heißt, es ist nicht nötig, empathisch zu sein. Gute Perspektivenübernahme bedeutet also, die Welt, so weit wie das eben möglich ist, objektiv wahrzunehmen" (Rugulies 1993, S. 16).

Im Kontext von Perspektivenübernahme und Aggression kann ebenfalls auf verschiedene Publikationen verwiesen werden, wenngleich der Terminus Perspektivenübernahme dabei nicht so exakt umschrieben verwendet wird wie in den bislang angefügten Beispielen. Oerter (1997) beschreibt, dass bisweilen Aggression zwischen Kindern im Spiel entstehen kann, wenn diese nicht in der Lage sind, die Perspektive des anderen zu übernehmen. Beispielsweise kann eine geballte Faust von einigen Kindern, die Schwierigkeiten in der Metakommunikation haben, dahingehend nicht unterschieden werden, ob es sich um eine eher spielerische oder aber ernstzunehmende aggressive Geste handelt. So kann es aufgrund mangelnder Kompetenzen im Bereich der Perspektivenübernahme zu aggressiven Reaktionen kommen, obwohl das andere Kind lediglich spielerisch eine Faust erhoben hat.

Auch andere Autoren, die sich mit kindlicher Aggressivität und Perspektivenübernahme befassen, sehen Zusammenhänge zwischen den beiden Konstrukten. Cierpka (2003) beispielsweise beschreibt in seinem Gruppenprogramm zur Reduzierung kindlicher Aggressionen, dass das Lernen empathischer Kompetenzen im Programm *Faustlos* beinhaltet, die Perspektive des anderen übernehmen zu können. Dieselbe Aussage positiv formulierend betonen Schick und Cierpka, dass *Faustlos* zu besserer Perspektivenübernahme beiträgt.

In anderen Untersuchungen werden die Zusammenhänge zwischen Perspektivenübernahme und sozialer Interaktion bzw. kommunikativen Komponenten näher analysiert. Steins (1990) beschreibt in ihrer Studie, dass sich reger sozialer Austausch begünstigend auf Perspektivenübernahme auswirken kann. Kontakt und Kommunikation seien für die Entwicklung von Perspektivenübernahme wichtig. Sie zitiert eine norwegische Vergleichsstudie (Hollos und Cowan 1973) zwischen Kindern in Städten, Dörfern und einsam gelegenen Bauernhöfen. Bei gleicher Intelligenz kommunizieren die Kinder von einsamen Bauernhöfen weniger miteinander und sind weniger zur Perspektivenübernahme in der Lage als die Kinder aus ländlichen bzw. städtischen Regionen mit durchschnittlichem Kommunikationsverhalten. Die Autoren schlussfolgern aus den Ergebnissen ihrer Studie, dass verbale Interaktion und Interaktion unter Gleichaltrigen Auswirkungen auf die Kompetenz zur Perspektivenübernahme haben.

1.1.10 Empathische Reaktionen in Mimik, Gestik und Körpersprache

Ein weiterer Forschungsstrang in Verbindung mit Empathie stellt die Körpersprache dar. Dabei werden diverse Ausdruckssignale zunächst wahrgenommen und dann decodiert. Anhand von Mimik, Gestik, Atmung oder Tonfall ist es möglich, Rückschlüsse auf die Emotionen der Person zu ziehen.

Bei näherer Beschäftigung mit menschlichen Ausdruckssignalen kann man diese weiter differenzieren in einerseits vegetativ-physiologische Ausdruckssignale, die sich willkürlich ereignen (z. B. Herz-, Pulsfrequenz, Hautwiderstand, Erröten, Pupillenerweiterung). Andererseits gibt es bewusst oder unbewusst gesteuerte Ausdruckssignale, die eher als Ausdrucksverhalten oder (non-)verbale Kommunikationsform beschrieben werden können. Bei den physiologischen Reaktionen gehen einige Autoren davon aus, dass die Frequenz des Herzschlags als Indikator für Empathie verwendet werden kann. Gefühle von Trauer lassen sich durch langsamen Herzschlag nachweisen, Angst und Furcht hingegen produzieren einen schnellen Herzschlag. Es können positive Korrelationen zwischen der Herzschlagfrequenz und der Art der Mimik nachgewiesen werden (vgl. Eisenberg et al. 1988).

Ausdruckssignale im Sinne von Ausdrucksverhalten bzw. (non-)verbalen Kommunikationsformen bedürfen bereits im frühen Säuglingsalter der Stimulierung, um sich weiterentwickeln zu können. Eine derartige Stimulierung gibt es im *Motor Mimicry*, einer Art Bewegungsimitation, die schon Ende des 19. Jahrhunderts beschrieben wurde. Der bereits am Anfang des Kapitels erwähnte Philosoph Theodor Lipps, der an der Entwicklung des Empathie-Begriffs maßgeblich beteiligt war, schreibt dem *Motor Mimicry* einen wesentlichen Teilaspekt der Empathie zu. Einige Autoren beschreiben *Motor Mimicry* sogar als primitivste Form der Empathie (vgl. Bavelas et al. 1987; Binder 1999). Die motorische mimische Spiegelung des Säuglings durch die Mutter ist unabdinglich für die Entstehung von Bindung, wenngleich die Spiegelung der Bezugsperson durch ihren teilweise animierenden Charakter etwas über einfache *Motor Mimicry* hinausgeht. „*Motor-Mimicry* im Sinne einer verstärkenden Emotionsbahnung als empathische Spiegelung oder auch Darstellung von Emotionen, die man phantasiert oder kommuniziert, aber nicht notwendigerweise selber hat, erleichtert dem Kind eine erlebnismäßige Verknüpfung von vegetativ physiologischen Sensationen und ihrer Entsprechung im expressiven Ausdruck" (Binder 1999, S. 61).

Aber nur durch diese Spiegelung der Bezugsperson kann das Kind ein Schema für eigene Emotionen entwickeln und eigene Wahrnehmungen zunehmend differenzieren. Kommt es zum Mangel an *Motor Mimicry*, kann das gravierende Folgen für die Entwicklung des Kindes haben: „Bei zu geringer Ausprägung von empathischem *Motor-Mimicry* durch die Mutter kann es zum frühkindlichen depressiven Hospitalismussyndrom und zu Retardierungen und auch überdauernd zu Störungen in der Bindungsfähigkeit und später auch zu Defiziten in der Entwicklung bzw. Sozialisation der Empathiefähigkeit kommen. Aber auch ein in Ausmaß, Tempo und Qualität übersteigertes, extrem diskontinuierliches und damit nicht kindzentriertes expressives *Motor-Mimicry*-Verhalten der Mutter kann destruktive Folgen haben" (Binder 1999, S. 63).

Wie bereits beschrieben ist die Phase der intensivsten mimischen Interaktion zwischen dem 3. und 6. Monat zu lokalisieren, wenn das Kind erstmals erlebt, welche Wirkung es mit seinem mimischen Ausdruck auf seine Umwelt entfalten kann. Es ist eine Zeit rasanten Lernens, in der die Bezugspersonen in ihrer Mimik oft übertrieben und überspitzt agieren, um den jeweiligen emotionalen bzw. Gesichtsausdruck deutlich darzustellen (vgl. Stern 2000b). Als Grunddimensionen werden im Allgemeinen neutral, ängstlich, fröhlich, traurig und zornig unterschieden.

Ekman (1984) hat in umfangreichen Studien versucht zu ergründen, ob der emotionale Gesichtsausdruck kulturell geprägt und verschiedenartig ist oder ob über kulturelle Grenzen hinweg Gemeinsamkeiten existieren. Dabei verweist er auf die notwendige Unterscheidung zwischen Gesichtsgestik und emotionalem Gesichtsausdruck. Während Gesichtsgesten wie etwa Zublinzeln oder negierendes Kopfschütteln meist unabhängig von Emotionen sind und kulturell variieren können, ist der emotionale Gesichtsausdruck, wie etwa ein Lächeln, von Emotionen abhängig und beinhaltet meist eine Botschaft. Interessant ist hier, dass der emotionale Gesichtsausdruck bei Induktion bestimmter Gefühle (über Videoaufnahmen oder Bilder) bei Japanern genauso wirkt wie bei Amerikanern und bei zivilisierten Menschen mit hohem Fernsehkonsum identisch ist mit dem von Menschen, die nie einen Fernseher zu Gesicht bekommen haben (vgl. Ekman 2004).

Von Bedeutung sind zudem die Ergebnisse diverser Forschungsarbeiten, die Eisenberg und Lennon (1983) in ihrer Literaturstudie herausarbeiteten. Bei der Suche nach Gründen für verschiedenartige, sich teilweise widersprechende empathische Reaktionen entwickelten sie die Hypothese, dass diese eventuell nicht auf allen Kanälen (Selbstberichte, Gesichtsausdruck und physiologische Reaktionen) simultan ausgedrückt werden. Diese Hypothese konnte durch andere Studien verifiziert werden, die belegen, dass sowohl Kinder als auch Erwachsene, die ihre emotionalen Reaktionen deutlich über den Gesichtsausdruck kommunizieren, dahin tendieren, in derselben Situation relativ wenig über physiologische Ausdrucksformen messbare Reaktionen zu zeigen. Es wird vermutet, dass je nach Person der eine oder andere Kanal dominiert, was wiederum die Begründung dafür liefern könnte, dass sich in einigen Messungen bzw. den entsprechenden Studien so schwer Parallelen zwischen Selbstberichten, Gesichtsausdruck und physiologischer Reaktion nachweisen ließ.

Dem Gesichtsausdruck kommt auch in weiteren Publikationen (vgl. Gross und Ballif 1991) eine zentrale Rolle zu. So wird behauptet, dass er von wesentlicher Bedeutung im Rahmen sozialer Interaktion ist. Die Fähigkeit, Gefühle im Gesichtsausdruck des Gegenübers zu erkennen, sei ein notwendiger Bestandteil in der Entwicklung sozialer Kompetenz. Bei einer Untersuchung von Thompson (1987) mit ein- bis eineinhalbjährigen Kindern stellte sich heraus, dass es den Kindern besser gelang, sich von der Mutter zu entfernen und einem Spielzeug zuzuwenden, wenn sie lächelte. Zeigte die Mutter hingegen einen furchtsamen Gesichtsausdruck, blieben sie in ihrer Nähe, statt sich dem Spielzeug zuzuwenden. Bereits Kinder, die jünger als zwei Jahre sind, sind in der Lage, Ähnlichkeiten bzw. Unterschiede bezüglich des emotionalen Gesichtsausdruckes anhand von Fotografien zu erkennen. Diese Kompetenzen nehmen mit der altersgemäßen Entwicklung zu.

Eine neuere Studie von Nowicki und Duke (1992) schreibt der Kompetenz, Emotionen durch Gesichtsausdruck und Tonfall zu decodieren, eine besondere Bedeutung zu. So konnte bei einer Studie mit 456 Grundschulkindern der Nachweis erbracht werden, dass Kinder mit besseren Fähigkeiten, ihre Emotionen im Gesichtsausdruck und Tonfall auszudrücken, beliebter waren, mehr Selbstvertrauen hatten und eine größere Wahrscheinlichkeit aufwiesen, höhere akademische Abschlüsse zu erzielen.

1.1.11 Diagnostik von Empathie

Ähnlich unterschiedlich wie die Definitionen von Empathie sind diagnostische Möglichkeiten zur Erfassung empathischer Kompetenzen. Bischof-Köhler (1989) führt dafür global ungeeignete Methoden zur Empathiemessung an; Behr et al. (2004) bemängeln, dass bei Studien zu empathie-bezogenen Kompetenzen unterschiedliche Operationalisierungen und diagnostische Verfahren angewendet werden, die zuverlässige Vergleiche der Ergebnisse unmöglich machen.

Das Ausmaß von Empathie wird in einigen Fällen durch aufwändige Messungen physiologischer Arousals erhoben (vgl. Mehrabian und Epstein 1972). Dazu werden physiologische Reaktionen (z. B. Herzschlag, Hautwiderstand) auf Reize, wie etwa eine Video-Sequenz, gemessen. Diese Reaktionen lassen Aussagen über die Intensität von Empathie oder Gefühlsansteckung zu. Dasselbe Verfahren lässt sich in weniger aufwändiger Form anhand des eigenen Ratings der Versuchspersonen nach einer Video-Sequenz anwenden (vgl. Behr et al. 2004).

Das am häufigsten verwendete Verfahren zur Messung von Empathie sind jedoch Selbstberichte. Mitunter werden die Fragebögen von Hogan (1969) und Mehrabian und Epstein (1972) als „gängige Fragebögen zur Messung von Empathie" bezeichnet und als solche verwendet. Beispiele für entsprechende Selbstbericht-Items sind: „Es macht mich traurig, einen einsamen Fremden in einer Gruppe zu sehen" oder „Ich neige dazu, bei einem Problem eines Freundes emotional involviert zu reagieren" oder „Ich werde nervös, wenn andere um mich herum nervös sind" (vgl. Mehrabian und Epstein 1972). Allerdings wurden in mehreren dieser Studien Zusammenhänge zwischen den Selbstberichten und Antworten in Richtung sozialer Erwünschtheit nachgewiesen, wodurch es zu deutlichen Verzerrungen bei den Ergebnissen kam.

Andere Autoren weisen in Selbstberichten deutliche Geschlechtsdifferenzen bezogen auf die Intensität der empathischen Reaktion nach oder sind der Auffassung, dass Selbstberichte eher Aussagen zum Selbstkonzept der befragten Person zulassen, statt ihre empathischen Fähigkeiten zu messen.

Manche Autoren (vgl. Holz-Ebeling und Steinmetz 1995) legen ihre Kritik noch umfassender an, indem sie generelle Zweifel an der Validität vorhandener Verfahren zur Messung von Empathie formulieren. Die Autorinnen analysieren die vier renommierten und am häufigsten eingesetzten angloamerikanischen Fragebögen zur Empathie bei Erwachsenen von Hogan (1969), Mehrabian und Epstein (1972), Sherman und Stotland (1978) und Davis (1980). Dabei stellten sie anhand einer eigenen Studie mit Psychologiestudenten aus dem Hauptstudium und Mitarbeitern eines psychologischen Instituts fest, dass in keinem der Fragebögen die Iteminhalte mit den von den jeweiligen Autoren zugrunde gelegten Definitionen von Empathie vereinbar sind.

Sie stellten ebenfalls fest, dass nur ein geringer Anteil von 32 (14%) der insgesamt 228 Items aus den vier Fragebögen geeignet ist, Empathie im Sinne der in der Literatur vorherrschenden Begriffsdefinition zu erheben. Schlussfolgernd raten Holz-Ebeling und Steinmetz dringend von einer Verwendung der

Fragebögen von Hogan (1969) sowie Mehrabian und Epstein (1972) zur Messung von kognitiver oder affektiver Empathie ab. Nur ein bzw. zwei Items der Fragebögen seien zur Messung von Empathie verwertbar. Insgesamt schreiben sie sämtlichen analysierten Fragebögen „fehlende substantielle Validität" zu.

Leibetseder et al. (2001) entwickelten aus den vier oben genannten englischsprachigen Messverfahren den kürzlich erschienenen ersten deutschsprachigen Empathie-Fragebogen, die so genannte *E-Skala*. Dabei beziehen sie sich ebenfalls auf die kritischen Anmerkungen von Holz-Ebeling und Steinmetz und geben an, diese zu berücksichtigen. Trotzdem sehen sich auch diese Autoren mit der Kritik konfrontiert, dass sie einige Items der ursprünglichen Fragebögen übernommen haben, die statt Empathie eher Mitleid und persönlichen Stress messen. Auch lässt sich nachweisen, dass einige ihrer Items nicht ihrem eigenen Konstruktverständnis von Empathie entsprechen (vgl. Mischo 2003).

Einer der wenigen Fragebögen zur Messung von Empathie bei Kindern und Jugendlichen von Bryant (1982) enthält ebenso wie der Fragebogen mit Selbstbericht-Items von Mehrabian und Epstein (1972), auf dem er aufbaut, viele Items, die nicht unbedingt auf Empathie schließen lassen.

In den jüngsten Studien im Rahmen der Veröffentlichungen zur Emotionalen Intelligenz werden Selbstauskünfte zum eigenen Befinden oder dem Befinden einer Person in einer Geschichte oder auf einem Foto abgefragt. Der Empathie-Wert wird dann anhand der Abweichung zum Mittelwert der Normstichprobe, der Abweichung zu einem Experten-Rating oder der Abweichung zu dem vom Autor der Vorlage beabsichtigten emotionalen Ausdruck der Hauptfigur auf dem Foto (der Geschichte) gemessen. Auf dieser Grundlage entwickelten Behr et al. (2004) eine aktuelle und zeitgemäße Methode zur Messung kindlicher Empathie. Darüber hinaus integrierten sie die Notwendigkeit einer differenzierten Betrachtung des Empathie-Begriffs, indem sie drei zentrale Bestandteile der Empathie (kognitive soziale Perspektivenübernahme, Decodieren von Ausdruckssignalen, Gefühlsansteckung) getrennt voneinander operationalisieren und messen.

1.1.12 Empathie und der Einfluss der Spiegelneuronen

In jüngster Vergangenheit erschienen vermehrt Publikationen, die den Spiegelneuronen eine wichtige Funktion bezüglich der Empathie zuschreiben. Dabei handelt es sich um Zellen im Gehirn, die bei der Wahrnehmung von Verhaltensweisen so reagieren, als würde man diese Handlungen selbst ausführen. Sie werden nicht nur aktiv, wenn man beispielsweise jemanden umarmt, sondern auch, wenn man diese Umarmung lediglich beobachtet (vgl. Gartner 2004, S. 1; Bauer 2006a).

Die Entdeckung dieser Gehirnzellen ist eher einem Zufall zu verdanken. Die beiden Wissenschaftler Vittorio Gallese und Giacomo Rizzolatti von der italienischen Universität Parma stießen Anfang der 1990er Jahre erstmals auf diese „neurobiologische Sensation" (Bauer 2006a, S. 23). Im Rahmen ihrer Untersuchungen des prämotorischen Kortex, eines Teiles der Hirnrinde bei Primaten, der für die Planung und Ausführung zielgerichteter Bewegungsabläufe zuständig ist, machten sie eine erstaunliche Beobachtung. Sie stellten fest, dass die Nervenzellen im motorischen Zentrum der Tiere nicht erst beim eigenen Zugreifen nach einer Banane aktiviert werden, sondern bereits deutliche Zellbewegungen zu erkennen sind, wenn der Versuchsleiter die Banane in die Hand nimmt. Die Nervenzellen sind also in der Lage, Absichten des Versuchsleiters vorauszusehen, und zwar nicht nur aufgrund visueller Eindrücke, sondern auch bei akustischen Reizen (vgl. Bauer 2006a; Spiegel 2006).

Auch beim Menschen können Regionen im Gehirn nachgewiesen werden, die bei bloßer Beobachtung von Bewegung aktiviert werden. Erste Untersuchungen sehen diese im Broca-Zentrum (motorisches Sprachzentrum) angesiedelt, welches dem prämotorischen Cortex der Primaten entspricht, sowie in der linken Schläfenfurche (vgl. Krech 2001). Wenige Jahre nach Entdeckung dieser Areale beim Menschen konnten durch Kernspintomografen weitere Bereiche im menschlichen Hirn nachgewiesen werden, in denen die Spiegelneuronen aktiv sind. Neben dem für Bewegung zuständigen Prämotorischen Cortex sind das der für Berührungen zuständige Sekundäre Somatosensorische Cortex und der Insulare Cortex, der Gefühle wie Ekel verarbeitet (vgl. Gartner 2004).

Der Biopsychologe Christian Keysers vom Neuro-Imaging-Center im holländischen Groningen ist der Auffassung, dass Menschen über ein sehr soziales Gehirn verfügen und dass die Spiegelneuronen in der Lage sind, eine große Spannbreite von Gefühlen wie Freude, Trauer, Furcht oder Angst zu imitieren. Die Bedeutung der sozialen Komponente für die Prägung der Spiegelneuronen wird auch von anderen Autoren gesehen. Man geht davon aus, dass die Prägung der Spiegelneuronen von der Summe aller bislang gemachten Erfahrungen eines Menschen abhängig ist (vgl. Bauer 2006a, 2006b). Dabei spielen insbesondere die Beziehungen zu nahe stehenden Personen eine wichtige Rolle. „Alle neueren Forschungsergebnisse zeigen: Die Entfaltung der neurobiologischen Grundausstattung des Menschen ist nur im Rahmen von zwischenmenschlichen Beziehungen möglich, Beziehungen, die aus dem persönlichen und sozialen Umfeld an das Kind herangetragen werden" (ebd., S. 118).

Die im Laufe der Entwicklung gemachten individuellen Erfahrungen sind dabei von großer Bedeutung. Jemand, der oft die Erfahrung gemacht hat, dass zunächst freundlich wirkende Personen plötzlich unangenehme Verhaltensweisen an den Tag legen, wird mit seinen Spiegelneuronen anders auf freundliche Personen reagieren als andere. Zudem ist nachgewiesen, dass sich unter Stress und Angst die Signalrate der Spiegelneuronen erheblich reduziert. Dies wirkt sich auf die Kompetenz aus, sich in andere einzufühlen, die dann ebenfalls deutlich herabgesetzt ist (vgl. Bauer 2006a).

Der amerikanische Neurologe Vilayanur Ramachandran von der San-Diego-University geht mit seiner Einschätzung über die Bedeutsamkeit und Tragweite der Spiegelneuronen noch weiter, indem er ihnen eine zentrale Rolle bei der Entwicklung und Entstehung der Evolution des Menschen zuschreibt. Zur Bedeutung der Entdeckung der Spiegelneuronen führt er aus: „Als diese Spiegelzellen vor einigen Jahren erstmals in Gehirnen von Affen aufgespürt wurden, war für mich klar: Die Entdeckung dieser Nervenzellen wird für die Psychologie bedeuten, was die Entdeckung des Erbmoleküls DNS für die Biologie bedeutete" (zit. in: Spiegel 2006, S. 138).

Bei Autisten wird eine unzureichende Funktion dieser Spiegelneuronen vermutet. Auf EEGs ist man in der Lage, bestimmte Wellenfrequenzen nachzuweisen, die von gesunden Personen beim Beobachten anderer Menschen unterdrückt werden, bei Autisten dagegen nicht. In einer weiteren Untersuchung legte Ramachandran sowohl gesunden als auch autistischen Kindern 80 Bilder von Gesichtern vor, die bestimmte Emotionen (neutral, ängstlich, fröhlich, traurig oder zornig) ausdrücken. Gleichzeitig wurde mithilfe der Kernspintomografie die Hirnaktivität überprüft und festgestellt, dass bei gesunden Kindern in der prämotorischen Rinde und im Schläfenlappen heftige Bewegungen der Spiegelneuronen zu erkennen sind, die bei autistischen Kindern nicht auftreten (vgl. Spiegel 2006). Verschiedene Autoren sind mittlerweile davon überzeugt, in den Spiegelneuronen die Ursache des Autismus gefunden zu haben (vgl. Bauer 2006a; Spiegel 2006).

Die Vermutung, dass wir von unseren Spiegelneuronen im Gehirn gesteuert werden, ohne einen Einfluss darauf zu haben, oder die oft vertretene Auffassung, wir seien einzig und allein von unserer genetischen Grundausstattung abhängig, scheint sich nicht zu bewahrheiten. Dem Beziehungskontext, in dem wir aufwachsen, wird eine nicht zu unterschätzende Bedeutung zugeschrieben: „Die angeborenen Spiegelsysteme des Säuglings können sich nur dann entfalten und weiterentwickeln, wenn es zu einem geeigneten und für ihn passenden Beziehungsangebot kommt. Zu den beliebten Irrtümern unserer Zeit gehört die verbreitete Meinung, der wesentliche Schlüssel zum Gelingen unserer Entwicklung sei ausschließlich in den Genen zu suchen. Tatsächlich haben Beziehungserfahrungen und Lebensstile, die immer auch mit einer Aktivierung bestimmter neurobiologischer Systeme einhergehen, einen gewaltigen Einfluss sowohl auf die Regulation der Gehirnaktivität als auch auf Mikrostrukturen unseres Gehirns. Nirgendwo zeigt sich so deutlich wie bei den Spiegelsystemen, welche Bedeutung zwischenmenschliche Beziehungen für die Biologie unseres Körpers haben" (Bauer 2006a, S. 59f.).

Insgesamt mehren sich die Vermutungen, die sicher durch weitere wissenschaftliche Belege zu überprüfen sind, in den Spiegelneuronen einen Schlüssel zum Verständnis der Empathie gefunden zu haben (vgl. Spiegel 2006; Wikipedia 2006). „Die Fähigkeit zur Empathie hängt in hohem Maße davon ab, dass die Spiegelsysteme, die Mitgefühl ermöglichen, durch zwischenmenschliche Erfahrungen ausreichend eingespielt und in Funktion gebracht werden. Ein Kind, dem die Erfahrung fehlt, dass andere, insbesondere seine Bezugspersonen, auf seine Gefühle eingehen, wird seinerseits nur schwerlich eigene emotionale Resonanz entwickeln können" (Bauer 2006a, S. 70). Ramachandran bezeichnet die Spiegelneuronen gar als „echte Empathie-Zellen" und ist überzeugt: „Unser Einfühlungsvermögen ist keineswegs irgendein abstraktes Konstrukt, es ist im Gehirn verankert" (zit. in: Spiegel 2006, S. 139).

1.2 Empathie in der Psychotherapie

Psychotherapie kann aufgrund der Vielfalt von Ansätzen (Rebirthing, spirituelle Verfahren etc.) schwer eindeutig definiert werden. Der einzig gemeinsame Nenner betrifft den kommunikativen Kontakt zwischen mindestens zwei Menschen, in dem der Berater eine andere Person zumindest insoweit versteht, dass eine Beratung oder Therapie möglich ist (vgl. Marcia 1987). Genau an diesem kommunikativen Verknüpfungspunkt tritt die Empathie in die Psychotherapie (vgl. ebd.).

In der Psychotherapieforschung allgemein und in den beiden großen Schulen der Psychoanalyse und des Personzentrierten Ansatzes wird der Empathie eine zentrale Rolle zugeschrieben. „Klientenzentrierte Psychotherapie, Psychoanalyse und Psychotherapieforschung sind sich einig: Empathie als elaboriertes Konzept nimmt in den jeweiligen Therapietheorien einen wichtigen Platz ein" (Eckert 2001, S. 337).

Es existieren aber auch Forschungsergebnisse, die unabhängig von der jeweiligen Therapieschule, gewissermaßen schulenübergreifend, eine gewisse Aussagekraft beinhalten. „*Der ideale Therapeut ist zuallererst einfühlend.* Wenn Psychotherapeuten von vielen verschiedenen Richtungen ihre Vorstellung vom idealen Therapeuten – dem Therapeuten, der sie werden wollen – beschreiben, geben sie in hoher Übereinstimmung von zwölf Variablen der Einfühlung (Empathie) den höchsten Rang. Diese Feststellung basiert auf einer Studie von RASKIN (1974) an 83 praktizierenden Therapeuten, von wenigstens acht unterschiedlichen therapeutischen Richtungen" (Rogers 1976, S. 39).

Die wohl ersten qualitativ als auch quantitativ umfangreichsten Studien zur Empathie in der Psychotherapie werden Rogers und seinen Mitarbeitern zugeschrieben und sind von übergeordneter Relevanz: "Note, however, that the most persistent investigations of the process of empathy, especially in psychotherapy, were carried out by Rogers and his students. Although most – but not all – of their findings are related to therapy, their conclusions about empathy have much more general significance. Without doubt, the present popularity of empathy as a construct comes from Rogers´ emphasis on it, and his definition put it squarely into an objective, researchable, personality framework" (Wispé 1987, S. 29).

Im folgenden Kapitel werden die drei größten und wissenschaftlich anerkannten Verfahren *Personzentrierter Ansatz* (Gesprächspsychotherapie) *Psychoanalyse* (inkl. tiefenpsychologisch fundierter Psychotherapie) und *Verhaltenstherapie* (Behaviorale Therapie) einer näheren Betrachtung betreffend ihrer Verknüpfungen zur Empathie unterzogen. Die Bedeutung der Empathie in den unterschiedlichen therapeutischen Ansätzen ist immer auch von den jeweils zugrunde liegenden Entwicklungs- und Persönlichkeitsmodellen der Therapie-Schulen abhängig. Marcia (1987) fasst die Ergebnisse seiner Veröffentlichung dahingehend zusammen, dass Empathie für die kindliche Persönlichkeitsentwicklung sowie als wesentlicher therapeutischer Faktor je nach Ausrichtung der zugrunde liegenden Theorie eine unterschiedliche Wichtigkeit genießt.

1.2.1 Der Personzentrierte Ansatz

Wie bereits in 1.1.1. beschrieben, ist Carl Rogers im Rahmen seines heute als *Personzentrierter Ansatz* bekannten Persönlichkeits- und Therapiemodells einer der maßgeblichen Wegbereiter für die Integration des Konstruktes *Empathie* in therapeutische Prozesse. Sein anfangs eher statisches Verständnis von Empathie, was bisweilen auch heute noch in aktuellen Veröffentlichungen als gültige Empathie-Definition zitiert wird, wich einem eher prozesshaften Verständnis, welches Rogers anlässlich des ersten Europäischen Kongresses für Gesprächspsychotherapie in Würzburg 1974 in einem Artikel mit dem Titel „Eine neue Definition von Einfühlung" vorstellte:

> „Vor diesem Hintergrund möchte ich eine Definition der Empathie versuchen, die mir heute zufriedenstellend erscheint. Ich möchte nicht mehr von einem *Zustand der Empathie* sprechen, denn ich glaube, daß es sich hier eher um einen Prozeß als um einen Zustand handelt. Vielleicht kann ich diese Eigenschaft näher beschreiben.
> Die als empathisch bezeichnete Art des Umgangs mit anderen hat verschiedene Seiten. Empathie bedeutet, die private Wahrnehmungswelt des anderen zu betreten und darin ganz und gar heimisch zu werden. Sie beinhaltet, in jedem Augenblick ein Gespür zu haben für die sich ändernden gefühlten Bedeutungen in dieser anderen Person, für Furcht, Wut, Zärtlichkeit, Verwirrung oder was auch immer sie erlebend empfindet. Empathie bedeutet, zeitweilig das Leben dieser Person zu leben; sich vorsichtig darin zu bewegen, ohne vorschnell Urteile zu fällen; Bedeutungen zu erahnen, deren sie selbst kaum gewahr wird; nicht aber, Gefühle aufzudecken versuchen, deren sich die Person gar nicht bewußt ist, dies wäre zu bedrohlich. Sie schließt ein, daß man die eigenen Empfindungen über die Welt dieser Person mitteilt, da man mit frischen und furchtlosen Augen auf Dinge blickt, vor denen sie sich fürchtet. Sie bedeutet schließlich, die Genauigkeit eigener Empfindungen häufig mit der anderen Person zusammen zu überprüfen und sich von ihren Reaktionen leiten zu lassen. Der Therapeut ist für die Person der vertraute Begleiter in ihrer inneren Welt. Indem er sie auf die möglichen Bedeutungen in ihrem Erlebnisfluß hinweist, hilft er ihr, sich auf einen Bezugspunkt zu konzentrieren, die Bedeutung stärker zu erleben und im Erleben selbst Fortschritte zu machen.
> Mit einem anderen Menschen in dieser Weise umzugehen heißt, eigene Ansichten und Wertvorstellungen beiseite zu lassen, um die Welt des anderen ohne Vorurteile betreten zu können. In gewisser Weise bedeutet es, das eigene Selbst beiseite zu legen; dies ist jedoch nur einer Person möglich,

die in sich selbst sicher genug ist und weiß, dass sie in der möglicherweise und seltsamen oder bizarren Welt des anderen nicht verloren geht und in ihre eigene Welt zurückkehren kann, wann sie will" (Rogers 1980a, S. 79).

Rogers selbst bekennt, dass diese Beschreibung „wohl schwerlich eine exaktwissenschaftliche Definition" (vgl. Rogers 1976; 1980a) sei, ergänzt jedoch, dass bisher etliche operationale Definitionen formuliert und angewandt worden seien, ohne jedoch jemals die gesamte Bandbreite der Empathie wiedergegeben zu haben.

Der von Rogers postulierte prozessuale Aspekt der Empathie wird von Friedlmeier (vgl. 1993) aufgenommen, indem er der *Empathie als prozesshaftes Geschehen* in seinem Buch ein eigenes Kapitel widmet. Darin weist er der kommunikativen Komponente der Empathie, die im klinisch-therapeutischen Bereich des Öfteren von Relevanz ist, eine besondere Rolle zu und bemängelt, dass dieser Teilbereich in der Grundlagenforschung bisher zu wenig Beachtung gefunden hat.

Rogers selbst hat sich im Zusammenhang mit der Definition seines Empathie-Begriffes weniger um exakte Operationalisierungen bemüht. Um eine solche zustande zu bringen, schlägt er vor, nach der Therapiesitzung den Klienten und den Therapeuten eine Item-Liste mit Gefühlen des Klienten während der Sitzung sortieren zu lassen und die Abweichungen (geringe Empathie) bzw. Übereinstimmungen (genaue Empathie) zu messen. Man könne auch geschulte Beobachter Gesprächsaufzeichnungen anhören und einschätzen lassen, oder die Patienten selber mit Hilfe eines „Q-Sort" anhand einiger Items den Intensitätsgrad einschätzen lassen, der auf einen bestimmten Sachverhalt oder eine Person zutrifft (vgl. Rogers 1995a).

Mehr aber als nach der Suche zutreffender Operationalisierungen hat sich Rogers mit der inhaltlichen Auseinandersetzung um seinen Empathiebegriff befasst. Dabei betont er u. a., dass Empathie nicht nur ein neutrales Konstrukt sei, sondern vor allem gelebt und mit Inhalten gefüllt werden müsse (vgl. Rogers 1976; Tausch und Tausch 1979). Als Beispiel dafür kann die von Rogers (1980b) geschilderte Lebensgeschichte von Ellen West angeführt werden, die er als eine Geschichte von Einsamkeit und Alleingelassenwerden beschreibt. Sie suchte verschiedene Ärzte, Psychoanalytiker und Kliniken auf, wurde aus der letzten Klinik entlassen, da keine wirksame Behandlung möglich sei, und beging drei Tage später Suizid. Rogers kritisiert in diesem Zusammenhang die Mediziner und Analytiker, die sich hinter Diagnosen und Deutungen zurückzögen, ohne dabei die Patientin als Person zu sehen. „Vielmehr scheint man mit ihr wie mit einem Objekt umgegangen zu sein. Ihr erster Analytiker hilft ihr, ihre Gefühle zu *erkennen*, aber nicht, sie zu erleben. Dazu bemerkt sie: ‚Er kann mir Erkenntnis geben, nicht aber Heilung.'" (Rogers 1980b, S. 100). Als Lehre aus diesem Fall zieht Rogers die Erkenntnis, dass es falsch ist, Personen einfach zum Objekt zu machen, sondern es ist bedeutend hilfreicher und effizienter, als Therapeut mit der anderen Person in Beziehung zu treten, um dadurch echte Begegnung und Entwicklung zu ermöglichen.

Verschiedene Autoren schreiben der Empathie einen wesentlichen therapeutischen Wirkfaktor zu (vgl. Rugulies 1993; Eckert 2001). Auch Rogers benennt wichtige Forschungsergebnisse im Zusammenhang mit Empathie, die essentielle Auswirkungen auf den Therapiefortschritt haben: „*Empathie korreliert mit Selbsterkundung und Fortschritt im Prozess.* Wir wissen, dass ein Beziehungsklima mit einem hohen Maß an Empathie mit verschiedenen Aspekten von Prozess und Fortschritt in der Therapie verknüpft ist. Solch ein Klima steht sicher in Relation zu einem hohen Maß an Selbsterkundung durch den Klienten (Bergin und Strupp, 1972; Kurtz und Grummon, 1972; Tausch u. a. 1970)" (Rogers 1980a, S. 82f.).

Darüber hinaus lässt sich der spätere Erfolg einer Therapie anhand des zu Beginn aufgebrachten empathischen Verständnisses des Therapeuten vorhersagen. In erfolgreich verlaufenden Therapien nehmen Klienten mehr Empathie wahr. Auch kann der Nachweis erbracht werden, dass Therapeuten stärker zu empathischem Verhalten neigen und dazu in der Lage sind, je mehr Erfahrung sie aufweisen (vgl. Rogers 1976; 1980a). Und schließlich kann auf eine Reihe von Autoren und ihre umfangreichen Studien verwiesen werden, die einen deutlichen Zusammenhang zwischen Empathie und einem positiven Outcome nachweisen, wie beispielsweise Therapieerfolg (vgl. Keefe 1976; Rogers 1976; 1980a). „Wie aber wirken empathische Reaktionen auf den *Empfänger* dieser Reaktionen? Das Ergebnis ist überwältigend. Empathie steht ganz klar in Beziehung zu einem positiven Resultat. Vom schizophrenen Patienten bis zum Schüler, vom Klienten in einem Beratungszentrum bis zum Lehrer in Ausbildung, vom Neurotiker in Deutschland bis zum Neurotiker in den Vereinigten Staaten, das Ergebnis ist das gleiche: Je einfühlsamer und verstehender der Therapeut oder Lehrer ist, desto eher sind konstruktives Lernen und Veränderung möglich" (Rogers 1980a, S. 85).

Die Grenzen der von Rogers postulierten Empathie werden aufgrund der starken Anforderungen an den Therapeuten, sich selbst intensiv berühren zu lassen, an der Stelle erreicht, an der Tabus und eigene teils schmerzhafte Erfahrungen des Therapeuten angerührt werden. Werden frühere unverarbeitete Konfliktsituationen im Leben des Therapeuten berührt, ist ein Rückzug aus der aktuellen Bearbeitung des Themas mit dem Klienten notwendig, um diese Themen erst einmal in der eigenen Selbsterfahrung oder Therapie zu klären und zu verarbeiten (vgl. Finke 2003).

Allerdings ist es auch notwendig, sich intensiv auf das innere Erleben des Klienten einzulassen, um empathisch reagieren und den Klienten in seinem Prozess begleiten und unterstützen zu können: „Um die *innere Welt* des Patienten wirklich ausloten zu können, muß sich der Therapeut vom Erleben des Patienten auch tangieren lassen, muß er ein Stück weit auch eine Gefühlsansteckung zulassen können, darf er nicht jedes Verschmelzungserleben schon im Ansatz abwehren. Daß der Therapeut sich dabei nicht vom Erleben des Patienten überfluten lassen darf, daß er immer wieder dann auch Distanz zu einem eigenen Erleben finden muß, ergibt sich schon aus der Aufgabe der Einfühlung selber, macht aber auch ihre Schwierigkeit aus" (Finke 2003, S. 61f.).

Rogers (1985) merkt in diesem Zusammenhang an, dass niemand dauerhaft eine derartige Empathiefähigkeit aufrechterhalten kann, es trotzdem aber wichtig ist, sich in die entsprechende Richtung zu entwickeln. Auch Keefe (1979) sieht diese Form von Empathie eher in therapeutischen Anwendungen beheimatet, mit einem hohen Anspruch behaftet und im Alltag kaum leistbar. Binder empfiehlt Therapeuten in diesem Zusammenhang nicht etwa, die Ansprüche an Empathie herabzusetzen, sondern sich Bedingungen zu schaffen, die die Empathiefähigkeit absichern.

1.2.2 Der Psychoanalytische Ansatz

Bereits Freud ist der Begriff *Einfühlung* sehr wichtig, sein bekanntestes Zitat ist das folgende: „[...] dass wir vor dem Vorgang stehen, den die Psychologie *Einfühlung* heißt, und der den größten Anteil an unserem Verständnis für das Ichfremde anderer Personen hat" (1921, S. 119).

Pigman, der einen differenzierten Aufsatz unter dem Titel *Freud and the History of Empathy* (1995) verfasst hat, erklärt dazu, dass für Freud das Ichfremde nicht für uns ichfremd ist, da es dem anderen gehört, sondern den inneren Teil der anderen Person beinhaltet, der ihrem eigenen Ich fremd und unbekannt scheint. Durch die Einfühlung gelingt es dem Psychoanalytiker somit, den Teil der Personen zu verstehen, der ihnen selbst fremd ist (vgl. Bolognini 2003). Allerdings schreibt Freud der Einfühlung nicht wie Rogers eine zentrale Wirkfunktion zu, sondern versteht sie als Vorbereitung zur Herstellung der positiven Übertragungsbeziehung. Diese kann sich erst auf Grundlage einer sich stabilisierenden Beziehung zwischen Patient und Analytiker entwickeln. „Die Einfühlung wird zu einer sine-qua-non-Bedingung für die Analyse; sie ist notwendig, um die Herstellung der positiven Übertragung und den Zugang zum Deuten zu ermöglichen" (Bolognini 2003, S. 36).

Trotz des großen Stellenwertes, den Freud der Empathie beimisst, ist eine gewisse Ambivalenz nicht von der Hand zu weisen, denn Gefühlen gegenüber ist Freud im Rahmen seiner analytischen Theorie sehr skeptisch und zurückhaltend. Der Analytiker soll die „notwendige Kühle bei der Berufsausübung" (vgl. ebd., S. 37f.) walten lassen. Die Ängste, eine zu enge Beziehung zum Patienten aufzubauen, spiegeln sich auch in Freuds folgender Aussage: „Wir dürfen es nie zulassen, dass die armen Neurotiker uns verrückt machen" (vgl. ebd.). Erst den Schülern Freuds gelang es schließlich, den Gefühlen in der Analyse mehr Raum zu verschaffen und sie etwas mehr zu integrieren. Als fortschrittlichster und kreativster unter ihnen gilt Ferenci, der die Notwendigkeit sieht, sowohl dem Denken wie auch den Gefühlen in der Analyse ihren Raum zu geben (vgl. Bolognini 2003).

Eine weitere Annäherung an den Empathie-Begriff in der psychoanalytischen Psychotherapie erfolgte durch Kohut (1959, 1971, 1984). Obwohl seine Arbeiten die akademische Psychologie nicht außerordentlich beeindruckt haben, ist sein Einfluss auf die moderne Psychoanalyse und psychoanalytische Theorieentwicklung beträchtlich. Elementar ist weniger Kohuts Definition von Empathie, die er in dieser expliziten Form nicht liefert; vielmehr versteht er Empathie als Mittel zum Erwerb von Informationen über das Gegenüber. Für ihn ist Empathie ein Prozess, durch den es gelingt, uns in den anderen hineinzuversetzen oder uns stellvertretend mit ihm zu identifizieren. Empathisches Verstehen der Erfahrung anderer Menschen ist laut Kohut eine ebenso basale Kompetenz wie das Sehen, Hören, Schmecken oder Riechen (vgl. Wispé 1987). Für ihn sind Selbstbeobachtung und Empathie die wesentlichsten Aspekte psychoanalytischer Beobachtung. Sein Beharren auf der Annahme, dass die Grenzen der Psychoanalyse durch die Grenzen in der Empathie- und Selbstbeobachtungsfähigkeit des Therapeuten liegen, stellt wohl auch die Abgrenzung Kohuts zur klassischen Analyse dar (vgl. ebd.).

Neuere psychoanalytische Theorien schätzen die Empathie als einen wesentlichen Faktor zur Herstellung einer therapeutischen Arbeitsbeziehung ein (vgl. Eckert 2001). Aktuelle Veröffentlichung, wie die von Bolognini (2003) mit dem Titel *Die psychoanalytische Einfühlung* sprechen ebenfalls dafür, dass die Empathie in der Psychoanalyse einen zunehmenden Stellenwert erhält.

In der Therapie-Praxis versuchen Analytiker, die Anwendung der Empathie in zwei bis drei Teile zu zergliedern. Dabei versetzen sie sich zunächst in den anderen hinein, in einem weiteren Schritt distanzieren sie sich von ihm, um schließlich im dritten Schritt diese Wahrnehmung dem Gegenüber zuzuschreiben. „*Empathie* bezeichnet eine Annäherung an das Fremde per Introspektion, einen Vorgang, an dem zwei gegensätzliche Zustände verlangt werden, nämlich die Fusion mit dem anderen und zugleich die Trennung von ihm in der Anerkennung seiner Eigenart" (Körner 1998, S. 2).

Insgesamt betrachtet handelt es sich bei der Empathie in der Analyse mehr um eine Technik, die es anzuwenden gilt, als um eine Brücke zum interpersonellen Beziehungsaufbau. Die gefühlsmäßige Beteiligung des Analytikers scheint hier sehr zurückhaltend bzw. ambivalent besetzt zu sein, was sich in folgendem Zitat bestätigt: „Das Problem der Affekte des Analytikers während seiner Arbeit hat die ganze Geschichte der Psychoanalyse von Anfang an durchzogen: vom theoretischen, vom klinischen und vom institutionellen Standpunkt aus" (Bolognini 2003, S. 92).

1.2.3 Der Verhaltenstherapeutische Ansatz

Kommt der Empathie, wie eingangs beschrieben, im Personzentrierten Ansatz und in der Psychoanalyse eine zentrale Rolle zu, taucht der Begriff in der verhaltenstherapeutischen Literatur nahezu überhaupt nicht auf. In Literaturverweisen zur Empathie in der Psychotherapie wird die Verhaltenstherapie ebenfalls nicht erwähnt (vgl. Moser und Zeppelin 1996; Eckert 2001). In einer Übersichtsarbeit zur *Empathie in der Psychotherapie* ist zu lesen: „What is one to say of empathy in behavior therapy? Not much." (Marcia 1987, S. 97). Etwas „tröstlich" und beschwichtigend mag in diesem Zusammenhang die Aussage von Marcia in ihren Ausführungen zur Behavioralen Therapie gelten: „Selbst wenn Empathie nicht direkt in den Behandlungsprozess integriert ist, so besteht doch die Möglichkeit der Existenz von Empathie in der interpersonellen Verhaltenstherapie" (Marcia 1987, S. 97).

Darüber hinaus ist in jüngster Vergangenheit ein viel versprechendes Buch zweier Verhaltenstherapeuten mit dem Titel *Emotionale Kompetenz bei Kindern* erschienen. Die Autoren definieren *Emotionale Kompetenz* folgendermaßen: „Dazu gehören vor allem die Fähigkeiten, sich seiner eigenen Gefühle bewusst zu sein, Gefühle mimisch oder sprachlich zum Ausdruck zu bringen oder eigenständig zu regulieren sowie die Emotionen anderer Personen zu erkennen und zu verstehen" (Petermann und Wiedebusch 2003, S. 11f.). Empathie wird in diesem Konzept als eine von acht Schlüsselfertigkeiten (u. a. die Fähigkeit, sich der eigenen Emotionen bewusst zu sein; die Fähigkeit, Emotionen anderer wahrzunehmen und zu verstehen; die Fähigkeit, über Emotionen zu kommunizieren) gesehen, die in der kindlichen Entwicklung erworben und stark vom familiären und sozialen Umfeld geprägt werden. In einem späteren Kapitel wird im Rahmen von Lernzielen in einem Trainingsprogramm zur Förderung emotionaler Kompetenz die Empathie als eines dieser Ziele verstanden. Kinder sollen empathisches Einfühlen in andere verbessern, prosoziale Verhaltensweisen zeigen und einen angemessenen Umgang mit Emotionen in Konfliktsituationen lernen.

Zwar behandelt das Buch das Thema der Empathie in der Verhaltenstherapie nicht unmittelbar, jedoch lässt die Tatsache, dass sich renommierte Wissenschaftler aus der Verhaltenstherapie mit *Emotionaler Kompetenz* befassen, Tendenzen erkennen, dass auch die Verhaltenstherapie bislang fremdes Terrain betritt, indem damit begonnen wird, sich mit Emotionen und der Empathie auseinanderzusetzen.

1.3 Schlussfolgerung

Die verschiedenartigen Erklärungsansätze und Definitionsversuche von Empathie machen deutlich, dass eine kurze und einfache Beschreibung des Begriffes der Komplexität dieses umfassenden Konstruktes nicht gerecht wird.

Sämtliche Erklärungsansätze stimmen darin überein, dass Empathie maßgeblich von der interpersonellen Interaktion und Kommunikation abhängig ist. Interessant ist die Tatsache, dass sowohl im ersten und am umfangreichsten empirisch abgesicherten Ansatz von Carl Rogers als auch im jüngsten und aktuellsten Ansatz der Spiegelneuronen der zwischenmenschlichen Beziehung ein zentraler und wesentlicher Stellenwert zugesprochen wird. Da im Rahmen des Ansatzes der Spiegelneuronen noch keine Definitionsversuche zur Empathie vorliegen, wird als Grundlage und grober Rahmen der weiteren Arbeit die Beschreibung des Personzentrierten Ansatzes verwendet, die sehr umfassende, weit reichende und tiefgehende Aussagen zur Empathie trifft. Eine kurze Definition, die man um den Prozesscharakter der Empathie erweitern müsste, ist die von Rogers: „Im Vollzug des Einfühlens versucht der Therapeut, durch eine emotionale Teilhabe in sich ein möglichst plastisches Bild von der *inneren Welt* des Patienten entstehen zu lassen. Sich identifizierend versucht er, diese Welt *mit den Augen des Klienten zu sehen* (Rogers 1977, 1975)" (Finke 2003, S. 45).

Die Bedeutung der Beziehung stellt also eine wesentliche Komponente im Rahmen eines Definitionsversuches von *Empathie* dar. Weitere Anhaltspunkte liefert die Bindungsforschung, die ebenfalls bei dem Versuch, das Konstrukt *Empathie* zu operationalisieren, einbezogen werden muss.

Um neben der Bedeutung der Interaktion, Kommunikation und der Bindungsforschung für die Empathie eine weitere Differenzierung des Empathiebegriffes zu ermöglichen und ihn für empirische Studien zu operationalisieren, ist es notwendig, Empathie als ein Konglomerat weiterer drei verschiedener eng miteinander verbundener und interagierender Teilaspekte zu betrachten und diese im Rahmen einer Datenerhebung zu berücksichtigen. Dabei handelt es sich um:

- Gefühlsansteckung
- Perspektivenübernahme
- Körpersprache

Bei der als angeboren geltenden Gefühlsansteckung fühlt man sich vom emotionalen Zustand eines anderen berührt, ohne sich bewusst zu sein, dass es sich um die Emotionen des anderen handelt. Die Gefühlsansteckung ist eher vom Ausdrucksverhalten des anderen abhängig als von den situativen Gegebenheiten (vgl. Mutter-Kind-Versuch mit dazwischenliegender Glasplatte über einem Abgrund). Bei zu starker Gefühlsansteckung kommt es zu übermäßiger Identifikation mit dem anderen, bei zu schwacher Gefühlsansteckung zu übermäßiger Abgrenzung zwischen den Beteiligten, so dass eine gute Balance zwischen Identifikation und Abgrenzung erstrebenswert ist.

Um Gefühlsansteckung näher zu untersuchen wäre es wichtig zu ergründen, inwiefern Probanden sich von Erlebnissen oder Erfahrungen anderer Personen *anstecken* lassen oder wenig eigene emotionale Regung zeigen. Die Untersuchung dieser Fragestellung ließe sich durch die Vorlage von Bildern oder Geschichten durchführen, mit Hilfe derer die Versuchspersonen Angaben zu machen hätten, ob sie sich nach Betrachtung oder Lesen eines Bildes bzw. einer Geschichte eher weniger, mehr oder ganz besonders in ihren eigenen Emotionen berührt fühlen. Durch die Vorlage verschiedener emotionaler Antwortmöglichkeiten und das individuelle Rating der vorgelegten Gefühls-Skalen könnten differenzierte Aussagen über die Intensität der Gefühlsansteckung bei verschiedenen Gefühlen gemacht werden.

Bei der Perspektivenübernahme handelt es sich um einen kognitiven Prozess, sich in andere hineinzudenken oder ein Verständnis für den anderen zu haben, ohne sich emotional davon berühren zu lassen oder das Erleben zu teilen. Wer sich gedanklich in den anderen hineinversetzen kann, seine Perspektive oder Rolle übernehmen kann, verfügt über eine Kompetenz, die wichtig ist für soziale Interaktion und Kommunikation. Perspektivenübernahme als notwendiger Bestandteil dafür, sich in den anderen hineinzuversetzen, ließe sich ebenfalls anhand von Text- oder Bildgeschichten erheben, um ihre Ausprägung zu eruieren. Die Bereitschaft der Probanden, die Perspektive einer anderen Person zu übernehmen, könnte ebenfalls durch eine skalierte Abfrage verschiedener Items erfolgen.

Im Bereich der Körpersprache erlauben Mimik, Gestik, Atmung und Tonfall Rückschlüsse auf die emotionale Befindlichkeit des anderen. Während Gesichtsgestik (Blinzeln, Kopfschütteln etc.) als weitgehend von Emotionen unabhängig gilt, steht der Gesichtsausdruck (z. B. Lächeln) in enger Beziehung zur emotionalen Befindlichkeit, und zwar über kulturelle Grenzen hinweg. Die Fähigkeit, im Gesichtsausdruck des Gegenübers dessen Gefühle zu erkennen, kann als notwendiger Bestandteil zur Entwicklung sozialer Kompetenz verstanden werden. Insofern ist es zur Untersuchung der Körpersprache günstig, zunächst die Wahrnehmung des Gesichtsausdruckes in den Vordergrund zu stellen. Das ließe sich mit der Präsentation von Fotografien oder Abbildungen erreichen, anhand derer die Probanden ihre eigene Einschätzung hinsichtlich des wahrgenommenen Gesichtsausdruckes angeben können.

Bei einer solchen Erhebung der Werte dreier Teilaspekte von Empathie müssten die jeweiligen Mittelwerte der verschiedenen Items berechnet werden, um somit Aussagen hinsichtlich Übereinstimmungen oder Abweichungen mit diesen Mittelwerten treffen zu können. Auch könnte man bei einer gesondert zu überprüfenden Studiengruppe (Kinder psychisch kranker Eltern) Aussagen über die Abweichungen von den Mittelwerten (im Vergleich zu Kindern der Normalpopulation) treffen und evtl. weitere Zusammenhänge herstellen. Die Items zu Aspekten der Interaktion, Kommunikation und Bindungsforschung könnten über gezielte Fragen erhoben werden, die sich beispielsweise auf familiäre Kommunikationsstrukturen oder vorherrschende Bindungsmuster zwischen den Kindern und ihren Eltern beziehen. Vorteilhaft ist darüber hinaus, dass eine solche Form der Erhebung als „paper & pencil-Test" relativ problemlos einsetzbar ist. Wünschenswert wäre eine zusätzliche Überprüfung der neuronalen Netzwerke und der Aktivität der Spiegelzellen bei bestimmten emotionalen Vorgaben.

2 Die Situation der Kinder und ihrer Eltern

Bei der Analyse von Veröffentlichungen aller Art fällt auf, dass Kinder zwar durchaus in verschiedenen sozialen Lebens- und Entwicklungskontexten wahrgenommen werden, selten jedoch in ihrer Rolle als *Kinder psychisch kranker Eltern*. Sollberger (2002) verweist auf Schätzungen internationaler Herkunft, wonach 50% aller psychisch kranken Menschen auch Eltern sind. Weiterhin beschreibt er, dass jedoch nur ca. 10-14% der Kinder dieser Eltern später auch selbst an einer Psychose erkranken.

Was die Benennung absoluter Zahlen für Deutschland angeht, taucht in verschiedenen Veröffentlichungen immer wieder die Zahl von 500.000 Kindern und Jugendlichen auf. Wahrscheinlich greifen sämtliche Autoren auf die erstmalige Benennung dieser Zahl bei Remschmidt und Mattejat zurück: „Auch bei recht konservativer Schätzung kommt man also auf etwa 500.000 Kinder *psychotischer* (Hervorheb. K. R.) Eltern (Kinder schizophrener und Kinder endogen-depressiver Eltern), die infolge ihrer multiplen Gefährdung stärkere Aufmerksamkeit verdienen" (1994a, S. 5). Raiss und Ebner (2001), Lisofsky und Schmitt-Schäfer (2001) und die Pressestelle des Universitätsklinikums Hamburg-Eppendorf (2002) fassen den Rahmen um einiges weiter, indem sie von 500.000 Kindern mit „psychisch kranken" Müttern oder Vätern ausgehen.

Etwas klarer am Original-Zitat orientiert ist das folgende Zitat, das im Rahmen einer Erklärung der „Arbeitsgemeinschaft der Psychotherapeutenkammern" geäußert wurde: „Mindestens eine halbe Million Mädchen und Jungen haben Eltern, die unter einer *schweren psychischen Erkrankung* (Hervorheb. K. R.) (schizophrene und affektive Störungen) leiden" (2002, S. 17).

Zur näheren Analyse der Situation der Kinder und ihrer Eltern mit psychischen Erkrankungen wird nun zunächst ein Überblick bezüglich des derzeitigen Forschungsstands geben, um daran anschließend die psychosozialen Belastungsfaktoren sowie die protektiven und kompensierenden Faktoren seitens der Kinder und ihrer Eltern näher zu analysieren.

2.1 Überblick zum derzeitigen Forschungsstand

Der Themenkomplex *Kinder psychisch kranker Eltern* wird nach Literaturrecherchen von Mattejat (2001a) erstmals 1932 anlässlich eines Vortrags auf einem Kongress der „American Orthopsychiatric Association" erwähnt, als eine empirische Erhebung mit 49 Kindern psychotisch erkrankter Eltern vorgestellt wird. Diese Erhebung sei jedoch sehr einfach strukturiert gewesen und hätte keinerlei Auffälligkeiten bei den Kindern zutage gebracht, sodass sich das diesbezügliche Forschungsinteresse zunächst nicht weiter entwickelte. Erst in den 1960er Jahren entwickelt sich laut Mattejat ein erstmaliges gesteigertes Interesse an den Kindern psychisch kranker Eltern, was wohl auch damit zusammenhing, dass einer der am meisten prägenden Personen der europäischen Kinder- und Jugendpsychiatrie, Sir Michael Rutter, diesem Forschungsgebiet seine Aufmerksamkeit widmete.

Im deutschsprachigen Raum sind ab 1971 erste Projekte und Dissertationen zu diesem Thema zu finden, die erste deutschsprachige Monografie über Kinder psychisch kranker Eltern wird jedoch erst 1994 von Remschmidt und Mattejat (1994a) publiziert. Dieses Werk gilt noch heute als eines der wenigen Standardwerke zum Thema. Seit dieser Zeit gibt es zwar eine zunehmende Tendenz, Forschungen und Publikationen dieser Thematik zu veröffentlichen, trotzdem gelingt es nach einhelliger Ansicht verschiedener Autoren wie Küchenhoff (1997), Mattejat (2001a), Remschmidt und Mattejat (1994b) nicht, die Kinder psychisch kranker Eltern im Bewusstsein einer breiten Fachöffentlichkeit zu verankern.

Erst im Laufe der letzten Jahre scheint das Forschungs- und Publikationsinteresse etwas zuzunehmen. Ende 1996 fand ein erster Kongress zu dem Thema *Hilfen für Kinder psychisch Kranker* statt. Die Federführung dieses Kongresses, der sich durch die Teilnahme einer breiten Fachöffentlichkeit auszeichnete, hatten der Bundesverband der Angehörigen psychisch Kranker und des Dachverbands Psychosozialer Hilfsvereinigungen (vgl. Bundesverband der Angehörigen psychisch Kranker e. V. 1996). Im September 2004 stand das 5. Kinderschutz-Forum, ein renommierter mehrtägiger Kongress der Kinderschutz-Zentren in Deutschland mit mehr als 700 Teilnehmern unter dem Motto „Meine Eltern sind anders – Eltern mit psychischen Störungen und die Betroffenheit der Kinder" (vgl. Kinderschutz-Zentren 2004; 2005). Im Mai 2005 erschien eine umfassende Studie zu Kindern als Angehörige psychisch kranker Eltern, die vom Ministerium für Wissenschaft und Forschung des Landes Nordrhein-Westfalen finanziert worden war (vgl. Lenz 2005).

Die Gründe für die bislang marginale Behandlung der Thematik *Kinder psychisch kranker Eltern* und die sich daraus ableitende geringe Ausbeute an aussagekräftigem Forschungs- und Datenmaterial benennt Koch-Stoecker folgendermaßen: „Dieser Mangel hat verschiedene Ursachen. Zum einen ist die Fragestellung nicht innerhalb einer einzigen, sondern zwischen mehreren Disziplinen psychosozialer Versorgung lokalisiert (zwischen Erwachsenenpsychiatrie, Kinderpsychiatrie und Jugendhilfe) und damit nur über interdisziplinäre Projekte zu erfassen. Zum anderen sind die Interaktionen und möglichen Einflussfaktoren so komplex, dass den Forschungsbemühungen stets der Charakter von Unvollständigkeit anhaftet" (2001, S. 48). So verwundert es auch nicht, dass die erhöhte Bereitschaft der Forschung und Praxis, sich mit den Bedürfnissen der Kinder psychisch kranker Eltern auseinanderzusetzen, zwar generell positiv bewertet wird, sich aber nicht zwangsläufig auch in einem flächendeckenden Angebot von Hilfsmöglichkeiten für die Betroffenen niederschlägt, wie Wagenblass und Schone anmerken: „Eine psychische Erkrankung der Eltern stellt einen hohen Belastungs- und Risikofaktor für die betroffenen Kinder dar. In der psychiatrischen und sozialpädagogischen Praxis werden die Belange und spezifischen Probleme dieser Kinder zunehmend wahrgenommen, dennoch gibt es bislang nur wenig konkrete Hilfs- und Unterstützungsangebote für diese Zielgruppe" (2001a, S. 580). Das Ganze erstaunt allerdings umso mehr, wenn man sich vergegenwärtigt, dass es sich bei der Gruppe der betroffenen Kinder mit 500.000 (s. o.) nicht gerade um eine kleine und zu vernachlässigende Größe handelt und auch in Zukunft die Zahl eher zu- als abnehmen werden wird.

2.1.1 High-Risk-Forschung

Im Mittelpunkt der meisten Forschung über die Auswirkungen psychischer Erkrankungen von Eltern auf ihre Kinder stehen Untersuchungen aus dem medizinischen und psychiatrischen Spektrum. Die bekannteste und renommierteste Forschungsrichtung ist die so genannte High-Risk-Forschung. Eine grundlegende Annahme dieses Forschungsansatzes ist, dass Kinder von psychisch kranken Eltern ein erhöhtes Risiko haben, selbst psychisch zu erkranken. Diese Annahme wird gestützt durch zahlreiche Untersuchungen und Beobachtungen anderer Wissenschaftler und Autoren. So fanden Remschmidt und Mattejat (1994a) heraus, dass etwa ein Drittel aller Kinder, die sich in stationärer kinder- und jugendpsychiatrischer Behandlung befanden, mindestens einen psychisch kranken Elternteil haben. In einer weiteren Veröffentlichung vertreten die Autoren die Auffassung, dass Kinder durch die elterliche Erkrankung in vielfältiger Weise in Mitleidenschaft gezogen werden können und unter erhöhtem Risiko stehen, selbst psychotisch zu erkranken (vgl. Remschmidt und Mattejat 1994b). Darüber hinaus wird im Rahmen einer Marburger Untersuchung bekräftigt, „dass psychische Störungen von Eltern ein zentrales Kernmerkmal bei psychisch gestörten Kindern darstellen" (zit. in: Schone und Wagenblass 2001).

Ziel der High-Risk-Forschung ist, im Sinne einer Früherkennung die betroffenen Kinder mit erhöhtem Krankheitsrisiko herauszufiltern, d. h. diejenigen Merkmale und Indikatoren zu ermitteln, die diese Gruppe von normalen Vergleichsgruppen unterscheidet. Diese Untersuchungsergebnisse sollen dazu eingesetzt werden, möglichst frühzeitig präventive Maßnahmen zu entwickeln und sie den gefährdeten Kindern schnellstmöglich anzubieten (vgl. Mednick und Schulsinger 1980). Der Schwerpunkt der Forschung konzentrierte sich anfangs stark auf Erkrankungen des schizophrenen und affektiven Spektrums (vgl. Mattejat 2001b). Für diese Erkrankungsformen liegen daher auch die validesten Ergebnisse vor, auf die im Folgenden kurz eingegangen werden soll.

Als Klassiker der High-Risk-Forschung über Kinder psychisch kranker Eltern ist, wie bereits beschrieben, die detaillierte Monografie von Remschmidt und Mattejat (1994a) zu nennen. Geforscht wurde von ihnen u. a. nach Ursachen und bestimmten Merkmalen für das erhöhte Risiko von Kindern psychosekranker Eltern, selbst an einer Psychose zu erkranken. Die Ergebnisse der Untersuchungen erbrachten den Nachweis, dass bei Kindern von psychotischen Eltern gehäuft psychopathologische Auffälligkeiten festzustellen waren.

Auch spätere Forschungsergebnisse und Veröffentlichungen bestätigen diese Aussagen. So beschreiben Laucht, Esser und Schmidt (1992), Mattejat (2001b) und Koch-Stoecker (2001), dass das Risiko, selbst eine psychische Störung zu entwickeln, für Kinder psychisch kranker Eltern deutlich erhöht ist. Die Kinder zeigen vermehrt Entwicklungsauffälligkeiten sowohl im kognitiven wie auch im emotionalen Bereich. Des Weiteren fallen sie häufiger durch Störungen des Sozialverhaltens auf. Das trifft insbesondere auf Kinder von schizophrenen Eltern zu (vgl. Mattejat 2001b). Darüber hinaus konnte für die Risikogruppe der Kinder schizophrener Eltern eine Reihe weiterer Auffälligkeiten nachgewiesen werden, wie z. B. neurologische Abweichungen, EEG-Auffälligkeiten, Aufmerksamkeits- und Denkstörungen (vgl. Remschmidt und Matejat 1994b; Koch-Stoecker 2001). Aber auch bei anderen Erkrankungsformen werden entsprechende Risiko-Einschätzungen vorgenommen. So zitieren Bohus et al. (1998) amerikanische Studien, die zu dem Ergebnis kommen, dass Kinder von Angstpatienten ein siebenfach höheres Risiko tragen, selbst an einer Angststörung zu erkranken, als Kinder einer durchschnittlichen Kontrollgruppe.

Die neueren Tendenzen innerhalb der High-Risk-Forschung weisen mittlerweile ein sehr breit gefächertes Spektrum an Forschungsansätzen unterschiedlicher Herkunft sowie an unterschiedlichen Erklärungsmodellen auf. Schone und Wagenblass fassen diese neueren Entwicklungen wie folgt zusammen: „Dabei werden theoretische Modelle verwendet, die gleichermaßen genetische, biochemische, neurophysiologische, lern- und interaktionstheoretische sowie entwicklungspsychologische Aspekte berücksichtigen. Zentral geht es um die Frage, inwieweit genetische und/oder wie weit psychosoziale Faktoren dafür eine Rolle spielen, dass Kinder ebenfalls psychisch erkranken und welche (ebenfalls genetischen und psychosozialen) protektiven Faktoren dafür verantwortlich sind, dass es nicht zu einer solchen Erkrankung kommt" (2001, S. 11).

Allerdings muss sich die High-Risk-Forschung auch der Kritik stellen, dass die einseitige Orientierung auf die Psychopathologie zu einer Einengung des Blickwinkels führt, was dadurch letztlich auch Defizite in der Forschung nach sich zieht. Sollberger (2002) führt diesbezüglich als Beispiel an, dass die Kinder bereits als kleine psychiatrische Patienten angesehen werden und ihr Verhalten als (prä)symptomatisch interpretiert wird, ohne auf den Einfluss von Familien- und Umweltfaktoren einzugehen. „Ohne die Relevanz der Ergebnisse aus der High-Risk-Forschung auch für die Prävention von kindlichen Störungen in Abrede stellen zu wollen, bedarf es, um die zitierten Möglichkeiten und Potenziale der Kinder in ihren weit reichenden Dimensionen abschätzen und erkennen zu können, zum einen methodisch eines Zugangs zu den subjektiven Erfahrungen der Kinder selbst und zu einem nicht bereits in medizinischem Setting situierten Sample, zum anderen inhaltlich einer Verabschiedung klinischer Voreingenommenheit" (Sollberger 2002, S. 122).

2.1.2 Genetische Studien

Neben der High-Risk-Forschung ist auf einen weiteren großen Forschungsbereich zu verweisen, der sich mit genetischen Aspekten beschäftigt. Aus zahlreichen genetischen Studien zu Erkrankungen des schizophrenen und affektiven Spektrums sowie aus Adoptionsstudien lässt sich eine erhöhte Vulnerabilität für die Kinder psychisch kranker Eltern ableiten.

Kinder schizophrener Eltern haben ein zehn- bis fünfzehnprozentiges Risiko, selbst an einer Schizophrenie zu erkranken. Sind darüber hinaus beide Elternteile an einer Schizophrenie erkrankt, erhöht sich die Erkrankungswahrscheinlichkeit der Kinder nochmals signifikant und liegt dann bei ca. 40%. Vergleichsweise dazu beträgt das Lebenszeitrisiko innerhalb der Gesamtbevölkerung, an einer Schizophrenie zu erkranken, bei ca. 1%. Das bedeutet eine um das Zehn- bis Vierzigfache höhere Wahrscheinlichkeit für Kinder schizophrener Eltern (vgl. Mattejat 2001b). Ähnliche Aussagen können auch für andere psychische Krankheitsbilder getroffen werden. Downey und Coyne

(1990) beispielsweise haben im Rahmen einer Auswertung von neun Studien über Kinder depressiver Eltern festgestellt, dass die Wahrscheinlichkeit, eine affektive Störung zu entwickeln, um das 1,75-Fache höher ist als bei Kindern gesunder Eltern; das Risiko einer Major Depression sogar um das Sechsfache. Kindern von Eltern mit Angststörungen wird ein siebenfach höheres Risiko zugeschrieben, selbst an einer Angststörung zu erkranken (vgl. Lenz 2005). Auch anhand von Zwillingsstudien lässt sich eine gewisse genetische Determinante im Rahmen des Auftretens von Schizophrenie und Depression in der nächsten Generation nachweisen (vgl. ebd.). Genetische Faktoren können also durchaus von Relevanz für die Entstehung psychischer Störungen bei Kindern psychisch kranker Eltern sein, was auch von Mattejat (2001b) bekräftigt wird.

An verschiedenen Stellen (vgl. Mattejat 2001b; Sollberger 2002) wird jedoch davon Abstand genommen, die genetische Disposition als alleinige Ursache für psychische Erkrankungen anzusehen. Sie spielt eine bedeutsame Rolle, kann die Manifestation der psychischen Erkrankung jedoch nicht alleine und ausschließlich erklären. Sollberger formuliert in seiner Kritik, „dass weniger die Erkrankung der Eltern das Risiko für eine Erkrankung der Kinder erhöht als vielmehr die mit der elterlichen Psychose assoziierten familiären Spannungen und Streitigkeiten sowie die gegen das Kind gerichteten elterlichen Feindseligkeiten oder auch übermäßige Behütung. Hierbei sind es insbesondere die für die Kinder mit der Störung der Eltern-Kind-Beziehung verknüpften schlechten Erfahrungen, welche ein erhöhtes Risiko für psychische Störungen zur Folge haben" (2002, S. 120). Auch andere Autoren sind der Auffassung, dass die Orientierung der Forschung einzig und allein auf genetische Studien zu kurz greift. Deneke (1995) beispielsweise weist darauf hin, dass die genetische Veranlagung nur einen Teil der Vulnerabilität für die Kinder ausmacht. Sie beschreibt die psychische Erkrankung eines Elternteils nur als einen unter vielen Risikofaktoren, wobei sich die einzelnen Faktoren gegenseitig bedingen und verstärken.

2.1.3 Sozialpsychiatrische und familienorientierte Ansätze

Aus der Kritik an der High-Risk-Forschung und der genetischen Vulnerabilität für Kinder psychisch kranker Eltern wird deutlich, dass Aspekte der Familiendynamik eine nicht zu unterschätzende Rolle spielen und daher berücksichtigt werden müssen. In verschiedenen Studien zur Psychose-Entstehung wird dieser Forderung bereits Rechnung getragen, indem Aspekte der Familiendynamik hier besonders einbezogen werden (vgl. Remschmidt und Mattejat 1994b; Mattejat 2001b). Mattejat (2001b) beschreibt beispielsweise, dass Psychosen als

Ausdruck pathologischer Interaktionsmuster zu verstehen sind. Nach seinen Ausführungen scheint der Verlauf schizophrener Erkrankungen in Abhängigkeit zum vorherrschenden emotionalen Interaktionsstil der Familien zu stehen.

Ein diesbezüglich in der Literatur immer wieder auftauchendes Forschungsgebiet ist die Untersuchung des emotionalen Gehalts von Kommunikation in Familien, was unter dem Begriff der Expressed Emotions zusammengefasst wird (vgl. Remschmidt und Mattejat 1994a; 1994b; Jungbauer et al. 2001). Dabei fand man heraus, dass psychisch kranke Menschen nach einem Klinikaufenthalt eine erhöhte Rückfallwahrscheinlichkeit hatten, die mit dem familiären System, in das sie zurückkehrten sowie mit der Art und Weise der Kommunikation in ihrer Familie zusammenhängt: „In Familien, in denen der Umgang miteinander durch ein hohes Maß an Feindseligkeit oder Überprotektivität gekennzeichnet ist – beide Aspekte werden unter dem Oberbegriff 'expressed emotions' zusammengefasst –, ist die Prognose ungünstiger als in Familien mit niedrigen Expressed-emotions-Werten" (Mattejat 2001b, S. 68).

Darüber hinaus befassen sich sozialpsychiatrische und familienorientierte Forschungsansätze mit *krankheitsbezogenen, kindbezogenen* und *allgemeinen Risikofaktoren*, die sich gegenseitig bedingen und verstärken können. Im Gegensatz zur zuvor beschriebenen, eher pathologisch und symptomorientierten High-Risk-Forschung haben diese Forschungsbemühungen eher entwicklungs- und persönlichkeitsrelevante Aspekte im Blickfeld. Auf der Ebene der *krankheitsbezogenen Risikofaktoren* werden Aspekte wie die Schwere und Chronizität der elterlichen Erkrankung sowie der Beginn und Verlauf der Krankheit benannt (vgl. Deneke 1995; Schone und Wagenblass 2001). Im *kindbezogenen Bereich* gelten Frühgeburten, perinatale Traumata und Komplikationen als Risikofaktoren. Außerdem wirkt sich eine geringe intellektuelle und soziale Kompetenz belastend auf die Entwicklung der Kinder psychisch kranker Eltern aus (vgl. Remschmidt und Mattejat 1994a; Deneke 1995). Als *allgemeine Risikofaktoren* gelten das soziale Umfeld, die Abwesenheit des anderen Elternteils, instabile Familienbeziehungen und Lebensbedingungen, soziale Isolation oder mangelnde emotionale Unterstützung durch Außenstehende (vgl. Deneke 1995; Koch-Stoecker 2001). Trotz der versuchten Abgrenzung der einzelnen Faktoren voneinander bilden sie ein in sich zusammenhängendes Geflecht, was nur schwer in seinen einzelnen Teilen isoliert voneinander zu betrachten ist, sondern stets im Zusammenhang gesehen werden muss.

Einen weiteren auf die familiäre Interaktion bezogenen und durchaus wichtigen Aspekt ergänzen Laucht et al. (1992) im Rahmen der Überlegungen zur Familiendynamik. Die Autoren beschreiben, dass die Beziehung zwischen der elterlichen Auffälligkeit und einer möglichen Entwicklungsstörung beim Kind keine einseitige Angelegenheit ist, sondern von einer wechselseitigen Beeinflussung beider Seiten ausgegangen werden muss. In vereinzelten Untersuchungen wird diesbezüglich nachgewiesen, dass nicht nur der psychische Zustand der Mutter die Entwicklung ihres Kindes beeinflusst, sondern sich auch die mütterlichen Erfahrungen im Umgang mit ihrem Säugling (erfasst in Störungen der Mutter-Kind-Beziehung) auf die psychische Gesundheit der Mutter auswirken. Diese Erkenntnisse hinsichtlich der bilateralen Wechselwirkung zwischen Mutter und Kind nehmen einige Forscher zum Anlass, Präventionsbemühungen für die Betroffenen und ihre Kinder zum frühestmöglichen Zeitpunkt einzufordern. Deneke (1995) beispielsweise fordert Unterstützungsangebote für psychisch kranke Eltern bereits vor der Geburt ihrer Kinder, um diesen Belangen Rechnung zu tragen. Dadurch soll der Gefahr vorgebeugt werden, dass sich die Eltern bereits kurz nach der Geburt mit der Realität des Kindes – bei ansonsten durch die psychische Erkrankung bedingten unklaren Realitätswahrnehmungen – konfrontiert sehen und überfordert fühlen.

In neueren Forschungsvorhaben wird erstmals den protektiven- und Schutzfaktoren ein größerer Stellenwert eingeräumt. Ähnlich der Entwicklungen in der allgemeinen Gesundheitsforschung, in der die bislang alleinige Beschäftigung mit der Pathogenese (krankheitsfördernde Faktoren) durch eine zunehmende Beschäftigung mit der Salutogenese (gesundheitsförderliche Faktoren; von salus = gesund und genesis = Ursprung) ergänzt wird, verschiebt sich scheinbar auch der Fokus im Bereich der Forschungsansätze bezüglich psychischer Erkrankungen. Nicht mehr allein die Risikofaktoren, negativ beeinflussende Aspekte oder Probleme der Betroffenen und ihrer Angehörigen sind im Bewusstsein der Forscher und Fachöffentlichkeit, sondern auch die positive Seite, die sich mit förderlichen, hilfreichen und unterstützenden Aspekten im Rahmen der psychischen Erkrankung beschäftigt (vgl. Werner und Smith 1993; Sollberger 2002).

2.1.4 Sozialpädagogische Ansätze

In Abgrenzung zu den zuvor beschriebenen Forschungsansätzen handelt es sich bei den sozialpädagogischen Ansätzen historisch gesehen um relativ junge und neue Forschungsbemühungen. Sie sehen ihre Schwerpunktsetzung darin, zukünftiges Forschungsinteresse vermehrt auf die natürlichen familiären Bewältigungs- und Kompensationsmöglichkeiten zu lenken und diese durch präventive Maßnahmen zu aktualisieren und zu intensivieren (vgl. Remschmidt und Mattejat 1994a). Auch Schone und Wagenblass (2001) unterstreichen die Notwendigkeit sozialpädagogischer Forschung, da diese sich dadurch auszeichnen würde, dass die Lebenswelten und existierenden Ressourcen der Kinder und ihrer Familien in das Zentrum des Forschungsinteresses gerückt würden.

Die zentrale Aufgabe der sozialpädagogischen Forschung ist demnach eine systematische Untersuchung der Lebenswelt der betroffenen Kinder und ihrer Familien. Ziel dieses Ansatzes ist es, ein umfassendes Bild der komplexen Realität dieser Kinder und ihrer Familien zu erhalten, um daraus gezielte Interventionen, wie etwa problemangemessene und lebensweltorientierte Hilfsangebote, zu entwickeln. Das Erkenntnisinteresse sozialpädagogischer Forschung sollte sich nach Schone und Wagenblass (2001) auf Faktoren und Umweltbedingungen richten, die Kinder dazu befähigen, die Belastung des Zusammenlebens mit einem psychisch kranken Elternteil zu bewältigen. Hierzu ist es notwendig, sich verstärkt mit dem subjektiven Erleben von Kindern psychisch kranker Eltern auseinanderzusetzen und dieses Erleben als einen Forschungsschwerpunkt zu begreifen. Als Forschungsmethode bietet sich hier nach Auffassung von Sollberger (2000) die narrative Biografieforschung an, die mit Hilfe halbstrukturierter Interviews durchgeführt wird. Verschiedene Autoren sind der Meinung, dass die Methode der narrativen Biografieforschung durch die Erfassung der subjektiven Erfahrungen und Erkenntnisse der Betroffenen für eine hilfreiche Prävention sinnvoll eingesetzt werden kann (vgl. Anthony 1980; Wagenblass 2001).

Im Rahmen einer aktuellen deutschsprachigen Studie des *Instituts für Soziale Arbeit* (ISA) Münster wurde versucht, die Entwicklungs- und Lebensbedingungen von Kindern psychisch kranker Eltern mit Hilfe biografischer Interviews näher zu analysieren. Innerhalb der vorliegenden empirisch-handlungsorientiert ausgerichteten Forschungen wurden neben den Kindern auch die beteiligten Institutionen mit einbezogen (vgl. Wagenblass 2001). Die Auswertung der Befragungen stützt sich auf vier Untersuchungsbereiche: Standardisierte Fragebogen für die beiden Untersuchungsregionen Bielefeld und Warendorf; biografische retrospektive Interviews der heute 24 bis 27-jährigen Untersuchungspersonen; leitfadengestützte Einzelinterviews von Fachkräften aus Institutionen der medizinischen und sozialpädagogischen Versorgung; überregionale Gruppengespräche mit Experten, die gezielte Angebote für die Gruppe der Kinder psychisch kranker Eltern entwickelt haben (vgl. Wagenblass und Schone 2001b). Als Resultate der ISA-Studie wurde neben den näher ausdifferenzierten Ergebnissen, auf die noch genauer eingegangen wird, folgendes deutlich: Seitens der Familien ist eine große Zurückhaltung bei der Inanspruchnahme öffentlicher Hilfen festzustellen. Seitens der institutionellen Ebene muss festgestellt werden, dass sowohl in der medizinischen Versorgung als auch in Institutionen sozialer Arbeit Hilfsangebote für die Kinder erst angeboten werden, wenn das Ausmaß an Verhaltensauffälligkeiten Dimensionen annimmt, die nicht mehr zu übersehen sind. Das impliziert auch, dass spezielle präventive Ansätze in der Arbeit mit Kindern psychisch kranker Eltern im Bereich der Jugendhilfe und Medizin wenig institutionalisiert sind.

Schone und Wagenblass (2001) beschreiben und kritisieren trotz ihres Engagements für die sozialpädagogische Forschung einen großen Mangel an systematischer Auseinandersetzung mit den Problemen der Kinder psychisch kranker Eltern innerhalb jener Forschungsbemühungen. Dieser Kritik schließt sich auch Sollberger (2000) an, indem er eine Sensibilisierung für die Sicht der Kinder anmahnt, um deren Erfahrungsschatz im Rahmen institutioneller Hilfsangebote sinnvoll und effektiv einbeziehen zu können. Darüber hinaus wird deutlich, dass es trotz der von Wagenblass und Schone (2001b) als wichtig erachteten interdisziplinären Perspektive in der Praxis nur sehr selten zu einer systematischen Vernetzung von Jugendhilfe und Psychiatrie kommt. „Um angemessene Hilfe und Unterstützung für Kinder mit psychisch kranken Eltern gewährleisten zu können, ist es demzufolge erforderlich sowohl auf der Praxis- als auch auf der Forschungsebene eine Verzahnung der Ansätze und Perspektiven vorzunehmen. Erst durch einen solchen interdisziplinären Zugang von Praxis und Forschung kann die Komplexität der Lebenswelt dieser Kinder entsprechend berücksichtigt werden" (Schone und Wagenblass 2001, S. 17).

2.2 Psychosoziale Belastungsfaktoren für das Familiensystem

Psychische Erkrankungen zeichnen sich bekanntlich nicht nur durch ihre mehr oder minder starken Auswirkungen auf die betroffenen Patienten aus, sondern ebenso durch ihre Auswirkungen auf deren Angehörige und die Familiensysteme, in denen sie leben. Historisch betrachtet werden die Belastungen der Angehörigen nicht immer selbstverständlich zur Kenntnis genommen und anerkannt, sondern dringen erst mittelbar durch die zunehmend frühzeitigere Entlassung der Patienten aus den psychiatrischen Kliniken in das Bewusstsein der Öffentlichkeit, wie Bernert et al. bemerken: „Im Rahmen der Deinstitutionalisierung psychiatrischer Patienten wurden immer mehr Aufgaben, die zuvor im Krankenhaus wahrgenommen wurden, in den ambulanten Bereich verlagert. Auch Angehörige wurden als geeignete Ressource zur Unterstützung der Erkrankten angesehen und so in die Behandlung eingebunden" (2001, S. 597).

Forschungsarbeiten zu diesem Bereich lassen jedoch schon lange auf sich warten. In den USA und Großbritannien sind durch die o. g. Prozesse der immer früheren Deinstitutionalisierung erste Forschungsprojekte über die Belastung der Angehörigen psychisch Kranker bereits Anfang der 1960er Jahre entwickelt worden. In Deutschland jedoch gab es bis Ende der 1990er Jahre keinerlei systematische Forschungen. Angermeyer et al. (1997) geben an, mit der von ihnen publizierten Studie die erste Forschungsarbeit zur Belastung von Angehörigen psychisch Kranker im deutschsprachigen Raum geliefert zu haben. Die Ergebnisse ihrer repräsentativen Befragung unter 900 Mitgliedern des *Bundesverbands psychisch Kranker e.V.* machen ausdrucksstark deutlich, wie intensiv die Belastungen der Angehörigen wirklich sind: „Ein knappes Drittel fühlte sich durch die Betreuung der Kranken stark, ein weiteres gutes Drittel mäßig belastet. Unter den negativen Auswirkungen rangierten an erster Stelle gesundheitliche Beeinträchtigungen. Rund 9 von 10 Angehörigen klagten darüber. Hier sind vor allem psychische Beschwerden wie Grübelei, innere Unruhe, Reizbarkeit oder Mattigkeit sowie Schlafstörungen zu nennen. Zwei Drittel berichteten über Einschränkungen im Privatleben und in der Freizeitgestaltung" (Angermeyer et al. 1997, S. 219).

Neben den zeitlich sehr spät und quantitativ nur in geringem Umfang erschienenen Forschungsarbeiten zu Auswirkungen psychischer Erkrankungen auf die Angehörigen existieren noch weniger Forschungsprojekte oder Aussagen über die Auswirkungen psychischer Erkrankungen auf das *Familiensystem* als solches. Erst in einer kürzlich erschienenen Publikation wird auf die innerfamiliale Dynamik hingewiesen. Wagenblass und Schone erklären: „Psychische Erkrankungen sind Familienerkrankungen und wenn ein Familienmitglied erkrankt, so hat dies stets Auswirkungen auf das gesamte System Familie, seine innerfamiliale Dynamik und die Lebenssituation der einzelnen Familienmitglieder" (2001b, S. 128).

Ein zentraler Mechanismus in Familien mit psychisch kranken Eltern scheint darin zu bestehen, dass – wie in anderen dysfunktionalen Familiensystemen auch – die Tendenz besteht, enger zusammenzurücken und sich gegen die Außenwelt abzuschotten. Dieser Mechanismus wird an verschiedenen Stellen (vgl. Deneke 1995; Küchenhoff 1997) sehr deutlich, sinnfällig und eindrücklich beschrieben. Christiansen und Pleiniger-Hoffmann erklären die zu beobachtenden Prozesse folgendermaßen: „In jeder Familie gibt es eine unausgesprochene Übereinkunft darüber, wie eine Familie sich nach außen und innen zu repräsentieren hat. [...] Jede nicht vorhersehbare Besonderheit verunsichert das Familiensystem und wird auf dem Boden der Familiensicht entweder aktiv, konstruktiv offen nach außen bearbeitet oder aber umgedeutet, verschwiegen, versteckt und nur häufig intrafamiliär besprochen. In Krisensituationen rücken Familien demzufolge enger zusammen, die Kommunikation nach außen wird geringer, weil eine befürchtete kritische Sicht der Umwelt als Bedrohung erlebt wird" (2001, S. 67).

Diese Tendenzen führen dazu, dass Familien sich zunehmend in ihrem sozialen Umfeld isolieren. Sollberger (2002) sieht den Prozess der Isolation der Familien, den er übrigens auch als eines der Kernprobleme anhand retrospektiver Studien heutiger Erwachsener mit ehemals psychisch kranken Elternteilen in ihrer Kindheit nachzuweisen versucht, zusätzlich manifestiert durch die Tabuisierung der Krankheit und die soziale Ausgrenzung des psychisch kranken Elternteils. Ähnlich wird der Prozess von Christiansen und Pleininger-Hoffmann (2001) bewertet, die zusätzlich den bidirektionalen Aspekt der Isolation herausstellen, indem sie deutlich machen, dass sich nicht nur die Familie mit einem psychisch erkrankten Elternteil isoliert, sondern dass solche Familien darüber hinaus auch von der Gesellschaft allzu oft isoliert werden.

2.2.1 Belastungen für die Familie

Neben den skizzierten genetischen Belastungsfaktoren, auf die hier nicht näher eingegangen werden soll, existieren eine Reihe psychosozialer Belastungsfaktoren in Familien mit psychisch kranken Elternteilen, die u. a. von der Art, Dauer und Schwere der Erkrankung, der familiären Situation, dem Alter und Geschlecht der Kinder abhängen.

In der bereits zitierten ersten deutschsprachigen Studie zur Belastung der Angehörigen chronisch psychisch Kranker von Angermeyer et al. (1997) wird deutlich, dass 87,1% der interviewten Personen gesundheitliche Beeinträchtigungen im Zusammenhang mit den Belastungen durch ihre psychisch kranken Familienangehörigen benennen. Bei dem Versuch, die Belastungsfaktoren der Angehörigen psychisch Kranker genauer zu operationalisieren, versuchte man, zwischen objektiven und subjektiven Belastungsfaktoren zu unterscheiden. Als objektive Belastungsfaktoren gelten sämtliche beobachtbaren negativen Folgen der psychischen Krankheit, wie etwa finanzielle Einbußen, Beeinträchtigungen des Familienlebens oder vorzunehmende Betreuungsaufwendungen. Als subjektive Belastungen hingegen gilt die Intensität, in der sich die Angehörigen effektiv als belastet empfinden (vgl. Angermeyer et al. 1997; Jungbauer et al. 2001). Durch die Unterscheidung in objektive und subjektive Belastungen gelingt eine Differenzierung, die sich als äußerst effektiv für weitere Forschungsarbeiten im Bereich der Belastung Angehöriger psychisch Kranker herausstellt und die auch heute noch ihre Anwendung findet.

Betrachtet man soziodemographische Aspekte im Zusammenhang mit Belastungen Angehöriger psychisch Kranker, so fällt auf, dass diese eine scheinbar zu vernachlässigende Rolle – zumindest im Rahmen der subjektiven Belastungen – zu spielen scheinen. In zahlreichen Untersuchungen (vgl. Jungbauer et al. 2001) wird deutlich, dass das Alter, die Bildung oder die soziale Schichtzugehörigkeit keinen Einfluss auf die erlebte *subjektive Belastung* haben, wenngleich sie hier hinsichtlich *objektiver Belastungsfaktoren* wie Arbeitsplatz oder finanzielle Probleme durchaus von Relevanz sein können. Anhand dieser Untersuchungsdaten wird deutlich, dass es keineswegs so ist, dass Angehörige psychisch Kranker je nach Schichtzugehörigkeit unterschiedliche subjektive Belastungen erleben, sondern dass es in diesem Punkt zu ähnlich gravierendem bzw. weniger starkem Belastungserleben quer durch sämtliche Bevölkerungsschichten kommt.

In zahlreichen Untersuchungen wird eine ähnlich starke Diskrepanz zwischen objektiven Belastungsfaktoren, die beispielsweise in mehr als vier Fünftel aller befragten Familien gemessen worden sind, und subjektiven Belastungen, die in weniger als einem Fünftel der Familien angegeben wurden, deutlich. „Noh und Turner (1987) stellten in ihrer Untersuchung fest, dass nur subjektive, nicht aber objektive Belastungen signifikant mit dem psychischen Wohlbefinden der Angehörigen zusammenhängen. Sie folgern daraus, dass sich objektive Belastungsfaktoren nur in dem Maße negativ auf das psychische Wohlbefinden der Angehörigen auswirken, in dem sie überhaupt als Einschränkung bzw. Belastung ‚wahrgenommen' werden" (zit. n. Jungbauer et al. 2001, S. 107). Die Autoren sehen den Grad der erlebten subjektiven Belastungen von Angehörigen psychisch Kranker und den Umgang damit eher im Zusammenhang mit deren kognitiv-emotionalen Prozessen sowie ihren psychosozialen Ressourcen.

Bei Diagnoseversuchen von Belastungen Angehöriger psychisch Kranker in Abhängigkeit vom jeweiligen Krankheitsbild verweisen Jungbauer et al. (2001) im Rahmen ihrer Analyse diverser Forschungsarbeiten auf folgende Erkenntnisse: Bei schizophrenen Erkrankungen, die im Zentrum der meisten vorliegenden Studien stehen, können keine klaren Angaben dazu gemacht werden, was von den Angehörigen als besonders belastend erlebt wird. Einzig in der Form der Symptomatik existieren dahingehende Unterschiede, dass eine Negativsymptomatik (z. B. sozialer Rückzug, Affektverflachung, Apathie) deutlich belastender erlebt wird als eine Positivsymptomatik (z. B. Wahnvorstellungen, Halluzinationen, Erregtheit) (vgl. Jungbauer et al. 2001). Erweitert man den Blickwinkel und betrachtet die Art und Weise des Umgangs der Angehörigen mit ihren psychisch erkrankten Familienmitgliedern, so kann man einen resignativen und depressiven Bewältigungsstil der Angehörigen als Indikator für ein hohes Maß erlebter subjektiver Belastungen ansehen (vgl. Jungbauer et al. 2001). Angehörige von Familienmitgliedern mit affektiven Störungen geben das Grübeln, den Interessenverlust und die Hoffnungslosigkeit sowie die stetige Gefahr eines Rückfalls der erkrankten Person als besonders belastend in ihrem Zusammenleben an. Bei Angehörigen von Personen mit neurotischen, Belastungs- und somatoformen Störungen sind aufgrund der bislang in geringem Ausmaß vorliegenden Untersuchungen sowie aufgrund der großen Unterschiede innerhalb dieser Diagnosegruppe nur wenige aufschlussreiche Erkenntnisse - bezogen auf die Belastungen von Angehörigen - vorhanden. Lediglich bei Personen mit Zwangsstörungen sind für die Angehörigen im familiären Zusammenleben ein erhöhtes Maß an Stress sowie überproportional häufige Partnerprobleme zu verzeichnen (vgl. ebd.).

Ein weiterer zentraler und oftmals belastender Aspekt in Familien mit psychisch erkrankten Elternteilen ist der Bereich der Kommunikation und Interaktion zwischen den beteiligten Personen. Dieser bereits ausführlich beschriebene Bereich der *expressed-emotion-Forschung* schreibt einer überfürsorglichen und überbehütenden Interaktions- und Kommunikationsstruktur in Familien eine sich negativ auf weitere Erkrankungen auswirkende Rolle zu: „Als gesichert gilt heute, dass ein von emotionalem Überengagement, Kritik und Feindseligkeit geprägtes Familienklima das Risiko eines Krankheitsrückfalls erhöht" (Jungbauer et al. 2001, S. 107).

Auch im Falle eines Perspektivenwechsels, indem man den Blick von dem psychisch Kranken auf die Angehörigen richtet, wird deutlich, dass hier oftmals erhebliche Beeinträchtigungen auf kommunikativer und interaktiver Ebene zutage treten. In der bereits mehrfach zitierten ersten Studie zu Belastungsfaktoren von Angehörigen psychisch Kranker von Angermeyer et al. (1997) führen die Angehörigen massive Auswirkungen auf ihre zwischenmenschlichen Beziehungen an. Ein Viertel aller Befragten (25,3%) gibt an, den Kontakt zu anderen Familienmitgliedern verloren zu haben, was größtenteils von den übrigen Familienmitgliedern, also nicht von den Befragten selbst, ausgegangen sei. Ein Drittel aller Befragten (33,6%) bemängelt einen Kontaktabbruch zu Freunden und Bekannten, wobei hier die Verantwortlichkeit meist bei den Befragten selbst gesehen wird, die aufgrund von Zeitmangel und Erschöpfung nicht mehr in der Lage seien, Außenkontakte im selben Umfang zu pflegen wie vor der psychischen Erkrankung ihrer Angehörigen.

Dass diese Einbußen in der Kommunikation und Interaktion nicht allein den psychisch Kranken, ihren Angehörigen oder der Umwelt zuzuschreiben sind und dass derartige Interaktionsstörungen sogar unterstützend und hilfreich im Bereich der Diagnostik und Therapie verwertet werden können, macht Mattejat eindrucksvoll deutlich: „Psychopathologisches Geschehen ist nicht unbedingt in einem individuellen Träger zu lokalisieren, der ‚Ort' dieses Geschehens ist die Interaktion. Festzuhalten bleibt, daß bereits das Studium des Kommunikationsverhaltens von Familienmitgliedern (Eltern) für die Kinder- und Jugendpsychiatrie bedeutsame Ergebnisse liefern kann" (Mattejat 1980, S. 123). Als Beispiel und Nachweis seiner Aussagen fügt er verschiedene vergleichende Untersuchungen zwischen u. a. Familien mit schizophrenen Familienmitgliedern und Familien ohne Auffälligkeiten an. In einer Erhebung wurden die einzelnen Familienmitglieder bezogen auf ihr Interaktionsverhalten analysiert, indem sie gebeten wurden, mehrdeutige Sprichwörter miteinander zu interpretieren. Dabei fiel auf, dass die Eltern in Familien mit schizophrenen Erkrankungen signifikant häufiger fehlerhafte und dem Sinn des Sprichwortes widersprechende Interpretationen abgaben. Außerdem machten diese Eltern deutlich weniger metakommunikative Äußerungen als die Eltern der normalen Kontrollgruppe (vgl. Mattejat 1980). Auch in anderen Untersuchungen ist klar zu erkennen, dass sich Familien mit schizophren erkrankten Mitgliedern bezüglich ihres Interaktionsverhaltens deutlich von anderen Familien unterscheiden. Zusammenfassend wird in diesen Studien festgestellt, dass in Familien mit schizophren Erkrankten ein geringerer kommunikativer Kontakt besteht als in durchschnittlichen Familien (vgl. ebd.).

2.2.2 Belastungen aus der Perspektive der Eltern

Wie bereits geschildert, ist davon auszugehen, dass die psychische Erkrankung eines Familienmitglieds je nach Art und Schwere der Erkrankung mit großen Strapazen verbunden ist. Wenn aber neben der Belastung der psychischen Krankheit noch Anforderungen durch die Erziehung und Pflege eines Kindes hinzukommen, sind die betroffenen Eltern mit zusätzlichen Herausforderungen konfrontiert. Dieser Aspekt wird oftmals übersehen und schlägt sich unter anderem darin nieder, dass 36% der Eltern bei einer Umfrage zum Versorgungsbedarf ihr aktuelles Unterstützungssystem als unzureichend empfinden (vgl. Bohus et al. 1998).

Zusätzlich belastend ist es, wenn der andere (gesunde) Elternteil nicht in der Lage ist, kompensierende Funktionen zu übernehmen. Wenn er sich nicht gewissermaßen mit doppelter Energie für die zusätzliche Versorgung des Kindes einsetzen kann, weil er beispielsweise persönlich damit überfordert ist oder sich bereits durch die Versorgung des psychisch kranken Partners an der Grenze der eigenen Belastungsfähigkeit empfindet. In diesen Fällen gehen verschiedene Autoren von einer signifikant erhöhten Belastung für das Kind aus (vgl. Mattejat et al. 2000; Lenz 2005).

Darüber hinaus kann auf Seiten der Eltern der zusätzliche Risikofaktor vorliegen, dass auch noch der andere Elternteil psychisch erkrankt ist, was nach Remschmidt und Mattejat (1994a) „überzufällig" häufig der Fall ist: Die damit verbundenen Auswirkungen auf die Kinder, wenn auch noch der zweite Elternteil als Kompensationsmöglichkeit ausscheidet, ist bislang nirgendwo untersucht worden; man kann sich aber gut vorstellen, wie nachhaltig sich derartige Umstände auf die Kinder auswirken.

Als weiterer belastender Aspekt werden so genannte Komorbiditäten, wie beispielsweise Angststörungen oder Essstörungen beschrieben, die neben der psychischen Erkrankung der Elternteile gehäuft auftreten. Es muss also darauf geachtet werden, ob und in welcher Form zusätzliche Erkrankungen vorliegen, die sich dann in der Regel auch zusätzlich belastend auf die Familie und ihre Mitglieder auswirken (vgl. Mattejat et al. 2000).

Ein anderer regelmäßig zu verzeichnender und wichtiger Punkt auf Seiten der Eltern ist die Frage der Schuldgefühle, die sich die psychisch kranken Elternteile und ihre nicht erkrankten Partner häufig machen. Bei den erkrankten Elternteilen werden neben Schuldgefühlen, die eigene Familie nicht mehr adäquat versorgen zu können, sie in etwas hineingezogen zu haben oder ihnen zur Last zu fallen, insbesondere Schuldgefühle dahingehend ausgelöst, dass sie vielleicht die psychische Erkrankung im Sinne genetischer Vererbung an ihre Kinder weitergeben könnten (vgl. Remschmidt und Mattejat 1994b). In wissenschaftlichen Untersuchungen und Berichten von Angehörigen psychisch Kranker tauchen immer wieder Aussagen darüber auf, die das Gefühl beschreiben, die Angehörigen seien Schuld an der Entstehung der Erkrankung (vgl. Plessen et al. 1985). Diese Schuldgefühle werden nicht selten durch direkte oder indirekte Schuldvorwürfe, die teilweise auch von professionellen Helfern vermittelt werden, genährt (vgl. Angermeyer et al. 1997; Katschnig 2002). Je nach Auffassung über die vermuteten Ursachen der jeweiligen psychischen Erkrankung sind die Schuldgefühle größer (bei internaler Ursachenzuschreibung hinsichtlich der Erkrankung) oder kleiner (bei externaler Ursachenzuschreibung). In zahlreichen Fällen kommt es aber auch zu erlebten Schuldgefühlen bei Angehörigen, die unabhängig vom vorhandenen kognitiven Wissen über die psychische Erkrankung oder eventuellen Schuldzuschreibungen von außen entstehen (vgl. Plessen et al. 1985).

Die Frage, ob sich die psychische Erkrankung des Vaters oder die der Mutter nachhaltiger auf die Familie und die Kinder auswirkt, wird von verschiedenen Autoren mit jeweils demselben bejahenden Ergebnis dargestellt und nachgewiesen (vgl. Remschmidt und Mattejat 1994a; Jungbauer et al. 2001). Während sich die Auswirkungen der psychischen Erkrankung des Vaters vorwiegend auf Veränderungen der kognitiven Entwicklung der Kinder niederschlagen, sind bei einer psychischen Erkrankung der Mutter Entwicklungsauffälligkeiten sowohl im kognitiven wie auch im sozial-emotionalen Bereich festzustellen (vgl. Laucht et al. 1992; Lenz 2005). Diese Ergebnisse lassen sich mit der „größeren emotionalen Bedeutung interpretieren, die der Mutter in traditionell strukturierten Familien für die kindliche Entwicklung im Säuglings- und Kleinkindalter zugeschrieben wird" (Laucht et al. 1992, S. 45).

Vereinzelt tauchen in der Literatur Daten darüber auf, wie viele Personen in Folge einer psychischen Erkrankung des einen Elternteils ihre Paarbeziehung aufrechterhalten und zusammenbleiben. Für die Kinder muss die Trennung der Eltern sehr belastend sein. Schon bei psychisch gesunden Eltern können Trennungen erhebliche Auswirkungen auf die kindliche Entwicklung haben. Einen psychisch kranken Elternteil zu haben und zusätzlich die Trennung der Eltern miterleben zu müssen, stellt in der Regel eine für die meisten Kinder schwer zu verarbeitende Mehrfachbelastung dar. Allerdings gibt es Ausnahmen, in denen durch die Trennung ein Abstand zum psychisch erkrankten Elternteil hergestellt werden kann, wenngleich in diesen Fällen wiederum die Schuldfrage an Bedeutung gewinnen kann. Verschiedene Autoren gehen von einer signifikant höheren Trennungs- und Scheidungsrate in Familien mit einem psychisch erkrankten Elternteil aus. In einer Schweizer Studie über Kinder psychisch kranker Eltern wurde beispielsweise als Zusatzinformation, ohne dass dies explizit Gegenstand der Forschung war, herausgearbeitet, dass über 50% der betroffenen Kinder bei ihren geschiedenen oder getrennt lebenden Elternteilen leben. Da die Universitätskliniken in der Schweiz, an denen die Studie durchgeführt wurde, im Gegensatz zu einigen Universitätskliniken in Deutschland einen Versorgungsauftrag haben, kann die Aussage bezüglich der prozentualen Verteilung im Kontext dieser Erhebung durchaus als repräsentativ betrachtet werden (vgl. Küchenhoff 1997).

Schone (2005) beschreibt, dass weniger als die Hälfte der Psychiatriepatienten (46%) mit Kindern noch in ihren Ursprungsfamilien zusammenleben. In Untersuchungen zum Trennungsrisiko – bezogen auf das Geschlecht, bzw. die jeweilige Elternrolle – beschreiben Wagenblass und Schone (2001b), dass das Risiko einer Trennung bei psychischer Erkrankung der Mutter signifikant höher ist als bei Erkrankung des Vaters. In ihrer Studie verbleiben bei Erkrankung des Vaters 51% der beteiligten Personen in ihrer Ursprungsfamilie, während bei psychischer Erkrankung der Mutter lediglich 41% der Familien das Zusammenleben fortsetzen. Es scheint, als würde eine psychische Erkrankung des Vaters durch die anderen Familienmitglieder besser kompensiert werden können als eine psychische Erkrankung der Mutter.

Die wichtigere Bedeutung der Mutter für die kindliche Entwicklung zeigt sich auch in einigen Untersuchungen schizophrener Erkrankungen. So wurden Forschungsergebnisse veröffentlicht, nach denen sich die mütterliche Schizophrenie gravierender auf die kindliche Entwicklung auswirkt als die der Väter. Die Erklärung wird damit begründet, dass schon Neugeborene, die in der Regel verstärkt von der Mutter versorgt werden, auf die Bindung und intuitive elterliche Fürsorge angewiesen sind und diesbezügliche Störungen nachhaltige Folgen für die Kinder haben (vgl. Koch-Stoecker 2001). Ergänzend zu diesen Ergebnissen weist Koch-Stoecker auf die Relevanz der Schwere der Schizophrenie und ihres Verlaufs als Risikofaktor mütterlicherseits hin. Mit zunehmender Häufigkeit und Intensität der Krankheitsschübe würden sich die Unsicherheiten auf Seiten der Kinder erhöhen. Damit einhergehend würde sich die Stabilität und Konstanz helfender Außenbeziehungen verringern.

Bei weiterer Betrachtung geschlechtsspezifischer Unterschiede wird den Frauen insgesamt ein besserer Krankheitsverlauf konstatiert als den Männern. Im Rahmen ihrer Forschungsarbeit führen Sibitz et al. eine Literaturstudie über schizophren erkrankte Personen durch, die diese Hypothese wie folgt bestätigt: „Frauen erkranken im Schnitt 3-4 Jahre später [...], sind prämorbid sozial besser angepasst [...], bleiben beruflich und sozial besser integriert [...], haben weniger Rückfälle und zeigen ein anderes Krankheitsverhalten. Sie sind seltener aggressiv, kommen seltener in Konflikt mit dem Gesetz, vernachlässigen sich seltener, ziehen sich weniger zurück und haben seltener einen Alkohol- oder Drogenabusus" (2002, S. 149).

Wie bereits beschrieben, kommt in Familien mit psychischer Erkrankung der Interaktion, Kommunikation und Beziehungsgestaltung eine besondere Bedeutung zu. Auch wenn man diese familiensystemisch betrachtete Aussage übertragen auf den hier vorliegenden Abschnitt auf die Mutter, bzw. Vater-Kind-

Dyade bezieht, kommt man zu ähnlichen Erkenntnissen (vgl. Schone und Wagenblass 2001). Die Beziehung zwischen dem erkrankten Elternteil und dem Kind hervorhebend sind Laucht et al. der Auffassung: „Unter den Hypothesen, die derzeit diskutiert werden, haben in jüngster Zeit Vorstellungen an Bedeutung gewonnen, die der Interaktion zwischen auffälligem Elternteil und dem Kind eine wichtige Vermittlungsfunktion zuschreiben. Die hier präsentierten Ergebnisse stützen diese Annahme. Sowohl im Säuglings- wie im Kleinkindalter lässt sich der Zusammenhang von mütterlicher und kindlicher Auffälligkeit vollständig durch Störungen der Mutter-Kind-Beziehung erklären" (1992, S. 45).

Remschmidt und Mattejat (1994a) gehen davon aus, dass eine so schwere Erkrankung wie die Schizophrenie starke Auswirkungen auf die Eltern-Kind-Beziehung haben muss. Sie beschreiben, dass ihnen diesbezüglich bislang keine differenziertere Untersuchung zur Vater-Kind-Interaktion bekannt sei, sondern sich vielmehr sämtliche Interaktions-Studien auf die Mutter-Kind-Beziehung bezögen. Sie spitzen die benannten Hypothesen sogar noch zu und sehen einen unmittelbaren Zusammenhang zwischen mütterlicher psychischer Erkrankung und kindlichen Verhaltensauffälligkeiten: „Die Qualität der Mutter-Kind-Beziehung ist eine wichtige Variable für die Vorhersage von Verhaltensauffälligkeiten bei Kindern psychisch kranker Eltern" (Remschmidt und Mattejat 1994a, S. 40f.). Den Nachweis dazu führen die beiden Autoren durch eine Studie aus Schweden, die Müttern mit einer Psychose und gesunde Mütter miteinander vergleicht. Die Kinder der psychotischen Mütter zeigen nachweislich häufiger ein vermeidendes oder ängstliches Bindungsverhalten als die Kinder der gesunden Mütter. Auch zeigen sie gegenüber Fremden im ersten Lebensjahr fast ausnahmslos keine Angstreaktionen, wie es sonst bei Kindern zum Ende des ersten Lebensjahres oft üblich ist. Zu ähnlichen Aussagen über Auswirkungen psychischer Erkrankungen der Eltern auf das Bindungsverhalten kommen auch Mattejat et al. (2000) im Rahmen ihrer Untersuchungen von Kindern depressiver Eltern. Somit kann ein auf das Bindungsverhalten bezogener Zusammenhang zwischen der psychischen Erkrankung der Mutter und dem jeweiligen Verhalten ihres Kindes hergestellt werden.

Dies ist aber nicht nur bei Säuglingen und Kleinkindern der Fall. Im Rahmen einer englischen Studie werden Kommunikationsabweichungen zwischen Eltern mit psychischer Erkrankung und der Kompetenz bzw. Auffälligkeit ihrer sieben- bis zehnjährigen Kinder analysiert: „Das elterliche Kommunikationsverhalten wurde anhand der Aussagen im Rorschachtest beurteilt (in einer Einzel-, einer Paar- und einer Familiensituation). Bei Kommunikationsabweichungen in allen drei Situationen wurde ein besonders hoher Störungsgrad angenommen. Je mehr die Mütter in dieser Hinsicht abwichen, desto geringer war die Kompetenz ihrer Kinder und umgekehrt. Die Kommunikationsabweichungen der Väter dagegen hatten nur einen geringen Voraussagewert. Die größere Bedeutung der mütterlichen Erkrankung im Vergleich zur väterlichen entspricht Ergebnissen zahlreicher anderer Studien" (Remschmidt und Mattejat 1994a, S. 43).

Es kann also festgehalten werden, dass der Interaktion und Kommunikation in Familien mit psychisch erkrankten Elternteilen eine besondere Bedeutung zukommt, und zwar nicht nur auf das familiäre System als solches bezogen, sondern insbesondere auf die Interaktions- und Kommunikationsaktivitäten der (psychisch erkrankten) Elternteile mit dem Kind.

2.2.3 Belastungen aus der Perspektive der Kinder

Wie bereits beschrieben, wurde dem Bereich der innerfamilialen Dynamik in Familien mit psychisch kranken Elternteilen bislang sehr wenig Aufmerksamkeit gewidmet. Es existieren zwar einige Publikationen über die Situation von *Angehörigen* psychisch Kranker, aber *Kinder als Angehörige* tauchen fast gar nicht auf oder sind lediglich von marginalem Interesse. Erst in jüngster Vergangenheit zeichnet sich hier eine Entwicklung ab, die den Kindern in Familien mit psychisch kranken Erwachsenen mehr Aufmerksamkeit zukommen zu lassen scheint. Wagenblass und Schone beschreiben diese Entwicklung folgendermaßen: „Während sich die Aufmerksamkeit in den letzten Jahren vornehmlich auf die erwachsenen Angehörigen richtete, so deutet sich gegenwärtig in der Fachöffentlichkeit ein Perspektivenwechsel an, der den Blick zunehmend auf die Kinder psychisch kranker Eltern als ‚betroffene kleine Angehörige' und ihre spezifischen Belastungen wendet" (2001b, S. 128). Wie aber sehen diese spezifischen Belastungen aus und wie ist es möglich, diese Belastungsfaktoren aus Sicht der Kinder deutlich zu spezifizieren, um daraus Schlüsse und Folgerungen zu ziehen?

Durch die Tendenz in Familien mit psychischen Erkrankungen, sich zu isolieren und isoliert zu werden, entwickeln die Kinder ein hohes Maß an Scham- und Schuldgefühlen. Dies gilt nicht nur für die Familien als Ganzes, sondern auch für die Kinder im Speziellen und kann mit erheblichen Belastungen verbunden sein (vgl. Sollberger 2002; Homeier 2006). Insbesondere jüngere Kinder mit noch nicht so weit entwickelter innerer Abgrenzungsfähigkeit und Identität können sich schuldig für die Erkrankung der Mutter oder des Vaters fühlen. Kinder können sich schuldig fühlen, nicht genug für den erkrankten

Elternteil getan zu haben oder den anderen Elternteil sowie Geschwister nicht genügend unterstützt zu haben. Eine besondere Intensität an Schuldgefühlen kann laut Koch-Stoecker (2001) entstehen, wenn die Mutter im Rahmen einer Wochenbettpsychose erstmals erkrankt und den Kindern bewusst wird, dass ihr eigener Start ins Leben die psychische Erkrankung der Mutter ausgelöst hat. Anhand dieser Beispiele wird deutlich, dass der Aspekt der Schuldgefühle, der bereits aus Sicht der Eltern häufig als Belastungsfaktor angegeben wurde, die Kinder nicht minder schwer beeinträchtigt. Dies wird auch von verschiedenen anderen Autoren in dieser Form bestätigt (vgl. Stöger und Mückstein 1995; Sollberger 2000).

Zusätzlich entsteht über die Schuldthematik und die Isolation der Familie bzw. der Kinder von der Außenwelt ein weiteres brisantes Spannungsfeld, dem die Kinder ausgeliefert sind. Durch die erlebte Schuld fühlen sie sich auf eine besondere Art und Weise an ihre Familie gebunden, gleichzeitig existiert aber auch ein inneres Verlangen und Bestreben nach Entfaltung eigener Bedürfnisse und Kontaktaufnahme zu Gleichaltrigen in weniger belasteten Familien (vgl. Sollberger 2002; Heim 2005). Dieser Loyalitätskonflikt begleitet die Kinder oftmals über Jahre hinweg und erhält eine besondere Brisanz in der Lebensphase der Adoleszenz. Hier vollzieht sich nämlich der natürliche Entwicklungsprozess der Loslösung des Jugendlichen von der Familie, der jedoch aufgrund der beschriebenen Loyalitätskonflikte mit besonderen Einschränkungen verbunden ist. Die Jugendlichen können sich beispielsweise stark an ihre kranken Elternteile – oder gesunde Elternteile und Geschwister – gebunden fühlen, was in dem Fall mit einer dahingehenden Hemmung verknüpft ist, die Familie zwecks eigener Autonomie- und Persönlichkeitsentwicklung zu verlassen und auszuziehen.

Anhand dieser Beispiele von Belastungsfaktoren im Rahmen von Schuld- und Loyalitätskonflikten von Kindern psychisch kranker Eltern wird deutlich, dass auf jeden Fall Alter und Entwicklungsstand des Kindes mit einbezogen werden müssen, um valide Aussagen über die Form und Intensität der Belastung machen zu können.

In der Literatur finden sich Hinweise darauf, dass sich die psychische Erkrankung eines Elternteils bereits im Säuglingsalter nachweislich niederschlägt. Im Rahmen einer Längsschnittstudie mit 354 Familien und ihren erstgeborenen Kindern kommen die Forscher zu folgenden Erkenntnissen: „Anzeichen für Abweichungen finden sich bereits im Säuglingsalter mit drei Monaten. Statistisch gesichert sind Defizite der kognitiven und sozial-emotionalen Entwicklung im Kleinkindalter. Zweijährige, deren Vater oder Mutter an einer psychischen Störung leiden, sind sprachlich weniger entwickelt und in ihrem Sozialverhalten auffälliger als Gleichaltrige mit gesunden Eltern" (Schone und Wagenblass 2001, S. 11f.). Die Aussage, dass sich die psychische Erkrankung eines Elternteils auf die sprachliche Entwicklung sowie das Sozialverhalten des Kindes auswirken, findet sich auch in anderen Publikationen (vgl. Laucht et al. 1992; Sollberger 2001). Generell kann davon ausgegangen werden, wie es ebenfalls von Lisofsky und Schmidt-Schäfer (vgl. 2001) im Zusammenhang mit einer von ihnen veröffentlichten Checkliste zur Risikoeinschätzung für Kinder psychisch kranker Eltern vertreten wird, dass „je jünger das Kind zum Zeitpunkt des Ausbruchs der Erkrankung, desto größer das Risiko" (ebd., S. 28). Andere Autoren teilen gleichfalls die Auffassung, dass die Belastung für Kinder mit abnehmendem Alter zunimmt. Deneke (2001a) beschreibt in diesem Zusammenhang, dass es Kindern umso schwerer fällt zu begreifen, dass ihre psychisch kranke Mutter oder ihr Vater in einer anderen Realität lebt als sie selbst, je jünger sie sind. Dementsprechend fällt es jüngeren Kindern erheblich schwerer, sich vom Erleben der kranken Eltern abzugrenzen. Das wiederum birgt die Gefahr, in das krankhafte Erleben mit hineingezogen zu werden.

Betrachtet man die Entwicklungsphase des gesamten Kindes- und Jugendalters, ist auch hier in der frühen Kindheit eine erhöhte Anfälligkeit, selbst eine psychische Störung zu entwickeln, zu lokalisieren, wie folgende Feststellung von Bohus et al. belegt: „Generell gilt mittlerweile als anerkannt, daß die höchste Vulnerabilität, eine psychische Störung zu entwickeln, in der frühen Kindheit und in der Adoleszenz liegt, was auf die Notwendigkeit einer rechtzeitigen primärpräventiven Intervention hinweist" (1998, S. 135). Die Aussage, dass die höchste Vulnerabilität für die Entwicklung eigener psychischer Störungen neben der frühen Kindheit in der Adoleszenz liegt, wird auch von anderen Autoren untermauert (vgl. Remschmidt 1980; Sollberger 2002). Dies scheint sich besonders dann zu zeigen, wenn sich die Jugendlichen durch die bereits beschriebenen Schuld- und Loyalitätskonflikte sehr an die Familie gebunden fühlen und wenig eigene Autonomiebestrebungen leben können. Die entwicklungspsychologisch anstehende Ablösung von der Ursprungsfamilie ist dann nur unter sehr erschwerten Bedingungen möglich.

Neben dem Alter muss das Geschlecht des Kindes ebenfalls in die Analyse der Belastungsfaktoren einbezogen werden. Laucht et al. (1992) verweisen hier auf angloamerikanische Studien, nach denen Jungen im Vergleich zu Mädchen psychisch kranker Eltern als vulnerabler für Beeinträchtigungen beschrieben werden. Auch sollen Jungen eher und stärker auf Störungen reagieren als Mädchen. Mattejat et al. (2000) bestätigen nach Analyse der ihnen vorliegenden Forschungsarbeiten ebenfalls geschlechtsspezifische Unterschiede in der Reaktion auf die psychische Erkrankung eines Elternteils, allerdings in anderer Richtung. Differenzierter führen sie dies jedoch lediglich bei Mädchen depressiver Mütter aus, die sie – im Verhältnis zu Jungen – als anfälliger für die Entwicklung eigener psychischer Erkrankungen ansehen.

Bezogen auf die elterlichen Erkrankungen des *schizophrenen Formenkreises* können aufgrund des bereits benannten höheren Forschungsaufkommens detailliertere Angaben zu den Belastungsfaktoren der Kinder gemacht werden. Sollberger (2002) beschreibt, dass Kinder im Vorschulalter, deren Eltern schizophren erkrankt sind, häufig mit depressiver Symptomatik, sozialem Rückzug, Zerstreuung oder Ängstlichkeit reagieren. Eine Bestätigung dieser Symptome, insbesondere der verstärkten Ängstlichkeit, findet sich bei Koch-Stoecker (2001). Darüber hinaus macht die Autorin deutlich, wie es zu dieser Symptombildung kommt und wie schwerwiegend die Beeinträchtigungen der psychischen Entwicklung gerade junger Kinder sein können, wenn die Mutter eine schizophrene Erkrankung aufweist: „Das zentrale Problem für kleinere Kinder, die bei einer schizophren erkrankten Mutter aufwachsen, dürfte in einem Mangel an Verlässlichkeit in der Zuwendung liegen. [...] Feste Vorstellungen von der Welt entstehen nicht, der eigenen Wahrnehmung und Interpretation wird misstraut, da die Unberechenbarkeit einer Strukturbildung zuwider läuft. Die Welt scheint beliebig, nicht vorhersehbar, nicht durch eigene Überlegungen und Aktivitäten zu steuern. Damit kann das Gefühl eines passiven Ausgeliefertseins entstehen, einer Unfähigkeit, Einfluss nehmen zu können. Neue Situationen, aber auch vertraute Abläufe, werden ängstlich-besorgt erwartet und schicksalhaft hingenommen. [...] Der Mangel kognitiver Strukturbildung drückt sich im affektiven Bereich durch Verängstigung und Unausgeglichenheit aus" (ebd., S. 55).

Aber nicht nur bei schizophrenen Erkrankungen der Eltern, sondern auch bei anderen psychischen Erkrankungen scheint der Bereich der Ängste eine zentrale Stellung innerhalb kindlicher Belastungsfaktoren einzunehmen. Hinweise auf eine erhöhte Ängstlichkeit der Kinder als Folge der psychischen Erkrankung ihrer Eltern finden sich in nahezu sämtlichen Publikationen, die sich mit dieser Thematik beschäftigen (vgl. Küchenhoff 1997; Mattejat et al. 2000; Lenz 2005).

Wagenblass lässt dem Thema Angst im Rahmen ihrer Biografieforschungen mit Kindern psychisch kranker Eltern einen zentralen Stellenwert zukommen. Bei ihrem Versuch, die Ängste näher zu differenzieren und Definitionsversuche zu unternehmen, zeichnen sich ihrer Meinung nach vier Gruppen ab. Zum einen gibt es die *Angst vor dem jeweiligen Elternteil.* Die Kinder werden einerseits in die Wahnwelt des Erwachsenen mit einbezogen, was angstbesetzt sein kann. Andererseits erleben sie ihn als Angst auslösende Person, der die Kinder von Zeit zu Zeit ausgesetzt sind. Zum anderen gibt es die *Angst um den erkrankten Elternteil.* Oftmals sind die Kinder nicht adäquat über die Erkrankung informiert und verunsichert darüber, warum sich die Mutter oder der Vater so verhalten, wie sie es erleben. Nicht selten werden psychische Erkrankungen auch von Suiziddrohungen oder Suizidversuchen begleitet, was wiederum immense Ängste bei den Kindern auslösen kann. Darüber hinaus existiert bei den Kindern nicht selten eine *Angst, selbst zu erkranken* und in (un)mittelbarer Zukunft an derselben psychischen Erkrankung zu leiden wie der betroffene Elternteil. Schließlich ist die *Existenzangst* zu nennen, die von vielen Kindern beschrieben wird. Die Erkrankung bzw. der Wegfall des hauptberuflich tätigen Elternteils kann zu finanzieller Existenzangst führen, die in solchen Fällen ja auch nicht selten zur Realität wird. Die Erkrankung des häuslich vorwiegend anwesenden Elternteils kann zu existenziellen Ängsten bezüglich der alltäglichen Versorgung führen, was ebenfalls oft in der befürchteten Form eintritt. Wenn dann noch Trennungen, Umzüge und wirtschaftliche Krisen hinzukommen, ist nachvollziehbar, in welch existenzieller Form sich die Ängste der Kinder entwickeln können (vgl. Wagenblass 2001).

Als weitere möglicherweise auftretende Symptome bei Kindern psychisch kranker Eltern, werden von verschiedenen Autoren folgende Auffälligkeiten genannt: Störungen der sozial-emotionalen Entwicklung, Beeinträchtigungen der kognitiven Entwicklung (vgl. Laucht et al. 1992), soziale Ausgrenzung, körperliche Beschwerden, Konflikte mit Betreuungspersonen (vgl. Küchenhoff 1997), Hyperaktivität, Essstörungen, Substanzmittelmissbrauch (vgl. Mattejat et al. 2000).

Ein weiteres zu berücksichtigendes Kriterium zur Einschätzung kindlicher Belastungsfaktoren ist die Art, Intensität und Dauer der psychischen Erkrankung des Elternteils. Demnach ist davon auszugehen, dass sich das Risiko für die Kinder, selbst Symptome oder starke Belastungsreaktionen zu entwickeln, mit zunehmender Intensität und/oder Dauer der elterlichen psychischen Erkrankung erhöht (vgl. Laucht et al. 1992; Deneke 1995).

Bezogen auf die Art der psychischen Erkrankung der Eltern existieren eine Reihe von Untersuchungen, die der Form der Erkrankung eine wichtige Rolle zuschreiben. So weist beispielsweise Remschmidt (1980) nach, dass Kinder schizophrener Eltern signifikant auffälliger sind als Kinder depressiver oder manisch-depressiver Eltern. Die stärkeren Auffälligkeiten würden sich nicht nur vereinzelt, sondern in verschiedenen Symptombereichen (z. B. Kontaktarmut, Hemmungen, Schlafstörungen, Enuresis, aggressivem Verhalten und psychosomatischen Reaktionen) äußern. Zu ähnlichen Aussagen kommen Remschmidt und Mattejat (1994a), die davon ausgehen, dass sich im Durchschnitt eine Schizophrenie früher manifestiert als eine Depression, wodurch die Kinder schizophrener Eltern auch eher und länger mit der Krankheit der Eltern konfrontiert werden als Kinder depressiver Eltern. Daraus leiten sich weitere, durch symptomorientierte Studien belegte Resultate ab, die die Autoren folgendermaßen beschreiben: „Kinder von schizophrenen Eltern sind insgesamt stärker belastet als Kinder von endogen-depressiven Eltern: Sie haben im Durchschnitt eine geringere intellektuelle Leistungsfähigkeit und eine stärkere psychiatrische Symptombelastung als die Kinder aus ‚depressiven Familien'" (Remschmidt und Mattejat 1994a, S. 149).

Noch gravierendere Auswirkungen als die beiden von Remschmidt (1980) sowie Remschmidt und Mattejat (1994a) verglichenen Krankheitsgruppen der Schizophrenie und der Depression scheinen sich aus dem Bereich der so genannten *frühen Störungen* zu entwickeln, was ursprünglich von Laucht et al. (1992) benannt und schließlich von Sollberger prägnant zusammengefasst wurde: „Im Vergleich zu schizophrenen und affektiven Störungen weisen Kinder von Eltern, die an Persönlichkeits- und Suchtstörungen leiden, die ungünstigsten Entwicklungsmerkmale auf" (Sollberger 2000, S. 21).

Weitere und grundlegende Beeinträchtigungen für Kinder psychisch kranker Eltern sind auf der Beziehungs- und Bindungsebene anzusiedeln. Sie hängen mit den problematischen Beziehungsmustern in den Familien allgemein und innerhalb der Eltern-Kind-Beziehung im Besonderen zusammen. „Weil Kinder mit ihren Eltern in Beziehung bleiben – auch wenn Vater oder Mutter krank ist, und erst recht, wenn einer oder gar beide psychisch erkrankt sind. Je diffiziler die Beziehung, desto nachhaltiger die Fessel der Ambivalenz – selbst nach einer Trennung. Die seelische Nabelschnur lässt sich so leicht nicht kappen – wie man von Adoptivkindern weiß" (Heim 2005, S. 125).

Die Kinder sehen sich, ohne dass sie selbst in ihrem Handeln etwas dazu beitragen, damit konfrontiert, dass die Mutter oder der Vater sich plötzlich vollkommen anders verhalten, denken oder fühlen als wenige Augenblicke zuvor. Dadurch entwickelt sich eine große Verunsicherung und teilweise sogar Bedrohung in der Beziehung zu dem psychisch kranken Elternteil. Zusätzlich belastend kommt hinzu, dass solch plötzliche und unerwartete Verhaltens- oder Persönlichkeitsveränderungen relativ unerwartet auftreten und sich in gewissen unübersehbaren Zeitabständen sogar wiederholen können. Insofern kann man sich vorstellen, zu welch erheblicher Instabilität sich eine ursprünglich Sicherheit und Halt gebende Eltern-Kind-Beziehung entwickeln kann und wie groß der Vertrauensverlust der Kinder in Beziehungen allgemein werden kann (vgl. Stöger und Mückstein 1995).

Ein sich daraus ableitender Aspekt betrifft die Identifikation des Kindes mit seinen Eltern. Bei den in solchen Fällen vorliegenden pathologischen Persönlichkeitsstrukturen auf Seiten der Eltern kommt den Identifikationsversuchen und der Identitätsentwicklung der Kinder eine besondere Bedeutung zu. Kinder erleben die Persönlichkeit und Identität des psychisch kranken Elternteils aufgrund mangelhafter Konstanz und Kontinuität im Bereich der Gedanken, Gefühle und Handlungen als äußerst unzuverlässig und instabil. Das kann dazu führen, dass es zu Rollenvermischungen kommt, indem die Kinder Aufgaben der Eltern übernehmen; das kann aber auch dazu führen, dass die Eltern an Autorität und Vorbildfunktion für ihre Kinder einbüßen (vgl. Sollberger 2000). Da Kinder zur eigenen Identitätsentwicklung auf Vorbilder und Identifikationsobjekte angewiesen sind, kann eine Identitätsentwicklung bei fehlenden oder gar negativen Vorbildern und Identifikationsobjekten einen problematischen Verlauf nehmen. „Sie sind stärker auf sich gestellt, müssen mehr als andere Kinder mit dem familiären Alltag, mit ihren Problemen in der Schule oder in der Freizeit alleine fertig werden und mit ihrer Einsamkeit selbst zurechtkommen. In dieser Situation ist es ausgesprochen schwer, die eigene Identität zu finden und zu entwickeln" (Lenz 2005, S. 73).

Bei sämtlichen auf die Identifikation der Kinder mit ihren Eltern bezogenen Teilaspekten ist zu beachten, dass – wie für andere Bereiche bereits beschrieben – die Identifikation mit Eltern oder anderen Vorbildern altersabhängig zu betrachten ist. Das gilt auch für die Identifikation mit einem psychisch kranken Elternteil, wie Remschmidt nachzuweisen versucht: „Je älter die Kinder sind, umso weniger möchten sie so sein wie der kranke Elternteil. Es hat sich also eine Distanzierung herausgebildet" (1980, S. 67).

Ein wenig tröstlich mag an dieser Stelle auch stimmen, dass Kinder scheinbar in der Lage sind, je nach Art und Schwere der psychischen Erkrankung ihrer Eltern Abgrenzungen bezüglich der Intensität der Identifikation mit dem jeweiligen Elternteil vorzunehmen: „Kinder aus ‚*schizophrenen*' Familien identifizieren sich weniger mit ihren Eltern als Kinder aus ‚*depressiven*' Familien. Speziell der Vater wird in ‚*schizophrenen*' Familien weniger idealisiert (weniger als Vorbild wahrgenommen) als in ‚*depressiven*' Familien, und das Kind sieht zwischen sich und seiner Mutter weniger reale Ähnlichkeiten als in ‚*endogendepressiven Familien*'" (Remschmidt und Mattejat 1994a, S. 168).

2.3 Protektive und kompensierende Faktoren für das Familiensystem

Neben den beschriebenen Belastungsfaktoren im Zusammenhang mit der psychischen Erkrankung eines Elternteils ist es erforderlich, sich auch aus der entgegengesetzten Perspektive, nämlich unter Einbeziehung der protektiven und kompensierenden Faktoren, mit dem Themenkomplex zu befassen. Der Blick sollte nicht einseitig auf die Faktoren gerichtet werden, die krank machen (Pathogenese), sondern darüber hinaus auch die Faktoren einbeziehen, die schützen und heilen (Salutogenese) oder bei der Bewältigung krankheitsrelevanter Aspekte schützend und hilfreich zur Seite stehen. Bei der Suche nach derartigen protektiven und kompensierenden Faktoren für Kinder psychisch kranker Eltern stößt man jedoch auf eine äußerst geringe Auswahl an vorliegenden Materialien. Einige interessante Erkenntnisse liefern die Untersuchungen von Werner und Smith (1993; 2001), die mehr als 500 Kinder, die 1955 auf der Insel Kauai im Westen der USA geboren wurden, von der Phase der pränatalen Entwicklung bis hin zum Erwachsenenalter begleitet und untersucht haben. Frühere Hypothesen gingen relativ kategorisch davon aus, dass die Menschen in zwei Gruppen aufzuteilen wären, und zwar in diejenigen ohne große Beeinträchtigungen, die als „survivors" galten, und diejenigen, die Perinataltraumata, elterlicher Psychopathologie, Armut oder chronischen Familienkrisen ausgeliefert waren und dadurch zwangsläufig einem weiteren Leben als „casualties" ausgesetzt waren. In späteren Phasen der Studie wurden allerdings deutliche Zusammenhänge zwischen protektiven Faktoren des Individuums, der Familie oder der Gesellschaft und der Entwicklung von Resilienz (z. B. Anpassungsfähigkeit und Robustheit) auf Seiten der untersuchten Personen deutlich.

Explizite Studien oder Fachartikel zu dem Themenkomplex *Protektive und kompensierende Faktoren bei Kindern psychisch kranker Eltern* existieren jedoch nicht. Die wenigen Daten, die ich im Folgenden zusammenfasse, entstammen allgemeinen Fachartikeln zu dem Thema, in denen dann einige Zeilen oder Absätze den protektiven und kompensierenden Faktoren gewidmet worden sind. Verstärkt wird dieses Dilemma dadurch, dass laut Jungbauer et al. (2001) sowohl national als auch international bislang kaum Messinstrumente zur Erfassung positiver Aspekte im Bereich des Zusammenlebens mit psychisch kranken Personen vorliegen, auf die zwecks Anfertigung weiterer Forschungsarbeiten zurückgegriffen werden könnte.

Einige Autoren versuchen, das Problem dadurch zu lösen, indem sie die Erfassung der protektiven und schützenden Faktoren von den negativen und schädigenden Bedingungen ableiten. Deneke beispielsweise beschreibt die protektiven und schützenden Faktoren spiegelbildlich zu den beschriebenen Risikofaktoren und ordnet sie dementsprechend den folgenden drei Gruppen zu:

1. **Krankheitsbezogene protektive und schützende Faktoren**
   Darunter sind der Zeitpunkt des Beginns, die Schwere der Erkrankung sowie die Kompetenz der Beteiligten, das Kind aus dem Wahnsystem der psychischen Erkrankung herauszuhalten, gemeint.

2. **Kindbezogene protektive und schützende Faktoren**
   Hierzu gehören Merkmale auf Seiten des Kindes, wie etwa eine gute Gesundheit und Attraktivität sowie hohe soziale und intellektuelle Kompetenzen.

3. **Allgemeine protektive und schützende Faktoren**
   Unter diesen Punkt fallen unter anderem Aspekte, die im Zusammenhang mit stabilen innerfamiliären Beziehungen und Lebensbedingungen sowie stabilen und stützenden Beziehungen der Familienmitglieder außerhalb der eigenen Familie stehen (vgl. Deneke 1995).

2.3.1 Hilfreiche Aspekte auf Seiten der Familie

Bei der Suche nach hilfreich erlebten Elementen in Familien mit psychisch erkrankten Elternteilen gibt es eine Reihe von Hinweisen und Stichpunkten, die vornehmlich durch Befragungen von Betroffenen- oder Angehörigengruppen gewonnen wurden. Als ein wesentlicher protektiver bzw. kompensierender Faktor wird an verschiedenen Stellen ein intaktes Verhältnis innerhalb der Familie beschrieben (vgl. Deneke 1995; Wagenblass 2001). Das verwundert kaum, wenn man sich vergegenwärtigt, dass das psychische Wohlbefinden unter belastenden Einflussfaktoren maßgeblich vom engeren sozialen Umfeld, welches in der Regel die Familie darstellt, abhängt. Im Rahmen einer Studie, in der psychisch kranke Patienten, deren gesunde Bezugspersonen sowie deren Kinder nach hilfreichen und unterstützenden Aspekten befragt wurden, erhielt der Faktor *intaktes Familienverhältnis* mit 25-30% aller Nennungen sogar den ersten und somit wichtigsten Rang innerhalb einer Reihe von unterstützend erlebten Aspekten (vgl. Küchenhoff 1997).

Als weiterer Punkt wird in verschiedenen Studien das Vorhandensein von sozialen und ökonomischen Ressourcen in der Familie benannt, was von allen Beteiligten als sehr entlastend erlebt wird (vgl. Deneke 1995; Wagenblass 2001). Auch hier liegt auf der Hand, dass Belastungsfaktoren besser kompensiert werden können, wenn auf der anderen Seite entlastende Elemente im Sinne von Ressourcen zur Verfügung stehen. Diese können die Belastungen zwar nicht immer vollständig kompensieren, zumindest aber können sie dazu beitragen, sie in ihren Auswirkungen abzuschwächen. Beispielsweise können die Sorgen um die psychische Erkrankung eines Elternteils etwas an Schärfe und Dramatik verlieren, wenn man sich nicht noch zusätzlich um die Veränderung der eigenen Berufstätigkeit zur Finanzierung der Lebenshaltungskosten bemühen muss. Im Bereich der sozialen Ressourcen kann es hilfreich und unterstützend sein, wenn Angebote in Form von Nachbarschaftshilfe oder professionellen Hilfeinstitutionen zur Verfügung stehen.

In diesem Zusammenhang ist ebenfalls von unterstützender Relevanz, wenn ein Zusammentreffen oder Austausch mit anderen betroffenen Personen oder Familien in die Wege geleitet und durchgeführt werden kann (vgl. Küchenhoff 1997). Hier scheint der Aspekt, die Bürde der psychischen Erkrankung mit anderen Gleichgesinnten teilen und sich über eigene Be- und Entlastungsmöglichkeiten austauschen zu können, eine wichtige Rolle zu spielen. Ohne diese Elemente würden die Angehörigengruppen sicherlich nicht das hohe Maß an Anerkennung und Zulauf erhalten.

Neben diesen oft selbstorganisierten Formen des Austausches werden von zahlreichen Patienten und deren Angehörigen die Angebote von Fachdiensten oder -institutionen als sehr unterstützend wahrgenommen. Zweifelsohne sind Menschen mit schweren psychischen Störungen, die auf eine Medikation oder gar stationäre Therapie angewiesen sind, sehr dankbar für Angebote entsprechender Dienste und Institutionen. Teilweise wären sie ohne diese Hilfsangebote gar nicht in der Lage, ihren Alltag einigermaßen zu strukturieren und in den Griff zu bekommen. Andererseits deutet aber die hohe Quote von 90% aller Befragten, die ein *präventives Angebot* als sinnvoll bezeichnen und in Anspruch nehmen würden (vgl. Bohus et al. 1998) darauf hin, dass auch im Bereich der niedrigschwelligen und freiwilligen Hilfsangebote entsprechende Dienste und Institutionen von den Betroffenen und ihren Angehörigen aufgesucht und angenommen werden.

In den bereits benannten schwereren Fällen psychischer Erkrankung, bei denen eine Klinikeinweisung unumgänglich ist bzw. eine solche in regelmäßigen Abständen wiederholt wird, gilt es als besonders förderlich, wenn eine stationäre Mitaufnahme des Kindes ohne große Komplikationen erfolgen kann bzw. seitens der Klinik ein solches Angebot unterbreitet und vorgehalten wird (vgl. Brandes et al. 2001).

Außerdem ist ein Bereich von großer Relevanz, der von Betroffenen, deren Angehörigen, aber auch von professionellen Helfern oftmals mit Unsicherheiten behaftet ist, nämlich die Frage der Wissens- und Informationsvermittlung. Die Unsicherheiten beziehen sich auf die Fragestellung, ob die Beteiligten eher detailliert über die psychische Erkrankung informiert werden sollten oder ob es nicht besser wäre, sie zu schonen, indem man ihnen Informationen über Intensität, Ausmaß sowie Art und Weise der Krankheit lieber vorenthält. Sämtliche Studien und Publikationen, die sich mit dieser Fragestellung beschäftigen, kommen hier zu einer sehr eindeutigen Aussage: Von allen Beteiligten wird eine ehrliche klare Wissensvermittlung, die zudem zu einem besseren Verständnis der Erkrankung und ihrer Begleitumstände führt, als hilfreich und unterstützend bewertet. Das betrifft sowohl das Verständnis krankheitsbedingter Beeinträchtigungen als auch die genaue Kenntnis des Krankheitsbildes (vgl. Küchenhoff 1997; Jungbauer et al. 2001). Die Vermittlung von Wissen über die psychische Erkrankung und ihre Auswirkungen kann allerdings nicht nur auf der kognitiven Ebene eine entlastende und Sicherheit gebende Funktion ausüben, sondern auch auf der psychischen Ebene. Man geht letztlich davon aus, wie Scherrmann et al. (1992) äußern, dass kognitives Verstehen gleichermaßen auch emotionale Entlastung bedeutet.

Als letzter wichtiger Aspekt hilfreicher Faktoren in Familien mit psychischer Erkrankung ist die familiäre Kommunikation zu nennen, die in Familien verbessert werden muss, um positive Effekte zu erzielen und protektiv bzw. kompensierend wirken zu können. Gundelfinger (2001) beispielsweise fordert in diesem Zusammenhang, dass präventive Projekte dort anzusetzen haben, wo sie die Kommunikation in den Familien verbessern. In dem von ihr beschriebenen Präventionsansatz werden sechs bis zehn Sitzungen mit den Familien durchgeführt, in denen es über die reine Wissensvermittlung bezüglich der psychischen Krankheit hinaus um die Verbesserung der Kommunikationsstrukturen in den Familien geht. Diese Kombination innerhalb des Hilfsangebotes mit dem Schwerpunkt auf Verbesserung der kommunikativen Ebene wurde von den betroffenen Familien als sehr hilfreich erlebt.

2.3.2 Hilfreiche Aspekte auf Seiten der Eltern

Als einen der wichtigsten Faktoren auf Seiten der Eltern beschreibt Mattejat (2001b) die eigene Psychohygiene. Je zufriedener sich Eltern selbst in ihrer physischen und psychischen Verfassung fühlen, desto besser können sie auf die Bedürfnisse ihrer Kinder eingehen. Außerdem kann eine solche persönliche Einstellung und Haltung insofern hilfreich sein, als dass damit eigenen Überforderungstendenzen vorgebeugt werden kann.

Als weiterer Aspekt wird, wie bereits angedeutet, eine zunehmende Entlastung mit steigendem Informationsgrad über die psychische Erkrankung genannt. Diese Aussage gilt sowohl für die Erkrankten selbst als auch für ihre Angehörigen (vgl. Küchenhoff 1997; Jungbauer et al. 2001). Der Information der Betroffenen und ihrer Angehörigen wird von verschiedenen Autoren eine schuld-, angst- und ärgerreduzierende Wirkung zugeschrieben: „Durch Informationen [...] können beispielsweise irrationale Schuldgefühle abgebaut werden. Die verbesserte Kenntnis krankheitsbedingter Symptome und Verhaltensweisen vermag über eine Modifikation von Attributionsmustern Ärger- und Angstgefühle reduzieren. Psychoedukation kann damit als ein erweiterter therapeutischer Ansatz aufgefasst werden, der emotionale Entlastungsprozesse durch kognitive Umstrukturierungen bewirkt" (Jungbauer et al. 2001, S. 110).

Des Weiteren kommt dem Klima in der Partnerschaft der Eltern eine zentrale Rolle zu, wenn es um die Betrachtung protektiver Faktoren geht (vgl. Deneke 1995). Je besser und stabiler die Partnerschaft funktioniert, desto effektiver können die Belastungen durch die Auswirkungen der Erkrankung auf die Kinder abgefedert werden.

Eine sehr wichtige Position kommt in diesem Kontext der Anwesenheit und emotionalen Verfügbarkeit des gesunden Elternteils zu (vgl. Bohus et al. 1998; Sollberger 2002). Dieser kann wichtige kompensatorische Funktionen für die gesamte Familie übernehmen und vor allem auch als verbindlicher und zuverlässiger Ansprechpartner für die Kinder fungieren. Von diesem gesunden Elternteil hängen daher auch viele Elternfunktionen ab, die oft allein übernommen und bisweilen neben der Belastung durch den erkrankten Partner mit einem hohen Maß an innerer Stärke und Sicherheit getragen werden müssen.

Neben der allgemein entlastenden Funktion für die Familie kann sich die kompensatorische Funktion des zweiten Elternteils aber auch unterstützend auf die Entwicklungsgeschichte der Kinder auswirken: „Einige Forschungsergebnisse verweisen darauf, dass der psychische Status des anderen Elternteils einen wesentlichen Einfluss auf die kindliche Entwicklung hat: Wenn ein gesunder Elternteil zur Verfügung steht, der kompensierend wirken kann, sind die Entwicklungschancen der Kinder relativ günstig" (Mattejat et al. 2000, S. 167).

In dem Zusammenhang muss auch betont werden, dass gerade der gesunde Elternteil hilfreich sein kann, wenn es ihm gelingt, das Hineinziehen der Kinder in die Erkrankung so gering wie möglich zu halten. Nach Wagenblass (2001) ist dies umso förderlicher, je besser es gelingt, die Kinder vor einer Übernahme überfordernder Verantwortung freizuhalten.

An anderer Stelle wird von Remschmidt und Mattejat noch einmal deutlich auf die kompensatorische Funktion des gesunden Elternteils, insbesondere bezüglich der Identifikation der Kinder mit ihren Eltern, hingewiesen: „Wir gehen weiterhin davon aus, daß die Identifikation mit dem gesunden Elternteil in Familien mit einem psychisch kranken Elternteil besonders wichtig ist; durch sie können wahrscheinlich Belastungen, die sich aus der psychischen Erkrankung eines Elternteils ergeben, zumindest teilweise kompensiert werden" (1994a, S. 171).

2.3.3 Hilfreiche Aspekte auf Seiten der Kinder

Als weitere unterstützende Faktoren aus Sicht der Kinder kann die Anwesenheit anderer Kinder, wie etwa Geschwisterkinder, angesehen werden. Trotz verschiedener Altersgruppenzugehörigkeit und eventuell unterschiedlicher Formen des Umgangs mit der elterlichen Erkrankung kann es entlastend sein, eine Art Gemeinschaftsgefühl mit dem Bruder oder der Schwester zu erleben oder dieses gemeinsam zu entwickeln (vgl. Koch-Stoecker 2001). Gleiches gilt für Kontakte zu anderen Kindern gleichen Alters (vgl. Mattejat 2001b) sowie für Kontakte im Rahmen gezielter Gruppenangebote für Kinder psychisch kranker Eltern (vgl. Leidner 2001; Raiss und Ebner 2001). Diese Gruppenangebote stellen einen ähnlich gelagerten Austausch unter Betroffenen dar, wie ich ihn bereits im Rahmen der Angehörigengruppen beschrieben und als sehr hilfreich für alle Beteiligten dargestellt habe.

Neben den familiären Beziehungen und Kontakten zu Gleichaltrigen hat aber auch die Qualität des Beziehungsnetzes sowie die Präsenz emotional verfügbarer Außenstehender eine große Bedeutung (vgl. Deneke 1995; Mattejat et al. 2000). Mattejat hat diesen Punkt in einer späteren Veröffentlichung noch weiter ausdifferenziert, indem er beschreibt, welche Fähigkeiten die Bezugspersonen der Kinder mit einbringen sollten und welch elementare Rolle einer tragfähigen Beziehungsstruktur hier zukommt.

Wie bereits beschrieben und von Bohus et al. untermauert, liegen die höchsten Vulnerabilitäten, im Verlauf der kindlichen Entwicklung selbst an einer psychischen Störung zu erkranken, in der frühen Kindheit und Adoleszenz (vgl. 1998, S. 135). Daher ist es notwendig, in diesen Entwicklungsphasen auf möglichst zahlreiche kompensatorische und protektive Faktoren, wie etwa stabile und Halt gebende Beziehungen, zurückgreifen zu können.

Betrachtet man die Entwicklungsphase der frühen Kindheit, in der Kinder psychisch kranker Eltern anfällig für die Entfaltung eigener psychischer Erkrankungen sind, wird deutlich, wie wichtig im Sinne schützender Faktoren hier von Sicherheit und Stabilität geprägte Beziehungsstrukturen sind. Das gleiche gilt für das Säuglingsalter, dem aufgrund neuerer Forschungsergebnisse in diesem Kontext ebenfalls eine wichtige Rolle zukommt. Wie bereits erwähnt, lassen sich Veränderungen und Abweichungen zwischen Kindern mit gesunden und Kindern mit einem psychisch kranken Elternteil bereits im Säuglingsalter von drei Monaten feststellen (vgl. Schone und Wagenblass 2001). In diesem Zusammenhang weist auch Deneke darauf hin, dass mit zunehmender Differenziertheit der Studien die immense Bedeutung des frühen Säuglingsalters nicht mehr zu leugnen ist: „Je spezifischer die Untersuchungen angelegt sind, desto mehr wird die frühe Beziehungsgestaltung berücksichtigt. Die Säuglingsforschung zeigt, daß die entscheidenden Grundlagen der psychischen Entwicklung – das Konzept des Menschen von sich selbst, von den anderen und von den Beziehungen zwischen dem Selbst und den anderen – in der allerfrühesten Beziehung des Säuglings zu seinen ersten Bezugspersonen gelegt wird. Von der Qualität dieser Beziehungen hängt es ab, welche Repräsentanzen, also welche inneren Vorstellungen, das Kind bildet" (1995, S. 6).

Die Aspekte der Bedeutung des Säuglingsalters und der grundlegenden Beziehungsrepräsentanz zeigen sehr eindrücklich, dass Hilfsangebote für Kinder psychisch kranker Eltern und ihre Bezugspersonen schon sehr frühzeitig ansetzen müssen, um ein möglichst hohes Maß an Effektivität zu erreichen.

Dass Hilfsangebote generell auch dankbar und gerne angenommen werden, kann durch folgendes Studienergebnis untermauert werden: Im Rahmen der bereits beschriebenen Studie, in der psychisch kranke Patienten, deren gesunde Bezugspersonen sowie deren Kinder nach hilfreichen und unterstützenden Aspekten befragt wurden, wurde der Punkt *Psychotherapie* mit 20% aller Nennungen am zweithäufigsten benannt und rangiert unmittelbar hinter den *intakten Familienverhältnissen* (vgl. Küchenhoff 1997). Zu ähnlichen Ergebnissen kommt Lenz (2005) in seiner Studie. 25% der befragten Patienten wünschten sich zusätzliche therapeutische Hilfsangebote für ihre Kinder. Auch daran wird deutlich, dass gezielte Hilfsmöglichkeiten für die Familien und insbesondere auch für die Kinder durchaus als unterstützend und entlastend erlebt werden.

Die für die Familie beschriebene Informationsvermittlung über die psychische Erkrankung als wichtiger protektiver Faktor spielt für die Kinder eine ähnlich wichtige, wenn nicht sogar noch wichtigere Rolle. Innerhalb zahlreicher Studien konnte nachgewiesen werden, dass vor allem ein hoher Informationsgrad der Kinder über die jeweilige Krankheit des Elternteils als unterstützender Faktor wahrgenommen wurde (vgl. Mattejat 2001b; Sollberger 2002). Die Aspekte der Informationen, die sich Kinder und Jugendliche wünschen, sind im Rahmen der Studie von Lenz (2005, S. 116) erhoben und herausgearbeitet worden:

„Kinder und Jugendliche wünschen sich Informationen,
- wie sie sich dem kranken Elternteil gegenüber am besten verhalten sollen,
- wie sie Mutter oder Vater unterstützen können,
- über das ‚Wesen' der psychischen Erkrankung,
- über die Gefahren einer Verschlimmerung,
- über Heilungsmöglichkeiten,
- über Medikamente,
- über Erbeinflüsse (vor allem Jugendliche)."

In den Fällen, in denen die Vermittlung altersadäquater Informationen an die Kinder nicht stattfindet, besteht die Gefahr, dass sich Fantasien, Ängste und Sorgen entwickeln, die aufgrund des fehlenden Bezugs zur Realität eine zusätzlich belastende Eigendynamik in Gang setzen können. Daher raten viele der oben genannten Autoren dazu, die Kinder in altersangemessener und offener Form über die psychische Erkrankung ihrer Eltern zu informieren. Dadurch kann den benannten Gefahren entgegengewirkt und den Bedürfnisse der Kinder nach Aufklärung und Information nachgekommen werden. Gleichzeitig wird die Selbstwahrnehmung der Kinder („Nicht ich bin es, der eine verzerrte Wahrnehmung hat, sondern Mama oder Papa ist es, die bzw. der aufgrund der psychischen Erkrankung verwirrende Botschaften aussendet") gestärkt, was sich positiv auf ihr Selbstbewusstsein auswirkt.

Ein weiterer Punkt betrifft die Identifikation der Kinder mit ihren Eltern bzw. mit dem psychisch erkrankten Elternteil. Kinder orientieren sich nachweislich vorrangig am gesunden Elternteil und identifizieren sich eher mit diesem. Handelt es sich dabei noch um den gleichgeschlechtlichen Elternteil, so kann damit durchaus eine schützende und kompensatorische Funktion verbunden sein: „Die Identifikation mit dem gesunden Elternteil ist dann relativ hoch, wenn es sich um den gleichgeschlechtlichen Elternteil handelt: beim gegengeschlechtlichen Elternteil dagegen ist das nicht der Fall. Das heißt, wir finden hier ein Identifikationsmuster, das als Kompensationsmechanismus interpretiert werden kann: Die Kinder orientieren sich stärker am gesunden Elternteil. Dieser Kompensationsmechanismus kann sich aber nur dann wirksam entfalten, wenn es sich um den gleichgeschlechtlichen Elternteil handelt. Wenn dagegen der gleichgeschlechtliche Elternteil psychisch krank ist, dann ist diese Kompensationsmöglichkeit eingeschränkt" (Remschmidt und Mattejat 1994a, S. 162f.).

Neben den benannten Aspekten sind verschiedene Autoren der Überzeugung, anhand der von ihnen durchgeführten Untersuchungen als zusätzlich schützende Faktoren für Kinder psychisch kranker Eltern eine gute intellektuelle Kompetenz sowie eine hohe physische Attraktivität der Kinder nachweisen zu können (vgl. Deneke 1995; Sollberger, 2002). Kinder und Jugendliche mit einem oder beiden dieser Merkmale scheinen aufgrund dessen ein größeres Selbstbewusstsein und Selbstwertgefühl zu entwickeln, was es ihnen leichter macht, mit den Belastungen durch die psychische Erkrankung des Elternteils umzugehen.

Einige wenige Autoren vertreten die Hypothese, dass Kinder im Rahmen der elterlichen Erkrankung sogar Stärken entwickeln können. Sie würden einen produktiven Umgang mit der Krankheit an den Tag legen, was als Chance für diese Kinder angesehen werden könne (vgl. Sollberger 2002; Lenz 2005). Die durch die psychische Erkrankung der Eltern entwickelten Stärken der Kinder werden von den Autoren in unterschiedlichen Bereichen verortet. Koch-Stoecker (2001) beispielsweise bescheinigt den Kindern psychisch kranker Eltern Vorteile innerhalb der Autonomieentwicklung und des Verantwortungsbewusstseins. Wagenblass (2001) schreibt den Kindern eine besondere Wahrnehmungsfähigkeit und Sensibilität für Stimmungslagen zu. Remschmidt und Mattejat haben diese Besonderheit des konstruktiven Umgangs einiger Kinder mit der psychischen Erkrankung ihrer Eltern mit folgender Aussage prägnant auf den Punkt gebracht: „Schließlich darf aber nicht unerwähnt bleiben, daß derartige schwerwiegende Erkrankungen von den Kindern auch positiv bewältigt werden können [...]. In diesem Sinne können Kinder in solchen Familien auch an ihren Aufgaben wachsen" (1994a, S. 14).

Bei dem Versuch, dieses Wachsen an der elterlichen Erkrankung näher zu untersuchen und eine Differenzierung innerhalb der Bewältigungsversuche zu erreichen, kommt im Rahmen einer retrospektiven Studie mit Erwachsenen, die ehemals mit einem psychisch kranken Elternteil zusammengelebt haben, zum Ausdruck, dass die Kinder unterschiedliche Bewältigungsstrategien entwickeln. Innerhalb der Studie kristallisierten sich zwei Gruppen heraus. Die eine – durch fehlende Ressourcen in der Kindheit gekennzeichnete – Gruppe erlebte die psychische Erkrankung des Elternteils als bedrohliche Krise, während die andere – mit ausreichenden Ressourcen ausgestattete – Gruppe in der Lage war, individuelle Stärken zu entwickeln (vgl. Wagenblass 2001), wie z. B. Selbstvertrauen oder Zuversicht bezüglich eigener Kompetenzen. Auch andere Autoren versuchen, den Betroffenen und ihrem Umfeld Mut zuzusprechen, indem sie die stärkenden und das Selbstbewusstsein fördernden Aspekte des Zusammenlebens mit einem psychisch kranken Elternteil herausstellen (vgl. Sollberger 2000; Mattejat 2001b).

Letztlich darf nicht übersehen werden, dass die überwiegende Mehrheit der Kinder sich durchaus ohne gravierende Beeinträchtigungen und somit normal entwickelt. Mattejat (2001b) zitiert in dem Zusammenhang Wahrscheinlichkeitsaussagen der Wissenschaft, die davon ausgehen, dass ca. 90% aller Kinder mit psychotisch erkrankten Eltern selbst keine Psychose in ihrer eigenen Lebensgeschichte entwickeln. Anthony beispielsweise schreibt über seine Studie: „Als Gegengewicht zu unseren klinischen Vorurteilen ist zu erwähnen, daß auch wir von der erheblichen Anzahl kreativer und gesunder Kinder in unserer Stichprobe beeindruckt waren, von denen viele erfolgreich Schule und College besuchten, obwohl manche von ihnen mehr als die übliche Sturm- und Drangperiode der Adoleszenz durchmachten" (1980, S. 33).

Übertragen auf etwaige Hilfsangebote für die Kinder bedeutet das, dass es, wie Remschmidt und Mattejat (1994b) meinen, viele Möglichkeiten gibt, die negativen Auswirkungen der psychischen Krankheit abzumildern. Koch-Stoecker (2001) geht in ihren Hypothesen noch weiter, indem sie zu bedenken gibt, ob wirklich in jedem Fall ein spezielles therapeutisches Angebot für die Kinder vorgehalten werden muss. Ihrer Meinung nach kann ein gewisses Maß an Normalität im Alltag eine effektivere Unterstützung sein, die dann therapeutische Hilfen verzichtbar werden lässt.

2.4 Diskussion

Wenn man sich erstmals mit der Situation von Kindern psychisch kranker Eltern beschäftigt, löst die Tatsache Verwunderung aus, dass trotz der nicht unerheblichen Zahl betroffener Kinder und des nachgewiesenen Risikos, selbst psychisch zu erkranken, die Beschäftigung mit der Thematik bislang eher auf marginales Interesse stößt. Dieses Defizit ist sowohl im wissenschaftlichen Diskurs als auch in der praktischen Auseinandersetzung mit dem Thema zu verzeichnen. Daher verwundert es auch nicht, dass erst relativ wenige konkrete Hilfs- und Unterstützungsangebote für diese Personengruppe entwickelt und bereitgestellt worden sind. Die in diesem Zusammenhang aufgeworfene Hypothese, dass die Ursache für dieses Defizit in einem nicht unerheblichen Ausmaß an unklaren Absprachen sowie diffusen Kompetenzzuschreibungen zwischen den beteiligten Diensten oder Institutionen liegt, wie etwa der Erwachsenenpsychiatrie, der Kinderpsychiatrie und der Jugendhilfe, wird im nächsten Kapitel näher untersucht.

Bei der Analyse der Forschungsschwerpunkte fällt auf, dass sich die Forschungsbemühungen jahrzehntelang fast ausnahmslos auf den medizinischen Bereich konzentriert haben (Genetische Studien und High-Risk-Forschung), während der soziale Bereich (familienorientierte und sozialpädagogische Ansätze) nur am Rande an Bedeutung für die Forschung gewinnt. Dies geschieht erst in der jüngsten Vergangenheit und zudem mit geringer Intensität. Die vorliegende Arbeit versucht, hier einen Beitrag zu liefern.

Eine Ursache könnte in der fehlenden Lobby bzw. der zu geringen finanziellen Ausstattung des sozialen Bereichs begründet liegen. Während sozialpädagogische und familienorientierte Ansätze eher aus dem Budget der Jugend- und Familienhilfe finanziert werden und hier die ohnehin geringen Mittel eher für den Bereich der Interventionen als für die Forschung bereitgestellt werden, ist das im medizinisch-psychiatrischen Spektrum anders. Dort wird über das Gesundheitswesen schon immer ein umfangreiches Repertoire an finanziellen Mitteln in die Forschung investiert. Als Grund dafür wird in der Regel das Bestreben genannt, die Folgen der Erkrankung erträglicher zu machen sowie das Risiko einer erneuten Erkrankung oder einer Weitergabe der Krankheit zu minimieren. Diese Ansätze sind sicherlich erstrebenswert. Darüber hinaus kann der Einsatz der Mittel im Rahmen von Effektivitätsstudien sicher einfacher nachgewiesen werden, als das im sozialen Bereich gemeinhin der Fall ist. Trotzdem bleibt die berechtigte Kritik, dass die der Forschung zur Verfügung stehenden Mittel einem deutlichen Ungleichgewicht in ihrer Verteilung unterworfen sind. Bei der Suche nach Ursachen für dieses Ungleichgewicht liegt die Vermutung nahe, dass diese im verstärkten Interesse der Pharma-Industrie, die erfahrungsgemäß über umfangreiche finanzielle Ressourcen verfügt, verborgen sein könnten. Durch die Subvention entsprechender medizinisch oder psychiatrisch ausgerichteter Studien wird die Pharma-Industrie unterstützend und hilfreich im Sinne der Forschung und der Patienten aktiv, verknüpft diese Aktivität dann aber nicht selten mit dem subjektiven Eigeninteresse, ihre Produktpalette an Medikamenten auf dem Markt zu bringen und sich dabei möglichst gut gegenüber anderen Konkurrenten zu platzieren. Die Folge ist, dass derartige finanziell gut ausgestattete Projekte über umfangreichere Möglichkeiten zur weiteren Erforschung ihrer Krankheitsfelder oder Anwendungsbereiche verfügen, als das in Bereichen und Projekten der Fall ist, die lediglich auf eine weitaus geringere finanzielle Basis zurückgreifen können.

Das Resultat dieses Dilemmas ist keinesfalls die Forderung nach einer Reduzierung der finanziellen Mittel für die medizinisch und psychiatrisch orientierte Forschung. Vielmehr scheint es notwendig zu sein, der anhand des vorliegenden und zusammengestellten Datenmaterials ebenfalls als bedeutsam erwiesenen Forschung im sozialen Bereich den ihr gebotenen Rahmen zur Verfügung zu stellen. Das heißt, dass die Bereitstellung finanzieller Mittel und die Intensivierung der Forschungsbemühungen in diesem Bereich längst überfällig sind und dringend umgesetzt werden müssen.

Ein ähnliches Ungleichgewicht findet sich bei der Betrachtung der Tendenz und Ausrichtung bisheriger Forschungsbemühungen. Hier fällt eine deutliche Gewichtung der defizitären Seite auf. Wünschenswert und hilfreich wäre es im Rahmen weiterer Forschungsbemühungen, wenn die Ausrichtung sich etwas weniger auf die Defizite, sondern mehr auf die Ressourcen konzentrierte. Im Rahmen der Ausarbeitung habe ich versucht, dieser Defizitorientierung entgegenzuwirken, indem ich beispielsweise zahlreiche Ergebnisse und Hinweise zu protektiven und kompensierenden Faktoren innerhalb der vorliegenden Literatur in die Arbeit aufgenommen und diesem Segment einen umfangreichen Gliederungspunkt gewidmet habe. Die hier gewonnenen Erkenntnisse können als viel versprechend und zukunftsweisend bezeichnet werden.

Ähnlich positiv ist die Tatsache zu werten, dass in den letzten Jahren eine deutliche Zunahme von Publikationen zum Thema *Resilienz* zu verzeichnen ist (vgl. Opp, Fingerle und Freytag 1999; Brooks und Goldstein 2007). Es wäre jedoch wünschenswert, dass sich die Resilienzforschung auch mit Kindern psychisch kranker Eltern beschäftigt und sich die Integration protektiver und kompensierender Faktoren – die in der vorliegenden Literatur nur im Rahmen weniger Publikationen und lediglich im Umfang einiger Abschnitte diskutiert wird – weiter verbreiten würde. Damit könnte eine Lanze für eine positive und ressourcenorientierte Perspektive gebrochen werden, die letztlich auch den Betroffenen zugute kommt.

Bei der inhaltlichen Betrachtung der protektiven und schützenden Faktoren werden verschiedene Aspekte deutlich, von denen die wichtigsten noch einmal kurz skizziert werden sollen: Zum einen erstaunt, dass nicht etwa die *objektiven Belastungsfaktoren* als Indikator für das Maß an Belastung angesehen werden, sondern vielmehr die *subjektiven Belastungsfaktoren*. Das heißt, dass nicht etwa objektiv messbare Daten, wie der Betreuungsaufwand oder die finanziellen Mittel, ausschlaggebend für die Intensität des Belastungserlebens sind, sondern vielmehr die Tatsache, wie belastet sich die Betroffenen und ihre Angehörigen *subjektiv* erleben. Da das subjektive Empfinden außerdem maßgeblich von den zur Verfügung stehenden protektiven und schützenden Faktoren abhängt, heißt das, dass viel mehr Wert auf die Analyse solcher Faktoren sowie in einem weiteren Schritt auf deren ausreichende Bereitstellung gelegt werden muss. Aus einem Zuwachs an Ressourcen kann mittelfristig auch eine Abnahme subjektiver Belastungsfaktoren resultieren.

Ein weiterer Punkt, der die Beschäftigung mit den Ressourcen lohnenswert erscheinen lässt, steht in Zusammenhang mit der doch hohen Quote von Kindern, die ohne erkennbar große Schäden relativ unbelastet aus Familienstrukturen mit psychischer Erkrankung hervorgehen. In diesem Kontext wäre es empfehlenswert zu überlegen, genau diese Kinder gezielt zum Forschungsgegenstand zu machen, indem man versucht zu ergründen – im Gegensatz zu den bislang eher pathologisch und symptomorientierten Ansätzen –, welche Faktoren dazu beitragen, dass sie gesund und teilweise sogar gestärkt aus den belastenden Situationen mit ihren psychisch erkrankten Elternteilen hervorgehen.

Zwei weitere zentrale Aspekte sind die Informationsvermittlung für Betroffene und ihre Angehörigen sowie der Austausch mit Betroffenen. Letzteres kann für Kinder beispielsweise im Rahmen eines Gruppenprogramms ermöglicht werden, indem die Kinder hier in den Austausch mit anderen Kindern, die derselben Situation ausgesetzt sind, einsteigen können. Diese Möglichkeit zeichnet sich unter anderem durch entlastende und aus der Isolation befreiende Elemente aus. Ersteres ist gerade für Eltern, aber auch für professionelle Helfer von Bedeutung, die sich in dem Spannungsfeld zwischen der Schonung der Kinder durch Verschweigen einerseits und der Offenheit durch klare und altersadäquate Informationsvermittlung andererseits befinden. Die Erkenntnisse zu diesem Punkt machen Mut, sich verstärkt mit einer offenen Grundeinstellung und einer damit verbundenen ehrlichen Informationsvermittlung den Kindern gegenüber zu verhalten.

Die Einstellung und Grundhaltung der Helfer und anderer Außenstehender ist deshalb besonders wichtig, da ihnen eine zentrale Bedeutung zukommt, wenn es um den Kontakt und die Beziehung der Kinder zu Personen außerhalb ihrer eigenen Familie geht. Es ist bemerkenswert, welch große Bedeutung Außenstehende für das psychische Wohlbefinden der Kinder psychisch kranker Eltern haben. Hier kommt neben den Freunden, Bekannten und Verwandten auch den Lehrern, Erziehern und professionellen Helfern im pädagogischen und therapeutischen Bereich laut Aussage verschiedener Autoren eine zentrale Funktion für die belasteten Kinder zu. Insofern kann es hilfreich und unterstützend sein, sich den Kindern als Pädagoge oder Therapeut aktiv zur Verfügung zu stellen, indem man ihnen Beratungs- und Unterstützungsangebote macht sowie Wege aus der Isolation aufzeigt, die dann gemeinsam beschritten werden können.

Neben den Außenstehenden muss natürlich der Familie des Kindes eine ebenso große, wenn nicht gar größere Aufmerksamkeit zuteil werden. Wichtig erscheint hier aufgrund der bislang gewonnenen Erkenntnisse, die Kinder nicht isoliert, sondern stets im Zusammenhang mit ihrer Familie zu betrachten und zu behandeln. Insbesondere bei der beschriebenen Tendenz der Familien, sich zu isolieren und isoliert zu werden, sollte man sich dieses Zusammenhangs bewusst sein. Auf die Kinder bezogen heißt das, dass man ihnen den als so wichtig beschriebenen familiären Rückhalt ermöglichen und darauf hinwirken sollte, diese Basis zu stabilisieren und zu stärken. Hier scheint es besonders wichtig, das Augenmerk auf die Unterstützung der Mutter-Kind-Beziehung zu legen, da sich die Erkrankung der Mutter gravierender auf die Entwicklung der Kinder auswirkt, als das bei einer Erkrankung des Vaters der Fall ist.

Auch pränatale Einflüsse während der Schwangerschaft, der recht frühe Beginn messbarer Auswirkungen auf die Kinder sowie die wichtige Bedeutung der Mutter in den ersten Lebensmonaten sind Hinweise darauf, dieser Interaktion einen besonderen Stellenwert zu widmen. Das gilt sowohl für den Forschungsbereich als auch für bereitgestellte und zu entwickelnde Praxisfelder.

Der Hinweis auf die große Bedeutung der Mutter impliziert jedoch nicht, dass die Forschung bezüglich der Väter weiterhin von sehr geringer Relevanz bleiben sollte. Vielmehr bin ich der Auffassung, dass in diesem Feld dringender Forschungsbedarf gegeben ist, der schnellstmöglich realisiert werden sollte.

An verschiedenen Stellen wird sowohl in Forschungs- als auch in Praxisberichten darauf verwiesen, dass immer auch die Art und Schwere der Erkrankung mit einzubeziehen ist. Diese Aussage findet nicht nur bei den Belastungsfaktoren ihre Anwendung, sondern auch bei den protektiven und kompensierenden Faktoren.

In dem Zusammenhang wird deutlich, dass es nicht für die Summe aller psychischen Erkrankungen eine generell und allgemein in gleicher Art und Weise wirksame Hilfsform gibt. Vielmehr ist es erforderlich, dass in jedem Einzelfall genau analysiert und entwickelt wird, wer wann und in welcher Form Hilfe und Unterstützung braucht und in welchem Kontext diese dann angeboten werden kann. Um diese Hilfe auf einem möglichst qualitativ hohen Stand zu gewährleisten, ist im Vorfeld des Hilfsangebotes eine sehr differenzierte Anamneseerhebung und Diagnostik der individuellen und familiären Rahmenbedingungen erforderlich. Innerhalb der Diagnostik ist es notwendig, die jeweils indizierte individuelle Hilfsmöglichkeit für jeden Einzelfall zu entwickeln und diese den Eltern und ihren Kindern anzubieten.

Die beiden Pole in dieser Diskussion, welche Form der Hilfe angemessen und gut ist, spiegeln sich auch in verschiedenen Ausrichtungen der gesichteten Literatur wider: Die eine Seite wird von Koch-Stoecker (2001) vertreten, die in den meisten Fällen gezielte Alltagsnormalisierung mit allenfalls Haushaltsentlastung als Hilfestellung propagiert. Die andere Seite vertritt Küchenhoff (1997), der nachgewiesen hat, dass ein psychotherapeutisches Angebot für die Kinder von 20% aller befragten Eltern bzw. Bezugspersonen als wichtig und hilfreich erachtet wird. Erstrebenswert ist hier eine Mischung aus beiden Ansätzen nach zuvor durchgeführter Anamnese und Diagnostik. Mit Hilfe der Ergebnisse aus der Diagnostik kann eine fundierte Indikation formuliert und das entsprechende Hilfsangebotes bereitgestellt werden.

An anderer Stelle differenzieren auch Remschmidt und Mattejat noch einmal zwischen der großen Spannbreite an Hilfsangeboten und empfehlen in dem Zusammenhang die Einbeziehung präventiver Maßnahmen: „Bei einem erkrankten Elternteil kann bereits ein weitmaschiges Beratungsangebot eine effektive Hilfe zur Aktualisierung der Bewältigungsmöglichkeiten innerhalb der Familie (insbesondere des gesunden Ehepartners) darstellen. Sind beide Eltern erkrankt, dann wird ein umfassendes Angebot mit psychotherapeutischen, pädagogischen und sozialfürsorgerischen Komponenten notwendig. [...] Präventive Konzepte haben – im Gegensatz zu vielen anderen Bereichen

– hier durchaus Erfolgsaussichten, denn sie richten sich an eine klar umschriebene Zielgruppe mit bekannten Risiken; sie können deshalb gezielt und gut geplant durchgeführt werden." (Remschmidt und Mattejat 1994a, S. 123).

3 Hilfsangebote für Kinder psychisch kranker Eltern

Wie bereits beschrieben, existieren verhältnismäßig wenig Hilfsangebote, die sich gezielt mit den Kindern psychisch kranker Eltern befassen, sodass hier auf eine nur geringe Menge vorliegenden Datenmaterials zurückgegriffen werden kann.

3.1 Hilfsangebote im Rahmen der Psychiatrie

3.1.1 Angehörigenvisite

Mittlerweile wird von niemandem mehr geleugnet, dass eine Integration der Angehörigen in die Behandlungskonzepte der psychisch erkrankten Familienmitglieder notwendig und unabdingbar ist. Das gilt laut Aussage verschiedener Autoren insbesondere dann, wenn die Behandlungen aufgrund der Schwere der psychischen Erkrankungen im stationären Rahmen erfolgen (vgl. Ostermann und Hollander 1996; Pitschel-Walz und Engel 1997).

In einigen Kliniken hat man diesem Bedürfnis Rechnung getragen und ein neues Modell eingeführt, indem man statt – oder im Wechsel mit – der ansonsten üblichen Chef- oder Oberarztvisite die Angehörigenvisite eingeführt hat. An dieser Visite nehmen in der Regel neben den Angehörigen auch die Patienten selbst teil. Durchgeführt wird die Angehörigenvisite üblicherweise vom Stationsteam gemeinsam, zu dem ein Mitarbeiter des Pflegedienstes, ein Sozialarbeiter, ein Psychologe, der Stationsarzt und der Oberarzt gehören. Durch diese umfangreiche Besetzung der Angehörigenvisiten gelingt es den Beteiligten besser, eine gemeinsame Sicht des Krankheitsprozesses und seiner Folgewirkungen zu entwickeln, was sich positiv auf die Vertrauensbeziehung zwischen den Patienten, ihren Angehörigen und dem Klinikpersonal auswirkt. Darüber hinaus können eventuelle Missverständnisse im Stationsteam thematisiert werden, und es kommt zu einer Stabilisierung und Stärkung des Teamgefühls und der Kooperationsfähigkeit auf der Station (vgl. Fähndrich et al. 2001).

Die Angehörigen werden in der Regel bereits bei Aufnahme der Patienten auf die Angehörigenvisite hingewiesen. Auch werden Fragen während des stationären Aufenthalts meist konsequent auf diesen Termin verschoben. Diese klare Handhabung führt dazu, dass sich Fragen der Angehörigen außerhalb dieser Sitzung stark reduzieren und das Angebot mit großem Interesse und großer Bereitschaft angenommen wird. In der Untersuchung von Fähndrich et al. (2001) zur Angehörigenvisite werden entsprechende Angaben zur Intensität der Inanspruchnahme gemacht. Demnach nehmen die Partner der Angehörigen das Angebot am häufigsten an, gefolgt von den Müttern und schließlich den Kindern der Patienten. In 55,8% aller Angehörigenvisiten erscheinen die Angehörigen nur einmal, in 24,2% kommen sie ein zweites Mal und in 20% der Fälle finden mehr als zwei bis maximal zehn solcher Visiten statt.

Der zeitliche Rahmen der Angehörigenvisiten ist so gestaltet, dass sich die Patienten und ihre Angehörigen in eine auf der Station aushängende Liste für die wöchentlich stattfindenden Termine eintragen können. Die Dauer der Gespräche liegt im Schnitt bei 15 Minuten, wobei in Einzelfällen Überziehungen bis höchstens 20-30 Minuten geduldet werden; ansonsten wird auf die nächste Woche verwiesen. Ostermann und Hollander weisen in diesem Zusammenhang auf die große Effizienz trotz des „hohen Zeitaufwandes" hin: „Unabhängig davon haben wir die Erfahrung gemacht, daß der mit der Angehörigenvisite einhergehende (scheinbare) Mehraufwand durch verringerte Reibungsverluste und erhöhte therapeutische Effizienz bei weitem kompensiert wird" (1996, S. 281).

Zusammenfassend kann man feststellen, dass es sich bei dem Modell der Angehörigenvisiten um ein viel versprechendes und effizientes Verfahren handelt, bei dem es wünschenswert wäre, wenn es noch mehr Anwendung in anderen Kliniken finden würde. Gerade wegen seiner multiprofessionellen systemischen Ausrichtung bietet es eine große Chance, den Bedürfnissen des Systems Familie in weiten Teilen gerecht zu werden.

Kritisch allerdings ist der aus Sicht der Klinik bewertete hohe zeitliche Aufwand dieses Angebotes. Diese Sichtweise mag zwar unter medizinisch-klinischen Gesichtspunkten zutreffen; aus Sicht der Patienten und ihrer Angehörigen drängt sich jedoch die Frage auf, wie intensiv einzelne Themen und Fragestellungen in einer verhältnismäßig großen Gruppe innerhalb von 15 Minuten bearbeitet werden können. Wenn man sich dieses Dilemma der geringen Zeitressourcen und der großen Gruppe in seiner Auswirkung auf die partiell anwesenden Kinder vergegenwärtigt, wird offenkundig, dass das an sich positive Modell der Angehörigenvisite dringend modifiziert werden müsste, um den Bedürfnissen der Kinder gerecht zu werden und auch hier zufrieden stellende Ergebnisse präsentieren zu können.

3.1.2 Angehörigengruppen

Im Rahmen der Deinstitutionalisierung mit Abnahme der Verweildauer der Patienten in psychiatrischen Kliniken sind die Angehörigen zunehmend gefordert und in die Betreuung ihrer psychisch kranken Verwandten mit einbezogen worden. Aus dieser *Not* heraus ist es zu einer schnellen Verbreitung der Angehörigenbewegung gekommen, die unter anderem Möglichkeiten des Austausches im Rahmen von Angehörigengruppen organisiert hat (vgl. Katschnig 2002). Dieser Austausch unter den Angehörigen psychisch Kranker wird gemeinhin von den Betroffenen als sehr positiv und hilfreich erachtet.

Bei näherer Betrachtung der Formen der Angehörigengruppen kann man feststellen, dass sie sich bezüglich ihrer Ausrichtung in Gruppen mit Angehörigendominanz und solche mit Expertendominanz unterscheiden (vgl. Pott 1996). Gruppen mit Angehörigendominanz sind im weitesten Sinne in Form von Selbsthilfegruppen organisiert, in denen beispielsweise die Gruppenmitglieder wechselseitig die Moderation der Treffen übernehmen. Sie rekrutieren ihre Mitglieder, die sich fast ausnahmslos aus Betroffenen zusammensetzen, aus überschaubaren regionalen Bereichen und treffen sich meist in Bürgerzentren oder anderen öffentlichen Räumen. In der Literatur finden sich jedoch wegen der Organisationsstruktur derartiger Selbsthilfegruppen kaum Studien oder Prozessangaben bezüglich des Verlaufs oder Inhalts dieser Gruppen, weshalb die folgenden Ausführungen sich maßgeblich auf die von Experten geleiteten Gruppen beziehen, über die mehr Forschungsmaterial zur Verfügung steht. Gruppen mit Expertendominanz werden in der Regel von professionellen Fachkräften organisiert und geleitet. Lokal sind sie im Rahmen stationärer oder Nachsorgeeinrichtungen angesiedelt und verstehen sich als zusätzliches therapeutisches Angebot der Klinik. Sie führen ihre Treffen in der Regel im Rahmen der Klinikräume durch und sind in ihrer Zuordnung meist auch nur für Patienten der Klinik und deren Angehörige zugänglich. Das wiederum ist aufgrund des oft weitläufigen regionalen Einzugsbereiches der Kliniken und damit langen Anfahrtswegen für die Angehörigen verbunden.

Des Weiteren kann bei den Angehörigengruppen mit Expertendominanz unterschieden werden in solche, die den Betroffenen und ihren Angehörigen gemeinsam offen stehen (vgl. Harter et al. 2002), und solche, die sich allein aus Angehörigen zusammensetzen, während die Betroffenen in einem eigens für sie ausgelegten Setting in der Klinik unterstützt und begleitet werden (vgl. Plessen et al. 1985; Klank et al. 1998). Die in den meisten Kliniken vertretene Trennung zwischen den beiden Gruppen soll den Angehörigen die Gelegenheit bieten, in der Gruppe möglichst unbelastet und offen über eigene

Probleme und auch die Probleme mit ihren psychisch kranken Angehörigen reden zu können. Küchenhoff beschreibt die Bedeutung entsprechender Angehörigengruppen wie folgt: „Gruppengespräche [...] erweisen sich deshalb als sinnvoll, weil es den Betroffenen ein Anliegen ist, sich gerade auch mit denjenigen auszutauschen, die ähnliche Erfahrungen gemacht haben. Darüber hinaus können im Gruppenprozess die unterschiedlichen Fähigkeiten der Teilnehmerinnen und Teilnehmer, sich mit den Erlebnissen auseinanderzusetzen, genutzt werden" (2001b, S. 150).

Trotz des seitens der Angehörigen als notwendig erachteten Austausches mit anderen Betroffenen scheinen aber die Motivationsversuche zur Teilnahme an einem solchen Gruppenangebot äußerst mühsam entwickelt werden zu müssen. Darüber hinaus bedürfen sie im Vorlauf eines sehr großen Engagements der Klinik und der daran beteiligten Fachkräfte. In einer Klinik im Schwarzwald spricht hierfür zunächst der behandelnde Arzt im Rahmen der üblichen Gespräche eine Einladung für die Gruppe aus (vgl. Klank et al. 1998). Dieses Angebot wird dann durch Plakataushänge in der Klinik untermauert, zusätzlich werden drei Wochen vor Beginn der Gruppe schriftliche Einladungen verschickt und einige Tage vor dem ersten Gruppentermin wird noch einmal telefonisch bei den Angehörigen nachgefragt. Trotz dieses immensen Aufwands erreicht die Klinik im Durchschnitt lediglich 44% der Angehörigen, die schließlich ein solches Gruppenangebot wahrnehmen. Diese Quote scheint sich auch in den übrigen Kliniken zu bestätigen. In einer anderen Klinik mit integriertem Gruppenprogramm für Angehörige können beispielsweise lediglich 30-40% aller Angehörigen der stationär untergebrachten Patienten zu einer Teilnahme motiviert werden (vgl. Pott 1996).

Eine Möglichkeit, die Motivation zur Teilnahme an Gruppenangeboten der Klinik zu erhöhen, liegt in der Durchführung regelmäßiger unverbindlicher und niedrigschwelliger Angehörigen-Informationstage. Im Bezirksklinikum Regensburg werden solche Veranstaltungen zweimal jährlich durchgeführt. Sie erweisen sich als effektive Möglichkeit, ein breites Spektrum an Interessierten zu erreichen. Darüber hinaus belegen Untersuchungen der Klinik, dass eine signifikante Zahl von Angehörigen, die an einem solchen Angehörigen-Informationstag teilnehmen, die Bedeutung einer zukünftig geplanten Angehörigengruppe als wichtiger einschätzen als die Personen, die dem Informationstag fernbleiben (vgl. Rothbauer et al. 2001).

Die ersten Erfahrungen nach der Durchführung von Angehörigengruppen sind teilweise mit Hilfe von Teilnehmer-Fragebögen evaluiert worden. Nach der Auswertung entwickelte sich das Bedürfnis, weitere Gruppenangebote möglichst unter dem Gesichtspunkt einer auf die Diagnose, Krankheitsdauer und Schwere der Erkrankung homogen ausgerichteten Zielgruppe zusammenzustellen. Der Vorteil liegt darin, dass Angehörige von Patienten mit relativ kurzer Krankheitsdauer oder geringer Intensität der Erkrankung nicht durch Erfahrungsberichte anderer Angehöriger darüber, welches Ausmaß an Belastungen noch zu erwarten ist, abgeschreckt würden (vgl. Pott 1996; Klank et al. 1998).

Bei der inhaltlichen Gestaltung der Angehörigengruppen können Klank et al. auf umfangreiche Erfahrungen von insgesamt neun durchgeführten Angehörigengruppen in ihrer Landesklinik im Schwarzwald verweisen. Dabei erzielen sie mit der von ihnen entwickelten Struktur der Gruppenangebote sehr zufrieden stellende Ergebnisse: „Der Ablauf der Angehörigengruppe beinhaltet sowohl psychoedukative Anteile als auch die Vermittlung des Konzepts der ‚Expressed Emotion'. Die Kombination von Information, Diskussion und Erfahrungsaustausch wurde von den Angehörigen durchgehend als positiv bewertet. Die Auswertung der Rückmeldebogen der Angehörigen weist darauf hin, daß anhand der Gruppen das Verständnis der Angehörigen für die Verhaltensweisen des Patienten gefördert werden kann" (1998, S. 29).

Die Autoren beschreiben die Gliederung ihres auf acht Abendveranstaltungen ausgerichteten Gruppenkonzeptes in vier Teile: Zunächst werden in drei Veranstaltungen Informationen gegeben, wie beispielsweise Symptome, Veränderungen der Patienten oder Behandlungsmöglichkeiten. Dann beginnt der Einstieg in themenzentrierte Diskussionen anhand von Fallbeispielen, in denen das Konzept der *Expressed Emotion* vorgestellt wird sowie Frühwarnzeichen und Formen des offenen oder verborgenen Umgangs mit der Erkrankung ausgetauscht werden. Die letzten beiden Sitzungen und Themenblöcke beinhalten schließlich außerstationäre Weiterbehandlungsmöglichkeiten sowie die Motivierung zur Weiterarbeit in ambulanten Selbsthilfegruppen (vgl. Klank et al. 1998).

Auf Seiten der Moderatoren und Fachkräfte, die die Angehörigengruppen anbieten und leiten, hat sich anhand der ersten Erfahrungen eine interdisziplinäre Zusammensetzung und Teamarbeit als sinnvoll herausgestellt. Die Kompetenz und Grundeinstellung der Moderatoren ist ebenfalls Ergebnis einiger Darstellungen. Demnach sollten sie den Betroffenen und ihren Angehörigen mit einer positiven Grundeinstellung beggnen. Eine zu frühe Konfrontation mit Selbsterfahrungsanteilen sollte vermieden werden, um das Risiko einer zu schnellen und großen Nähe zu minimieren. Darüber hinaus sollten die Familienangehörigen genau wie der Patient als Betroffene der Erkrankung anerkannt werden. Ihnen ist zu vermitteln, dass ihre Familie zwar der Ort, nicht aber die Ursache der Entstehung der Krankheit ist (vgl. Pott 1996). Zusammenfassend kann konstatiert werden, dass die in der oben genannten Form durchgeführten Angehörigengruppen sich als sinnvolle und effiziente Maßnahme zur Erweiterung des therapeutischen Angebotes einer Klinik herausgestellt hat.

Letztlich muss jedoch festgestellt werden, dass trotz der vielerorts als sinnvoll und effizient betrachteten Angehörigengruppen die Kinder scheinbar der Gruppe der Angehörigen nicht zugerechnet werden bzw. in diesem Zusammenhang nicht von großer Relevanz zu sein scheinen. Die wenigen Autoren, denen in ihren Berichten über Angehörigengruppen das Dilemma der Ausblendung der Kinder bewusst wird, weisen kritisch auf diesen Missstand hin (vgl. Heim 2001). Auch bei Küchenhoff findet sich im Rahmen seiner Ausführungen zu Angehörigengruppen eine kritische Anmerkung zur fehlenden Präsenz der Kinder: „In der eigenen langjährigen klinischen Tätigkeit in der Erwachsenenpsychiatrie fiel auf, daß (sic!) minderjährige Kinder von psychisch kranken Eltern kaum zu Besuch auf die Station kamen oder von Seiten der Therapeutinnen oder Therapeuten selten in irgendeiner Weise einbezogen wurden. Auch zu den über viele Jahre von mir geleiteten Angehörigengruppen kamen nie minderjährige Kinder" (2001b, S. 148).

3.1.3 Mutter-Kind-Angebote

Hintergrund für derartige Angebote, die eine möglichst frühzeitige Unterstützung der Mutter-Kind-Interaktion forcieren, sind die Erkenntnisse der modernen Bindungsforschung, in denen die große Relevanz der frühen Bindungserfahrungen innerhalb der Beziehung zwischen Mutter und Säugling für beide Seiten nachgewiesen werden (vgl. Stern 2000a; 2000b; Lenz 2005). Gerade die letzte Phase der Schwangerschaft und die Zeit der ersten Lebenswochen und -monate sind Zeiträume, die sowohl für die psychisch erkrankte Mutter als auch ihre Familie und professionelle Betreuungspersonen schwer einzuschätzen sind. Fragen nach der Zuverlässigkeit und adäquaten Versorgung des Kindes durch die Mutter stellen sich genauso wie Fragen danach, ob das Kind überhaupt bei der Mutter verbleiben kann oder besser fremduntergebracht wird (vgl. Bauer und Lüders 1998; Kempf et al. 2001). Insofern kommt der Konzeption und Ausstattung entsprechender stationärer Angebote, die eine Mutter-Kind-Aufnahme anbieten, eine besondere Bedeutung zu. Sie muss etwas Besonderes vorhalten, was den Erkenntnissen der Bindungsforschung entspricht und gleichermaßen die Mutter-Kind-Beziehung so stark einbezieht, dass eine Fremdunterbringung des Kindes möglichst vermieden werden kann.

Bei näherer Betrachtung der verschiedenen in der Literatur beschriebenen Formen von Mutter-Kind-Angeboten wird deutlich, dass eine Differenzierung vorzunehmen ist, und zwar in der Form, dass es einerseits Angebote für Mütter und ihre Kinder gibt, die die Kinder zwar mit aufnehmen, aber kein spezifisches, auf die Bedürfnisse der Kinder orientiertes Förderangebot oder Konzept vorhalten. Andererseits gibt es Angebote, die gezielt auf die Mutter-Kind-Interaktion eingehen und zudem spezielle Angebote für die Kinder bereitstellen, wie etwa eine Kinderwohngruppe, ein Betreuungsangebot, zusätzliche pädagogische oder therapeutische Elemente.

Zu den erstgenannten Angeboten gehört die *Mutter-Kind-Behandlung*, in deren Rahmen eine Integration der Kinder in die reguläre Pflichtversorgung der jeweiligen Klinik stattfindet (vgl. Bauer und Lüders 1998; Kempf et al. 2001). Die sehr niedrigschwellig angesetzten Voraussetzungen für eine gemeinsame Mutter-Kind-Behandlung sind die Motivation der Mutter, ihre zumindest grundlegend vorhandenen Kompetenzen zur Versorgung des Kindes sowie letztlich die stationär psychiatrisch behandlungsbedürftige Krankheit der Mutter. Bei vorhandenen Familienstrukturen werden eben diese natürlich auch in die Behandlung mit einbezogen, sei es im Rahmen des täglichen Versorgungsbedarfs für Mutter und Kind oder aber im Zusammenhang mit therapeutisch relevanten Gesprächen zur Bewältigung krankheits- oder erziehungsrelevanter Aspekte (vgl. Kempf et al. 2001). Auf der organisatorischen Ebene sieht das Konzept so aus, dass die Unterbringung des Kindes im Einzelzimmer der Mutter erfolgt, welches durch ein zusätzliches Kinderbett, Wickelkommode und sonstige Dinge für das kleine Kind zum gemeinsamen Zimmer umfunktioniert wird. Bezüglich des Alters der mit aufzunehmenden Kinder besteht allerdings die Einschränkung, dass sie das Krabbelalter nicht überschritten haben dürfen. Ansonsten würden sie nicht mehr als Begleitperson der Mutter gelten, was mit zusätzlichem Betreuungspersonal der Klinik verbunden wäre. Und genau das wäre aus finanziellen Gründen nicht möglich (vgl. ebd.). Die in dem Zusammenhang der kostenneutralen Mitaufnahme des Kindes entwickelte Formulierung hört sich schließlich wie folgt an: „Die erkrankte Mutter ist die Patientin, das Baby gilt als eine ‚die Gesundheit fördernde Begleitperson' und nimmt somit kassentechnisch keine Leistungen des Krankenhauses in Anspruch" (Kempf et al. 2001, S. 124).

Hier suggeriert der Titel der Maßnahme, nämlich *Mutter-Kind-Behandlung*, weit mehr, als letztlich angeboten werden kann. In dieser begrenzten Angebotspalette, der zu geringen Einbeziehung der Bedürfnisse der Kinder sowie der eng umgrenzten Altersspanne der mit aufzunehmenden Kleinkinder liegen meines Erachtens die maßgeblichen Kritikpunkte der ansonsten – bezogen auf die Grundidee – durchaus sinnvollen Maßnahme.

Neben der beschriebenen im klinischen Alltag integrierten Mutter-Kind-Behandlung gibt es die eingangs bereits skizzierten speziellen *Mutter-Kind-Angebote*, die sich durch ihre spezifische Ausrichtung auf die kindlichen, mütterlichen und familiären Bedürfnisse auszeichnen und auf diese Bedürfnisse individuell ausgerichtete Behandlungskonzepte vorhalten. Das geschieht beispielsweise dadurch, dass an die psychiatrische Station, in der die Betreuung der Mutter stattfindet, eine Kinderwohngruppe oder ein Hort für die Kinder angegliedert ist. Vereinzelt gibt es auch Tageskliniken oder Ambulanzen in psychiatrischen Kliniken, die gezielte Angebote vorhalten (vgl. Brandes et al. 2001; Lüders und Deneke 2001).

Anders als in der zuvor beschriebenen Mutter-Kind-Behandlung kommt den Kindern bei diesen von Brandes et al. (2001) beschriebenen speziellen Mutter-Kind-Angeboten viel mehr Aufmerksamkeit zu. Das wird beispielsweise im Rahmen des Klinikkonzeptes der Westfälischen Klinik in Lengerich unter anderem durch die eigens für die Belange der Kinder eingestellten Sozial-, und Heilpädagogen sowie Erzieher und Jahrespraktikanten deutlich, die mit einem expliziten pädagogischen Auftrag ausgestattet sind. Die pädagogischen Mitarbeiter vermitteln den Kindern in der Gruppe halt- und strukturgebende Kompetenzen im Alltag und gehen insbesondere auf die signalisierten Bedürfnisse nach Spiel in all seinen Facetten ein. Darüber hinaus gibt es in Absprache mit den Mitarbeitern der Station, auf der die Mutter untergebracht ist, das gemeinsame Einnehmen der Mittagsmahlzeiten, die Durchführung von Elterngesprächen sowie andere auf die Beziehungsstruktur ausgerichtete Maßnahmen. Die zentrale Bedeutung der Eltern-Kind-Beziehung sowie die große Wertschätzung dessen innerhalb des Konzeptes werden sehr anschaulich in folgender Aussage deutlich: „In unseren mitmenschlichen Beziehungen bilden wir uns selbst und unsere aktuellen psychischen Verfassungen ab. Psychisches Befinden und seelische Störungen spiegeln sich mit wechselseitiger Beeinflussung in der Gestaltung von Beziehungen wider. Insofern besteht für einige Therapierichtungen die Behandlung in der Herstellung heilsamer Beziehungen. Die wohl intensivste Beziehung mit den wohl überdauerndsten Lernerfahrungen stellt die Mutter- (bzw. Vater-) Kind-Dyade dar. In dieser Dyade werden u. a. Selbst-, Fremd- und Weltbilder entwickelt, ausprobiert oder verworfen, Interaktionen gelernt, Normen und Werte vermittelt, Bedürfnisse befriedigt oder frustriert, Verhaltensstereotypien am Modell gelernt, Grundüberzeugungen vermittelt und der Umgang mit Gefühlen gelernt" (Brandes et al. 2001, S. 147). Die Finanzierung läuft in diesen Fällen nicht über die Klinik, sondern über das Kinder- und Jugendhilfegesetz, in dessen Rahmen derartige Kinderwohngruppen eine Betriebserlaubnis und meist eine damit verbundene einzelfallbezogene Kostenübernahme beantragen können.

Die Effizienz entsprechender Mutter-Kind-Angebote in der Klinik lässt sich anhand der Ergebnisse einer Erhebung an 22 Müttern nachweisen: „Die Patientinnen aus der Mutter-Kind-Gruppe leiden unter weniger Schuldgefühlen und erleben weniger sozialen Druck in ihrem familiären Umfeld. [...] Die Verantwortung für die Kinder stärkt die Kräfte und Kompetenzen – die Ressourcen – der Mütter und fördert darüber hinaus einen realistischen Alltagsbezug. [...] Die Entlastung des Mutter-Kind-Systems führt zu einer Stärkung der Mutter-Kind-Bindung. [...] Die Anwesenheit der Kinder fördert die Auseinandersetzung mit geschlechtsrollenspezifischen Themen" (Lenz 2005, S. 61ff.).

Eine intensive Orientierung an der Mutter-Kind-Interaktion sowie an den Bedürfnissen der beteiligten Kinder wird in den Ausführungen von Deneke (2001b) deutlich, die – angeregt durch Erfahrungen spezieller Ambulanzen in New York und Kopenhagen – ihre eigene Spezialambulanz für psychisch kranke Mütter und ihre Kinder in Hamburg entsprechend strukturiert und modifiziert hat. Deren Angebotspalette umfasst neben der Behandlung der psychischen Erkrankung des Elternteils ebenfalls die soziale Unterstützung der Familie. Auch im Rahmen der als notwendig erachteten Psychotherapie wird nicht nur Wert darauf gelegt, dass sowohl die Kinder als auch die Eltern therapeutische Unterstützung bekommen, sondern auch darauf, dass innerhalb der Psychotherapie mit den Erwachsenen das Thema der Elternschaft eine zentrale Rolle einnimmt. Der schließlich zentralste Aspekt dieser Spezialambulanzen ist aber die „Therapie der Dyade bzw. Triade, in der positive Interaktionserfahrungen aufgebaut und verstärkt und krankheitsbedingte Verzerrungen der Interaktion abgebaut werden [...]. Diese Therapie bietet die Gelegenheit für gemeinsame lustvolle Erfahrungen, die die Grundlage positiver Repräsentanzen des Kindes und einer stabilen Bindung zwischen Eltern und Kind bilden" (Deneke 1995, S. 7). Darüber hinaus hat Deneke ihre Erfahrungen in das Konzept einer neu gestalteten Tagesklinik mit einfließen lassen und dabei bemerkenswerte Angebote für die Kinder psychisch kranker Mütter und ihre Beziehungen zu den Müttern integriert.

Die Erfahrungen der meisten Kliniken, in denen es zu einer begleiteten Aufnahme des Kindes mit einem eigenen pädagogischen Angebot kommt, werden durchweg als viel versprechend und positiv beschrieben. Brandes et al. (2001) heben in diesem Zusammenhang einen Aspekt hervor, der ihrer Meinung nach besondere Beachtung verdient: „Besonders wichtig scheint uns, dass es während der Behandlung zu einem prozesshaften, wechselseitigen Lernen von Mutter (Vater) und Kind kommt, mit positiver Auswirkung auf die Gesundung des erkrankten Elternteils und Förderung einer normalen Entwicklung des Kindes" (2001, S. 151). Diese letztgenannten Aspekte, die den interaktiven und kommunikativen Charakter einer Mutter-(Vater-)Kind-Aufnahme unterstreichen, sind auch meiner Auffassung nach von zentraler Bedeutung. Dabei kristallisiert sich heraus, dass die beiden Aufnahmen (Mutter in der Klinik, Kind in der Wohngruppe) keinesfalls isoliert und voneinander getrennt erfolgen dürfen, auch wenn unterschiedliche Kostenträger (Krankenkasse, Jugendhilfe) zuständig sind. Vielmehr muss das, was von fachlicher Seite für die Kommunikationsstrukturen zwischen Mutter (Vater) und Kind in den benannten Projekten angewandt und eingefordert wird, auch auf der Ebene der Kostenträger und ihrer Mitarbeiter (Klinikpersonal, Pädagogen) gelten. An diesen Kommunikationsstrukturen und -prozessen muss sich ein solches Konzept messen lassen, und zwar sowohl im Hinblick auf seine Effizienz im Allgemeinen als auch im Hinblick auf die Vorbild- und Modellfunktion den Patienten und ihren Kindern gegenüber.

3.2 Hilfsangebote im Rahmen der Jugendhilfe

Neben den beschriebenen Hilfsangeboten im Rahmen der Psychiatrie kommt den Hilfsangeboten im Rahmen der Jugendhilfe eine besondere Bedeutung zu. Denn die Jugendhilfe ist die Institution, die sich von ihrem Grundverständnis her für die Bedürfnisse und Belange von Kindern, Jugendlichen und deren Familien einsetzt und darüber hinaus in vielen Bereichen einen diesbezüglichen Auftrag von Politik, Verwaltung und Gesetzgeber innehat.

Auch wenn im gesamten Kinder- und Jugendhilfegesetz (KJHG) kein einziger Verweis auf die Bedürfnisse von Kindern psychisch kranker Eltern zu finden ist, gibt es doch an einigen Stellen Hinweise auf Möglichkeiten der Hilfe für betroffene Kinder und Jugendliche. Im KJHG, das seit 1991 in Kraft ist, sind die Interventionsmöglichkeiten und Formen der Interessenvertretung für Kinder, Jugendliche und ihre Familien im Rahmen der Jugendhilfe geregelt (vgl. Münder et al. 1991). Nach § 1 KJHG, der als eine Art Generalklausel dem Gesetz vorangestellt ist, haben Kinder, Jugendliche und junge Menschen bis zum 27. Lebensjahr einen Rechtsanspruch auf Leistungen der Jugendhilfe: „Jeder junge Mensch hat ein Recht auf Förderung seiner Entwicklung und auf Erziehung zu einer eigenverantwortlichen und gemeinschaftsfähigen Persönlichkeit" (ebd., S. 41).

Die einzelnen Angebote der Jugendhilfe werden in den folgenden Paragrafen des Gesetzes weiter ausdifferenziert: So behandelt der zweite Abschnitt des KJHG in den §§ 16-21 die freiwilligen Leistungen der Jugendhilfe. Zu ihnen gehören die allgemeine Förderung der Erziehung in der Familie, Beratungsangebote in Fragen der Partnerschaft, Trennung und Scheidung sowie Beratung bei der Ausübung der Personensorge. Im dritten Abschnitt werden in den §§ 22-26 verschiedene Möglichkeiten der Förderung von Kindern in Tageseinrichtungen und Tagespflege beschrieben. Zu ihnen gehören Kindergärten, Horte und ähnliche Angebote, bei denen es hauptsächlich um die angemessene Förderung der Kinder geht. Der vierte Abschnitt des KJHG mit den §§ 27-41 ist einer der umfangreichsten des Gesetzes und beschreibt die *Hilfen zur Erziehung*. Zu ihnen gehören Erziehungsberatung, soziale Gruppenarbeit, Erziehungsbeistandschaft, sozialpädagogische Familienhilfe, Erziehung in einer Tagesgruppe, Vollzeitpflege, Heimerziehung sowie sonstige betreute Wohnformen. Im Gegensatz zum dritten Abschnitt, der die freiwilligen Leistungen enthält, besteht bei den Angeboten des vierten Abschnitts KJHG eine Pflicht zur Einrichtung entsprechender Angebote für den öffentlichen Träger der Jugendhilfe. Außerdem haben Familien einen Rechtsanspruch auf die Angebote des vierten Abschnitts, der gegebenenfalls einklagbar ist (vgl. Landesarbeitsgemeinschaft für Erziehungsberatung 1998).

Wegen der zentralen Bedeutung dieses vierten Abschnitts des KJHG und aufgrund der eigenen berufspraktischen Erfahrung in verschiedenen Institutionen der Jugendhilfe werde ich im Folgenden beispielhaft drei Hilfsangebote vorstellen, die meines Erachtens sinnvoll und hilfreich für die Belange von Kindern psychisch kranker Eltern sein können.

3.2.1 Erziehungsberatung

Erziehungsberatungsstellen sollen eine flächendeckende Versorgung der Bevölkerung mit einem entsprechenden Angebot gewährleisten. Nach der Definition des § 28 (1) KJHG soll Erziehungsberatung „[...] Kinder, Jugendliche, Eltern und andere Erziehungsberechtigte bei der Klärung und Bewältigung individueller und familienbezogener Probleme und der zugrundeliegenden Faktoren, bei der Lösung von Erziehungsfragen sowie bei Trennung und Scheidung unterstützen. Dabei sollen Fachkräfte verschiedener Fachrichtungen zusammenwirken, die mit unterschiedlichen methodischen Ansätzen vertraut sind" (Münder et al. 1991, S. 155f.).

Im zweiten Teil dieses Gesetzestextes werden mit der multidisziplinären Zusammensetzung des Teams und der Qualifikation der Mitarbeiter zwei wesentliche Qualitätsmerkmale von Erziehungsberatungsstellen herausgestellt. Darüber hinaus sind die Freiwilligkeit der Inanspruchnahme und die Tatsache, dass die Beratungen kostenlos sind, wesentliche Kriterien, um die Schwellenangst der Ratsuchenden zu senken und den Zugang der Kinder, Jugendlichen und ihrer Familien zur Beratungsstelle zu erleichtern. Finanziert wird das Angebot der Erziehungsberatung durch öffentliche Mittel der Landes-, Kreis- und Stadtjugendämter sowie eines Trägeranteiles, der vom Träger der jeweiligen Einrichtung (z. B. Arbeiterwohlfahrt, Diakonie, Caritas etc.) aufzubringen ist. Das Aufgabenspektrum von Erziehungsberatungsstellen reicht von beratenden Interventionen über therapeutische Angebote für Kinder, Jugendliche und deren Familien bis hin zu präventiver Multiplikatoren- und Öffentlichkeitsarbeit, um Belastungen für Familien zu diagnostizieren und schließlich zu reduzieren (vgl. Münder et al. 1991).

Versucht man sich vorzustellen, inwiefern Kinder psychisch kranker Eltern und deren Familien von einem entsprechenden Angebot der Erziehungsberatungsstellen angesprochen werden, wird sehr schnell deutlich, dass sowohl im beraterischen als auch im therapeutischen und insbesondere im präventiven Bereich Möglichkeiten der Hilfe gegeben sind, die aufgrund des bislang beschriebenen Faktenwissens für diese Personengruppe sinnvoll und hilfreich sein können. Auch die niedrigschwellige Zugangsmöglichkeit (Kostenlosigkeit und Freiwilligkeit der Inanspruchnahme) sowie die flächendeckende Versorgung sind weitere positive Argumente für Erziehungsberatungsstellen als Hilfsangebot für Kinder psychisch kranker Eltern.

Anlass zur Kritik bietet jedoch die für Erziehungsberatungsstellen meist übliche Komm-Struktur. Die Ratsuchenden müssen den Weg in die Beratungsstelle auf sich nehmen, was für viele eine zu große Hemmschwelle darstellen kann. Besser wäre hier sicherlich eine Art Sprechstunde, beispielsweise in der psychiatrischen Klinik. Damit wäre man an dem Ort, an dem sich psychisch kranke Eltern und ihre Kinder aufhalten, und man könnte einfacher in Kontakt kommen. Darüber hinaus wäre die Fachkompetenz der Mitarbeitenden in Erziehungsberatungsstellen zu untersuchen. Diese gilt zwar als eines der Qualitätskriterien der Einrichtungen, die Frage aber, ob sich diese Kompetenz auch auf das wie beschrieben eher randständige Gebiet der Kinder psychisch kranker Eltern bezieht, muss leider allzu oft verneint werden.

3.2.2 Tagesgruppe

Tagesgruppen sind Angebote nach § 32 KJHG, die folgende Aufgaben erfüllen: „Hilfe zur Erziehung in einer Tagesgruppe soll die Entwicklung des Kindes oder des Jugendlichen durch soziales Lernen in der Gruppe, Begleitung der schulischen Förderung und Elternarbeit unterstützen und dadurch den Verbleib des Kindes oder des Jugendlichen in seiner Familie sichern" (Münder et al. 1991, S. 169). An dieser Definition wird deutlich, dass es zum Einsatz einer solchen, als teilstationär zu bezeichnenden Maßnahme erst kommt, wenn verschiedene ambulante Angebote nicht ausreichend sind oder keinen Erfolg versprechen. Mit der Tagesgruppe sollen, so ist zu lesen, weiter einschneidende Maßnahmen wie etwa Heimunterbringung vermieden werden. Das Aufgabenspektrum einer Tagesgruppe umfasst Angebote des sozialen Lernens in der Gruppe, der therapeutischen und schulischen Einzelförderung der Kinder sowie begleitende Elternarbeit. Die Zusammensetzung der 8-12 Kinder umfassenden Gruppen ist in der Regel alters- und geschlechtsgemischt und richtet sich an Kinder im Alter von acht bis vierzehn Jahren, die unmittelbar nach der Schule bis zum späten Nachmittag in der Einrichtung betreut werden.

Für Kinder psychisch kranker Eltern bietet sich in einer Tagesgruppe die Möglichkeit, dem oft pathogenen System der eigenen Familie für einen bestimmten Zeitraum zu entfliehen, ohne vollkommen von der Familie getrennt zu sein. Darüber hinaus können sowohl die einzeltherapeutischen Angebote als auch die sozialen Gruppenerfahrungen zu einer Entspannung und Weiterentwicklung des eigenen Zustands beitragen.

Die intensive Betreuung der Kinder und Jugendlichen in der Tagesgruppe erfordert natürlich auch einen hohen Aufwand an Personal- und Sachkosten, die laut Münder et al. (1991) bei 50-70% des vollstationären Pflegesatzes eines Heimes liegen. Diese Kosten werden zunächst vom örtlichen Träger der Jugendhilfe übernommen, müssen jedoch von den Eltern oder den entsprechenden Sorgeberechtigten nach Offenlegung ihrer Einkommensverhältnisse und Abzug eines Freibetrags anteilig getragen werden.

Da das Angebot der Tagesgruppe rein quantitativ in viel geringerem Umfang zur Verfügung steht, gleichzeitig aber eine erheblich intensivere Betreuung der Kinder und ihrer Eltern beinhaltet, als das im Rahmen der Erziehungsberatungsstelle der Fall ist, ist die Schwelle für ein Kind, die Erziehung in einer Tagesgruppe zu erhalten, erheblich höher. Die Eltern oder Sorgeberechtigten müssen einen formellen Antrag auf Hilfe zur Erziehung innerhalb einer Tagesgruppe stellen und sich einem so genannten *Hilfeplanverfahren* nach § 36 KJHG unterwerfen. Das bietet zwar ein gewisses Maß an Mitbestimmung, andererseits befinden sich die Eltern hier immer in der Minorität im Vergleich zu den anwesenden Sach- und Sozialarbeitern der Jugendhilfe, die mitunter die leeren kommunalen Kassen und Vorgaben des Kämmerers höher bewerten müssen als die berechtigten Interessen des Kindes und seiner Eltern. Diese Tatsache und die mögliche finanzielle Belastung tragen nicht gerade dazu bei, dass Familien mit psychischer Erkrankung, die sich bekanntermaßen des Öfteren von der Umwelt isolieren, freudig und begeistert auf ein solches Angebot zugehen.

3.2.3 Heimunterbringung

Als der wohl stärkste Eingriff in die Autonomie und Unabhängigkeit der Familie kann die Heimunterbringung bzw. die Unterbringung in einer anderen Familie oder familienähnlichen Lebensform bezeichnet werden, die im § 34 KJHG geregelt ist (vgl. Münder et al. 1991). Es ist nachzuvollziehen, dass die Beeinträchtigung oder Gefährdung eines Kindes in der eigenen Familie ein sehr hohes Maß angenommen haben muss, bevor es zu einem solchen Schritt kommt. In einigen Fällen sind die Eltern oder anderen Sorgeberechtigten einsichtig und verständnisvoll und erkennen an, dass das eigene Kind außerhalb der eigenen Familie bedeutend bessere Entwicklungs- und Entfaltungsbedingungen hat, und stimmen der Fremdunterbringung zu. In anderen Fällen jedoch ist ein Urteil des Familiengerichts einzuholen, was dann nach § 1666 BGB den Eltern das Sorgerecht für das Kind entzieht und dieses in der Regel auf das Jugendamt überträgt, das wiederum dann die Entscheidung über den weiteren Verbleib des Kindes ohne erneute Zustimmung der Eltern fällen kann. Dies geschieht erfahrungsgemäß jedoch nur, wenn eine Gefährdung für das psychische oder physische Wohl des Kindes vorliegt, die dann noch einmal zusätzlich von einem Familien- oder Vormundschaftsrichter (s.o.) bestätigt werden muss.

Hinsichtlich der Kosten gilt das Gleiche wie bei den Tagesgruppen. Auch die Möglichkeiten der Mitwirkung der Eltern oder Sorgeberechtigten sind ähnlich und werden ebenfalls im § 36 KJHG geregelt. Allen beteiligten Familienmitgliedern und Fachkräften soll im Rahmen der regelmäßig stattfindenden *Hilfeplangespräche* die Möglichkeit gegeben werden, die Maßnahme auf ihre Angemessenheit hin zu überprüfen und gegebenenfalls Schritte zur Rückführung des Kindes in die eigene Familie einzuleiten.

Für Kinder psychisch kranker Eltern ist die Möglichkeit der Unterbringung in einem Heim oder einer anderen familienähnlichen Lebensform eine letzte Form der Hilfe, die greifen kann und sollte, wenn die psychische Krankheit des Elternteils erhebliche Auswirkungen auf das Leben des Kindes hat und kein kompensierender anderer Elternteil oder Erwachsener zur Verfügung steht. Problematisch kann sich jedoch der Zeitpunkt der Herauslösung eines Kindes aus der Familie gestalten. Dieser sollte nicht zu früh, aber auch nicht zu spät gewählt werden. Hilfreich erscheint in diesem Zusammenhang die im KJHG verankerte Pflicht zum Hilfeplan, in den neben den Fachkräften auch die Erziehungsberechtigten und – je nach Alter – die Kinder einbezogen werden müssen. Denn nur im Zusammenwirken aller Beteiligten scheint die Chance auf die bestmögliche Hilfeform gegeben zu sein.

3.3 Psychotherapeutische Hilfsangebote

Als eine weitere Form der Hilfe gelten psychotherapeutische Angebote, die sowohl ambulant als auch stationär und teilstationär angeboten werden. Die Begriffe *Psychotherapie* und *Psychotherapeut* sehen sich seit der Jahrhundertwende aufgrund der Veränderungen im Rahmen des Psychotherapeutengesetzes (PsychThG) gewissen Veränderungen ausgesetzt (vgl. Faber und Haarstrick 1999). Verschiedene Definitionsversuche von *Psychotherapie* verweisen immer wieder auf eine Definition von Strotzka, die auch heute noch ihre Gültigkeit hat: „Psychotherapie ist ein bewußter und geplanter interaktioneller Prozeß zur Beeinflussung von Verhaltensstörungen und Leidenszuständen, die in einem Konsensus (möglichst zwischen Patient, Therapeut und Bezugsgruppe) für behandlungsbedürftig gehalten werden, mit psychologischen Mitteln (durch Kommunikation) meist verbal aber auch averbal, in Richtung auf ein definiertes, nach Möglichkeit gemeinsam erarbeitetes Ziel (Symptomminimalisierung und/oder Strukturänderung der Persönlichkeit) mittels lehrbarer Techniken auf der Basis einer Theorie des normalen oder pathologischen Verhaltens" (1975, S. 4).

Seit Inkrafttreten des PsychThG am 01.01.1999 ist allerdings die Berufsbezeichnung *Psychotherapeut* gesetzlich geschützt und darf nur von Ärzten, Psychologischen Psychotherapeuten oder Kinder- und Jugendlichenpsychotherapeuten geführt werden, die nach Abschluss ihres Studiums in Psychologie (bzw. bei Kinder- und Jugendlichenpsychotherapeuten in Pädagogik, Psychologie, Sozial- oder Heilpädagogik) eine staatlich anerkannte Weiterbildung absolviert haben, die zur Approbation als *Psychologischer Psychotherapeut* oder *Kinder- und*

Jugendlichenpsychotherapeut führt. Ähnliches gilt für Ärzte, die ihren *Facharzt für psychotherapeutische Medizin* absolvieren oder eine *Abrechnungsgenehmigung für Psychotherapie* erlangen. (vgl. Schwarzer und Trost 1999)

Kinder- und Jugendlichenpsychotherapeuten, bzw. bei ärztlichen Kollegen die Kinder- und Jugendlichenpsychiater dürfen die jungen Patienten bis zum 21. Lebensjahr behandeln; Psychologische und ärztliche Psychotherapeuten sind bei Vorliegen einer entsprechenden Abrechnungsgenehmigung für Kinder und Jugendliche keiner Altersbegrenzung unterworfen (vgl. Faber und Haarstrick 1999). Finanziert wird Psychotherapie als Kassenleistung in der Regel von den Krankenkassen und anderen Sozialversicherungsträgern, sofern eine *Störung mit Krankheitswert* nach den Kriterien des ICD-10 vorliegt (vgl. Schwarzer und Trost 1999).

3.3.1 Ambulante Angebote

Die überwiegende Mehrzahl der psychotherapeutisch zu behandelnden Störungen lassen sich ambulant behandeln, was dann in der Regel in freien Praxen in wöchentlichen fünfzigminütigen Sitzungen stattfindet (vgl. Schwarzer und Trost 1999). Auch im Rahmen von Erziehungsberatungsstellen wird in geringem Umfang Psychotherapie angeboten, was dann jedoch nicht mit den Krankenversicherungsträgern abgerechnet wird, sondern über die Pauschalfinanzierung der Erziehungsberatungsstellen (vgl. Menne 1996).

Bei den ambulanten psychotherapeutischen Angeboten sind mit Geltungsbeginn des PsychThG drei Verfahren (Psychoanalyse, tiefenpsychologisch fundierte Psychotherapie, Verhaltenstherapie) als wissenschaftlich anerkannt eingestuft und dürfen somit laut Psychotherapie-Richtlinien angewandt werden (vgl. Faber und Haarstrick 1999). Ein viertes Verfahren (Gesprächspsychotherapie, auch als Personzentrierte Psychotherapie bekannt) hat im Mai 2002 seine Anerkennung als wissenschaftliches Verfahren zur vertieften Ausbildung erhalten, allerdings zunächst ohne die Genehmigung zur Anwendung bei Kindern und Jugendlichen (vgl. Schäfer 2002). Diese Entscheidung stellt ein Novum dar, da bislang noch nie ein Therapieverfahren lediglich auf bestimmte Altersgruppen anerkannt wurde. „Die Fragmentierung eines psychotherapeutischen Verfahrens auf gesonderte Gruppen ist mit der immanenten Logik eines Psychotherapieverfahrens unvereinbar" (Hentze 2003, S. 5).

Auch hier wird in eklatanter Weise die Ausgrenzung der Interessen der Kinder und Jugendlichen fortgesetzt, ohne dass eine juristisch haltbare Argumentation zugrunde läge. Die drei Formen der Psychotherapie werden laut PsychThG und Psychotherapie-Richtlinien von den Krankenkassen finanziert, wenn sie der „Heilung oder Linderung einer Störung mit Krankheitswert" dienen (vgl. Faber und Haarstrick 1999; Psychotherapeutenkammer NRW 2007). Die Schwelle zur Aufnahme einer Psychotherapie ist somit – abgesehen von den indikationsbedingten Einschränkungen und den vielerorts bestehenden langen Wartezeiten – sehr niedrig angesetzt, denn nach den üblicherweise fünf probatorischen Sitzungen gelten im Rahmen der Psychotherapie-Richtlinien weitere 25 Sitzungen einer Kurzzeittherapie als gutachtenfreie Leistungen, die in der Beantragung und Bewilligung mit wenig Aufwand für die Betroffenen verbunden sind. Auch das ist neben den inhaltlichen Vorteilen ein weiterer Grund, in der Psychotherapie ein niedrigschwelliges und effizientes Angebot für die Kinder psychisch kranker Eltern und ihre Bezugspersonen zu sehen.

3.3.2 Stationäre und teilstationäre Angebote

Psychotherapeutische Angebote im stationären Setting sind in erster Linie in Kinder- und Jugendpsychiatrien (vgl. Becker 1999) und Heimen (vgl. Hufnagel 2003) angesiedelt, im teilstationären Setting sind sie in Tageskliniken für Kinder- und Jugendlichenpsychiatrie (vgl. Pleyer 2001) zu finden. Da diese Institutionen ihre Leistungen nicht, wie in der ambulanten Psychotherapie üblich, über Einzelfallabrechnung, sondern im Rahmen von Pauschal- oder Tagessatzvereinbarungen abrechnen und zudem die personelle Ausstattung oftmals multiprofessionell ausgerichtet ist (Ärzte, Ergotherapeuten, Erzieher, Kinder- und Jugendlichenpsychotherapeuten, Krankenpfleger, Sozialpädagogen etc.), gilt hier nicht die Beschränkung auf die drei als wissenschaftlich anerkannten Verfahren (s. o.). Auf den Stationen kann vielmehr eine breite Palette sich ergänzender therapeutischer Verfahren zur Anwendung kommen (vgl. Schwarzer und Trost 1999).

Wilhelm Rotthaus (2000, 2001), einer der renommiertesten Vertreter der stationären Kinder- und Jugendlichenpsychiatrie und -psychotherapie, vertritt in dem Zusammenhang die Auffassung, dass gerade ein breiterer Blickwinkel über das einzelne in Behandlung befindliche Individuum hinweg unverzichtbar ist. Im Rahmen der von ihm propagierten *Systemischen Kinder- und Jugendlichenpsychotherapie* sei die systemische Sichtweise sehr zentral und in verschiedenen Wirksamkeitsstudien mehrfach nachgewiesen. Darüber hinaus findet im Einzel-Setting der (teil-)stationären Versorgung neben der analytischen, tiefenpsychologisch fundierten und Verhaltenstherapie insbesondere die Personzentrierte Kinder- und Jugendlichenpsychotherapie ihre Anwendung (vgl. Frenzel et al. 1992).

3.4 Kind-orientierte Modellprojekte

Im Folgenden werden einige kind-orientierte Modellprojekte dargestellt, bei denen im Mittelpunkt die Arbeit mit den Kindern steht (vgl. Raiss und Ebner 2001). Das heißt nicht, dass die begleitende Eltern- oder Angehörigenarbeit ausgeblendet wird, sie steht jedoch nicht in dem Maße im Vordergrund, wie es im Rahmen der Hilfsangebote in der Psychiatrie der Fall ist. Im Rahmen der beschriebenen kind-orientierten Modellprojekte wurden besondere Konzepte entwickelt, die beispielsweise Einzelberatung, Gesprächs- und Kontaktangebote sowie themenzentrierte Kindergruppen umfassen. Zielsetzung aller drei vorgestellter Projekte ist die Vorbeugung von psychischen Störungen bei Kindern psychisch kranker Eltern (vgl. Leidner 2001; Hipp und Staets 2001; Raiss und Ebner 2001). Die Darstellung der Modellprojekte erfolgt in chronologischer Reihenfolge ihres Entstehens, sodass zunächst das bundesweit erste *Kinderprojekt Auryn* vorgestellt wird, dann das *Präventionsprojekt Kipkel* und als letztes das *Kinderprojekt Mannheim* beschrieben werden.

3.4.1 Kinderprojekt Auryn

Wesentliche Grundannahmen des Projekts sind, dass psychische Erkrankungen mannigfaltige Belastungsfaktoren für die gesamte Familie darstellen. Insbesondere die Kinder sind gefährdet, selbst psychische Auffälligkeiten zu entwickeln. Darüber hinaus trägt die noch immer bestehende starke gesellschaftliche Tabuisierung psychischer Krankheiten wesentlich dazu bei, dass Familien mit psychisch kranken Menschen sich von der Außenwelt isolieren und den Kindern somit die Chance genommen wird, im Austausch und Kontakt mit anderen wichtigen Menschen außerhalb ihrer eigenen Familie korrigierende und kompensierende Erfahrungen zu machen (vgl. Leidner 2001). Auf dieser Grundlage bildete sich 1993 an der Universitätsklinik Freiburg eine Projektgruppe bestehend aus Ärzten, Psychologen und Sozialarbeitern, die eine erste Konzeption eines präventiven Angebots für Kinder psychisch kranker Eltern entwickelten. Das bis dahin einmalige Pilotprojekt erhielt den Namen *Auryn*, benannt nach dem unbesiegbar machenden Amulett aus der *Unendlichen Geschichte* von

Michael Ende (2004). Die dreijährige Modellphase des Projekts *Auryn* begann schließlich 1995. Während der Dauer des Projekts wurde die Konzeption von den Mitarbeitern ständig weiterentwickelt, effektiviert und fortgeschrieben.

Zielgruppe des Pilotprojekts waren Familien mit einem oder zwei psychisch kranken Elternteilen, die im Einzugsgebiet der Stadt Freiburg oder eines angrenzenden Landkreises lebten. Die Kinder dieser Familien hatten die Möglichkeit, in wöchentlichen Abständen an einer themenzentrierten Kindergruppe teilzunehmen. Die Gruppe umfasste mindestens vier und höchstens sechs Kinder in altersmäßig homogener Zusammensetzung von sechs bis acht bzw. neun bis elf Jahren (vgl. Leidner 2001). Bezüglich des elterlichen Krankheitsbildes oder des Geschlechts wurde keine weitere Differenzierung vorgenommen. Durch diese Heterogenität ergaben sich immer wieder neue Konstellationen und Dynamiken. Als Einzelziele der Arbeit mit den Kindern wurden folgende Aspekte beschrieben:

- „Bestärkung der Kinder in ihrer situativen emotionalen Wahrnehmung;
- Ermutigung der Kinder, eigene Gefühle zu erleben und auszudrücken;
- Vertrauen und Sicherheit schaffen;
- kindgerechte Aufklärung und Beratung über krankheitsbedingte Einschränkungen und Verhaltensweisen der Eltern;
- Entlastung der Kinder von Schuldgefühlen;
- Entlastung der Kinder von ihrer ‚Elternfunktion';
- Freizeitgestaltung und Erleben von Unbeschwertheit;
- Selbstvertrauen aufbauen und stärken;
- Eigenständigkeit fördern;
- Förderung der Fähigkeiten und Stärken der Kinder" (Leidner et al. 1997, S. 10).

Zeitlich fanden die Gruppen über die Dauer eines halben Jahres statt, sodass jeweils zwischen sechzehn und achtzehn wöchentliche Sitzungen durchgeführt wurden. Vor Beginn jeder Gruppe wurden die Kinder zu einem oder auch zwei Einzelkontakten eingeladen. Dieses Angebot diente dazu, einerseits jedem einzelnen Kind vorab die Möglichkeit zu bieten, die Gruppenleiter und Räumlichkeiten kennen zu lernen. Andererseits konnten die Gruppenleiter sich schon vorab einen ersten persönlichen Eindruck von den Kindern machen. Darüber hinaus wurde im Vorhinein anhand eines Interviewbogens der Wissensstand der Kinder bezüglich der elterlichen Erkrankung und ihrer Erwartungen und Wünsche abgefragt (vgl. Leidner et al. 1997).

Die inhaltliche Arbeit der Gruppen gliederte sich in die drei verschiedenen Phasen, die Anfangsphase, der Hauptteil und die Verabschiedung, wobei diese Phasen jeweils wiederum unterschiedliche Module beinhalteten. In den ersten Stunden, der so genannten Anfangsphase, lag der Schwerpunkt der Arbeit auf dem gegenseitigen Kennen lernen sowohl der Räumlichkeiten als auch der Gruppenmitglieder untereinander und der Leiter. Neben zahlreichen spielerischen Elementen (z. B. spielerische Vorstellung der Namen, Kreisspiele etc.) kamen auch kreative Angebote zum Einsatz, die in erster Linie die Motivation der Kinder zur weiteren Teilnahme an der Gruppe fördern und entwickeln sollten. Als besonders wichtig wurde erachtet, dass eine Atmosphäre entstand, in der sich die Kinder sicher und geborgen fühlten, um damit im weiteren Verlauf eine sichere Basis zu entwickeln, auf der durchaus belastende Themen angegangen werden konnten.

Nach der Anfangsphase schloss sich der Hauptteil an, in dem die Themenbereiche *psychische Krankheit*, *soziale Kompetenz* und *Identität* eine große Rolle spielten. Die Abfolge der Themenblöcke galt in dem Kontext je nach Bedarf variabel, erweiterbar und nicht an eine bestimmte Reihenfolge gebunden. Als eines der thematischen Kernstücke dieser Phase sei die alters- und kindgerechte Information der Kinder über psychische Erkrankungen hervorgehoben. Diese außerordentlich wichtige Informations- und Aufklärungsarbeit beinhaltete die Darstellung von Symptomen und krankheitsbedingten Verhaltensweisen sowie Möglichkeiten der Hilfe für psychisch kranke Menschen. Die Kinder sollten anhand der ihnen vermittelten Informationen ein für sie verständliches Krankheitsbild entwickeln können.

Der dritte und letzte Abschnitt der Gruppenarbeit beinhaltete die Phase der Verabschiedung. Die Kinder bekamen eine Mappe, in der ihre angefertigten Arbeiten und Werke gesammelt wurden. Daneben wurde in Form eines Rückblickes die gesamte Arbeit innerhalb der Gruppe nochmals gemeinsam mit den Kindern reflektiert und gewürdigt.

Die einzelnen Sitzungen in sich verliefen stets nach derselben festen und somit Sicherheit und Halt gebenden Struktur. Sie dauerten jeweils zwei Zeitstunden und waren aufgeteilt in ein Begrüßungsritual mit Anfangsrunde, einen thematischen Block mit kreativen und imaginativen Bestandteilen, eine Pause, der sich anschließenden Spielphase mit der Möglichkeit zur Vertiefung der thematischen Arbeit sowie der abschließenden Verabschiedung der Kinder im Stuhlkreis.

Nach kurzer Zeit zeigte sich, dass neben der Gruppenarbeit weitere Angebote, die lediglich einen minimalen organisatorischen und zeitlichen Aufwand für die Familien beanspruchen durften, ergänzt werden mussten. Auch wurde deutlich, dass der in erster Linie präventiv ausgerichtete Ansatz der Gruppenarbeit bei einigen Kindern nicht ausreichend schien, da weit mehr als die Hälfte der Kinder bereits Verhaltensauffälligkeiten zeigten. Daher wurden zusätzlich *Kurzberatungen* und *Kurzzeitbetreuungen* als eher niedrig schwellige Angebote in die inhaltliche und konzeptionelle Arbeit des Projekts integriert.

Die *Kurzberatungen* stellten für einige Kinder und Jugendliche ein viel versprechendes Angebot dar. So konnten sie innerhalb der ein bis drei Gesprächskontakte mit den Mitarbeitern einerseits Informationen über die psychische Erkrankung des Elternteils bekommen, andererseits sehr individuelle Lösungswege und Bewältigungsstrategien entwickeln. Zudem war es möglich, persönliche Ressourcen herauszuarbeiten und dadurch positive Tendenzen und Schritte der Bewältigung zu unterstützen.

Für Kinder, die zusätzlich zum Angebot der Gruppenarbeit flankierende und tiefgreifendere Einzelangebote benötigten, wurde die Möglichkeit der *Kurzzeitbetreuung* entwickelt. Hier wurde den Kindern nach eingehender einzelfallorientierter Diagnostik ein intensives therapeutisches Beziehungsangebot unterbreitet, in dessen Kontext tiefer liegende Probleme und Konflikte Beachtung erfuhren und aufgearbeitet werden konnten.

Ein weiterer Aufgabenbereich des Projekts beinhaltete die Arbeit mit den Eltern und Angehörigen der Kinder. Dieser begleitenden Angehörigenarbeit wurde ein großer Stellenwert beigemessen, sodass intensiver Kontakt zu den Angehörigen gesucht wurde. Als einen wichtigen Aspekt im Kontext der Arbeit mit den Angehörigen formulierten die Projektmitarbeiter die größtmögliche Transparenz ihrer Arbeit. Sie versuchten, eine vertrauensvolle und stabile Beziehung zu den Eltern aufzubauen. Dabei wurde nicht verleugnet, dass die Kinder im Fokus ihrer Tätigkeit und Aufmerksamkeit standen. Daher wurden auch keine intensiven therapeutischen Gespräche mit den Eltern geführt. Stattdessen erhielten sie die Chance, ihre Selbstvorwürfe und Versagensgefühle auf Elternabenden und in Einzelgesprächen zu bearbeiten. Darüber hinaus wurde das Angebot durch lockere und entspannte Familiennachmittage ergänzt. Die Einzelziele in der Arbeit mit Eltern und Angehörigen wurden folgendermaßen definiert:

- „Bereitschaft und Interesse zur Mitarbeit wecken und stärken;
- Entlastung der Eltern von Schuldgefühlen und Versagensängsten;

- Verbesserung der Kommunikationsstruktur in der Familie durch kontinuierliche Elternarbeit;
- besseres Verstehen der Lebenssituation der Kinder;
- Einblick in die Projektarbeit mit Kindern – Herstellen von Transparenz;
- Anregung und Anleitung zu alternativem Erziehungsverhalten;
- Möglichkeit zu Kontakt und Austausch der Eltern untereinander;
- Aufbau einer vertrauensvollen Beziehung als Voraussetzung zur Krisenintervention;
- schnelle undogmatische Hilfe in Krisensituationen" (Leidner et al. 1997, S. 23f.).

Im Rahmen der Auswertung des Projekts wurden verschiedene Aspekte für wichtig erachtet: Als problematisch stellte sich unter anderem die scheinbar zu hoch angesetzte Eingangsschwelle für die Eltern heraus. Die für die Teilnahme am Projekt festgelegte Voraussetzung, dass die Eltern über Krankheitseinsicht verfügen sollten, sich mit der Teilnahme des Kindes einverstanden erklären und darüber hinaus zur eigenen Mitarbeit bereit erklären sollten, stellte eine zunächst übersehene Hürde dar. Diese festgelegten Bedingungen hatten zur Folge, dass die Eltern eher zögerlich das Hilfsangebot in Anspruch nahmen. Es deutete sich an, dass es sich bei dem Projekt mit den entwickelten Rahmenbedingungen eher um ein hoch- denn ein niedrigschwelliges Angebot handelte.

Daraus ergab sich, dass es sich schwierig gestaltete, für die gesamte Projektdauer genügend Kinder in entsprechenden Altersgruppen zusammenzufassen. Insbesondere allein erziehende Mütter, wenn sie zudem noch psychisch erkrankt waren, schafften es häufig nicht, den relativ hohen organisatorischen Aufwand zu bewältigen, ihre Kinder regelmäßig zu den Kindergruppen zu bringen. Hier wurde es erforderlich, weitere Dienste mit einzubinden.

Als positiv stellten sich unter anderem verschiedene Chancen und Entwicklungsmöglichkeiten für die Eltern und ihre Kinder heraus. Aus Sicht der Bezugspersonen wurde ihre Teilnahme am Modellprojekt überwiegend als Gewinn für sich und ihre Kinder beurteilt. Die Arbeit mit den Kindern sowohl in der Gruppe als auch in den Einzelkontakten, hatte einen hohen Entlastungsfaktor. Die Wahrnehmung von anderen gleichgesinnten Kindern, die über ähnliche Gefühle, Verwirrungen und Fantasien verfügten, war für die Kinder sehr entlastend und nahm ihnen einiges an Druck. Auch der gegenseitige Austausch und insbesondere die vielfältigen Informationen, die die Kinder über die psychische Erkrankung ihrer Eltern erhielten, dienten dem Abbau von belastenden Schuldgefühlen sowie der Korrektur eigener Fantasien und Fehlinterpretationen (vgl. Leidner et al. 1997; Leidner 2001).

Darüber hinaus konnten sie lernen, ihre Stärken zu erkennen, diese für sich auszubauen und somit ein größeres Selbstbewusstsein zu entfalten. Zusätzlich bot die Gruppe ein soziales Trainingsfeld, in dessen Rahmen neue Verhaltensweisen erprobt und alternative Erfahrungen gemacht werden konnten. Dadurch gelang es den Kindern, ein breiteres Spektrum an Verhaltensweisen zu entwickeln sowie verschiedenen Anforderungen im Alltag besser entgegenzutreten (vgl. Leidner et al. 1997).

Durch die offene Art der Kinder im Umgang mit dem Thema der psychischen Erkrankung gelang es oft, das häufig vorherrschende Schweigen in den Familien zu durchbrechen und somit bei den Eltern eine neu gewonnene Gesprächsbereitschaft zu mobilisieren (vgl. Leidner 2001).

Als ein bedeutendes Ergebnis des Modellprojekts ist zu nennen, dass es die Kommunikation zwischen Eltern und Kindern deutlich verbesserte. Das Zitat eines Vaters im Projektbericht verdeutlicht die positive Wirkung: „Wir gehen nun viel lockerer damit um und können gut darüber reden. So etwas wie Auryn müßte es in jeder Stadt geben" (vgl. Leidner et al. 1997, S. 52). Wie wichtig insbesondere die Veränderung in der Kommunikationsstruktur für die weitere Entwicklung und Entfaltung der Kinder ist, muss aufgrund zahlreicher Verweise auf diesen Bereich im Rahmen der Arbeit nicht weiter betont werden.

Das zeitlich befristete Modellprojekt *Auryn* musste aufgrund fehlender finanzieller Mittel eingestellt werden. Dennoch scheint teilweise eine Integration wesentlicher Inhalte des Modellprojekts in bestehende Institutionen, wie zum Beispiel Kliniken, Beratungsstellen oder Sonderdienste der Sozial- und Jugendämter, umgesetzt worden zu sein (vgl. Leidner 2001).

3.4.2 Präventionsprojekt Kipkel

Neben dem zuvor beschriebenen Modellprojekt *Auryn* entwickelte sich fast zeitgleich ein weiteres Projekt mit dem Namen *Kipkel.* Damit sollte ein Beratungsangebot für Familien mit minderjährigen Kindern im Alter von vier bis sieben Jahren, in denen ein oder beide Elternteile an einer endogenen Psychose oder einer schweren Persönlichkeitsstörung litten, geschaffen werden. Der regionale Einzugsbereich dieses Projekts waren das mittlere und südliche Kreisgebiet von Mettmann. An der Konzeption beteiligt waren eine Praxis für Kunst- und Psychotherapie aus Haan sowie die sozialpsychiatrischen Dienste aus Mettmann und Hilden. Ähnlich wie beim Modellprojekt *Auryn* galt das primäre Ziel der Entwicklung präventiver Hilfsangebote, die auf die Förderung von Bewältigungsmöglichkeiten und die Milderung negativer Auswirkungen der elterlichen Erkrankung auf die Entwicklung der Kinder ausgerichtet sein sollten (vgl. Hipp und Staets 2001).

Im Rahmen der Vorbereitungsarbeiten fiel den beteiligten Institutionen ebenfalls eine starke Tabuisierung des gesamten Themenkomplexes auf. Weder die Institutionen der Kinder- und Jugendhilfe noch der Erwachsenenpsychiatrie hatten die betroffenen Kinder bislang innerhalb ihrer originären Tätigkeitsbereiche wahrgenommen. Daher betrachteten die Mitarbeiter des Projekts es als ihre vorrangige Aufgabe, an der Enttabuisierung zu arbeiten und ein Problembewusstsein für die Belastungen und inneren Nöte der Kinder zu wecken.

Im Gegensatz zu *Auryn* versuchte *Kipkel* eine niedrige Eingangsschwelle für die Teilnahme am Projekt zu schaffen. Als ein besonders wichtiger Moment wurde die Gestaltung der Kontaktaufnahme betrachtet. Über weitere vertrauensbildende Maßnahmen versuchte man, ein stabiles Arbeitsbündnis mit den Eltern zu erreichen. Daher wurden Kooperationsgespräche mit den Rheinischen Kliniken Langenfeld geführt, die zum Ziel hatten, bereits frühzeitig mit dem Aufbau von Kontakt bildenden Maßnahmen beginnen zu können. Bereits während der stationären Therapie des Elternteils wurde versucht, präventive Angebote zu machen und die Beziehung zu den Familien aufzubauen.

Das Konzept von Kipkel erwies sich hierbei als eine sinnvolle Ergänzung zu dem sozialpsychiatrischen Behandlungsansatz der Klinik, der bereits den familiären Kontext mit einbezog. Darüber hinaus ermöglichte die Klinik einer Kindertherapeutin des Projekts einmal im Monat eine offene Sprechstunde durchzuführen, um so bereits frühzeitig mit den betroffenen Elternteilen in Kontakt treten zu können. Diese persönlichen, jedoch gleichermaßen noch unverbindlichen Gesprächsangebote trugen erfolgreich zum Abbau von Schwellenängsten bei. Als weitere Zugangswege zur Projektarbeit erwiesen sich die Möglichkeit der Kontaktaufnahme im häuslichen Umfeld, Vermittlungsversuche der sozialpsychiatrischen Dienste, der niedergelassenen Nervenärzte, der Jugendämter, der psychologischen Beratungsstellen und der Betreuungsvereine (vgl. Hipp und Staets 2001).

Die konkrete Arbeit gliederte sich, ähnlich wie beim zuvor beschriebenen Projekt *Auryn*, in die Arbeit mit den Kindern, die einen zentralen Stellenwert hatte, und die begleitende Elternarbeit. Bei den Kindern wurde zunächst eine ausführliche Diagnostik zur Abklärung der geeigneten Hilfen und Maßnahmen durchgeführt. Insbesondere galt es abzuklären, ob das bestehende Angebot des Projekts *Kipkel* ausreichte, oder ob bereits intensivere und weiter gehende psychotherapeutische Arbeit indiziert war. Diese anfänglich durchgeführte Diagnostik diente neben der Vertrauensbildung auch dazu, die Themen der Kinder näher zu erkennen, um diese dann im Rahmen der sich anschließenden Einzelbetreuung aufgreifen und bearbeiten zu können. In der Einzelbetreuung der Kinder stand das Spiel oder die gestalterische Arbeit im Mittelpunkt. Beides diente den Kindern als Ausdrucksmöglichkeit ihrer inneren Bilder und Gefühle. Häufig bestand in diesem Setting erstmals die Gelegenheit für das Kind, seine zum Teil verdrängten Gefühle leben und erste Lösungsschritte für sich entwickeln zu können.

Der Schwerpunkt der Arbeit mit den Eltern wurde im Setting mit der gesamten Familie durchgeführt. Vor Abschluss der Einzelbetreuung für die Kinder fand jeweils ein Familiengespräch in Anwesenheit der Kinder statt, welches vom Arzt des zuständigen sozialpsychiatrischen Dienstes moderiert wurde. Zu diesem Gespräch wurde auch versucht, die getrennt lebenden Elternteile für eine Teilnahme zu motivieren. Ein weiterer, besonders wesentlicher Aspekt innerhalb der Familiengespräche galt auch hier der umfassenden und kindgerechten Information über die Erkrankung des Elternteils durch den anwesenden Arzt. Ängste und Sorgen der Kinder, wie etwa die nach einer Vererbung der Krankheit, fanden ebenfalls Raum in den Familiengesprächen. Wichtig war dabei, dass die Projektmitarbeiter als *Anwälte des Kindes* fungierten und versuchten, die spezifische Sichtweise der Kinder mit einzubringen (vgl. Hipp und Staets 2001). Als ein weiterer, überaus wichtiger Schritt wurde die Benennung einer Vertrauensperson für das Kind betrachtet, an die sich das Kind in Krisensituationen wenden konnte. Diese Person war bei einem weiteren Familiengespräch anwesend, in dem festgelegt wurde, wann und in welcher Form sie Hilfe für das Kind leisten konnte. Darüber hinaus wurden in den Familiengesprächen spezifische Lösungen für bestimmte Problemlagen (z. B. Hilfen im Haushalt, Aufnahme des erkrankten Elternteils in eine Tagesstätte) erarbeitet und eine Stärkung familiärer Ressourcen angestrebt. Letzteres geschah insbesondere durch die Analyse positiver Problemlösungsansätze aus der Vergangenheit sowie durch die Suche nach Stärken der einzelnen Familienmitglieder.

Die Mitarbeiter des Projekts formulierten verschiedene Ergebnisse und Erkenntnisse, die ich im Folgenden kurz darstellen möchte: Auch in diesem Projekt konnten deutlich positive Entwicklungen der Kinder am Ende des Projektphase wahrgenommen werden. Die Kinder schienen an innerer Festigkeit und Selbstbewusstsein gewonnen zu haben, die Abgrenzung zum erkrankten Elternteil schien ihnen auf eine angemessene Art und Weise zu gelingen und sie konnten sich mehr ihren eigenen kindgemäßen Interessen zuwenden. Auf Seiten der Eltern konnte einerseits eine Stärkung und positive Veränderung ihrer Erziehungskompetenz beobachtet werden. Andererseits konfrontierten die durch das Projekt gestärkten Kinder ihre Eltern beispielsweise mit ihren Bedürfnissen nach Abgrenzung. Dieser Prozess löste bei dem erkrankten Elternteil häufig Ängste und Unsicherheit aus, hatte jedoch auch eine neue Übernahme von Verantwortung zur Folge. Überaus positiv zu bewerten ist zudem die Abnahme der Schuldgefühle sowohl bei den Kindern wie auch bei den Eltern.

Neben der unmittelbaren Arbeit mit den betroffenen Familien bestand eine weitere wichtige Säule des Projekts in der Öffentlichkeitsarbeit. Ziel war die Schaffung eines Problembewusstseins, um die Enttabuisierung des Themas voranzutreiben. Daneben beinhaltete die Öffentlichkeitsarbeit die Chance, zuständige Experten mobilisieren zu können, Spendengelder zu erhalten und politische Entscheidungsträger anzusprechen. Nicht zuletzt durch derartige intensive Bemühungen scheint *Kipkel* eines der wenigen Projekte zu sein, die nach Auslaufen der Modellphase nicht nur durch Spendengelder, sondern auch über eine öffentlich rechtliche Mischfinanzierung die Fortsetzung ihrer Tätigkeiten gewährleisten können (vgl. Hipp und Staets 2001). Zusammenfassend kann festgestellt werden, dass auf struktureller Ebene mit dem Projekt *Kipkel* ein interdisziplinäres und institutionsübergreifendes Kooperationsmodell entstanden ist, das zeigt, wie die gegenseitig meist hinderliche Abgrenzung zwischen Erwachsenenpsychiatrie und Jugendhilfe überwunden werden kann.

3.4.3 Kinderprojekt Mannheim

Anders als bei den zuvor beschriebenen Projekten, hat das *Kinderprojekt Mannheim* seine Wurzeln in einem thematischen Arbeitskreis. In Mannheim existiert seit 1995 ein interdisziplinärer Arbeitskreis mit dem Schwerpunkt *Kinder psychisch kranker Eltern*, dem Vertreter des Allgemeinen Sozialen Dienstes (ASD), der Kinder- und Jugendpsychiatrie, der Erwachsenenpsychiatrie, der Psychologischen Beratungsstellen (PB) und des Sozialpsychiatrischen Dienstes (SpDi) angehören. In den regelmäßig stattfindenden stadtteilbezogenen Treffen werden auch Vertreter von Schulen und Kindertageseinrichtungen mit einbezogen (vgl. Ebner und Raiss 2001). Der Arbeitskreis veranstaltete unter anderem zwei Fachtagungen zum Thema *Kinder psychisch kranker Eltern* und „setzte sich zum Ziel, das Bewusstsein für diese Klientel in den Hilfesystemen zu schärfen und die Kooperation zwischen den Institutionen zu verbessern" (Raiss und Ebner 2001, S. 3).

Im Kontext dieser Tätigkeitsbereiche und der täglichen Praxis in den unterschiedlichen Diensten und Einrichtungen ergab sich der Bedarf nach einem speziellen Beratungsangebot für die „kleinen Angehörigen" (vgl. Ebner und Raiss 2001). Es entstand die Konzeption für ein präventives und familienorientiertes Angebot, das integrative Hilfen aus den Bereichen Sozialpsychiatrie und Jugendhilfe beinhalten sollte. Ziel des Kinderprojekts war, die Lebenssituation von Kindern mit psychisch erkrankten Eltern (vor allem Psychosen, affektive Störungen, Persönlichkeitsstörungen und schwere emotionale Störungen) zu verbessern und somit psychischen Belastungen und Störungen vorbeugen zu können. Gleichzeitig sollte überprüft werden, inwiefern die Familien Angebote aus der Regelversorgung annahmen und inwieweit diese hilfreich sind. Die Dauer des Projekts mit dem Schwerpunkt auf integrativen Hilfsangeboten belief sich zunächst auf den Zeitraum von Mitte 1999 bis Mitte 2001 (vgl. Raiss und Ebner 2001).

Im Unterschied zu den zuvor beschriebenen Projekten *Auryn* und *Kipkel* beinhaltete der Ansatz etwas Innovatives, nämlich dass zwei Vertreter aus den Bereichen Psychiatrie und Jugendhilfe zusammenarbeiteten und so die ansonsten sich schwerfällig gestaltende Vernetzungsarbeit mit dem ASD und anderen Diensten gewährleisteten. Aus diesem Grund wurde für das Kinderprojekt jeweils eine zusätzliche gemeinsame halbe Stelle beim Sozialpsychiatrischen Dienst Mannheim sowie bei der Psychologischen Beratungsstelle der Evangelischen Kirchengemeinde geschaffen.

Die Kontaktaufnahme zu den betreffenden Familien verlief primär über den Sozialpsychiatrischen Dienst. Jedoch konnten auch alternative Zugangswege über andere Institutionen und Dienste, wie etwa den ASD, psychiatrische Kliniken oder niedergelassene Ärzte, bestritten werden. Insgesamt arbeitete das Kinderprojekt mit 42 Familien und 40 Kindern im Alter von sieben bis achtzehn Jahren. In den überwiesenen Familien waren fast ausschließlich die Mütter psychisch erkrankt; die häufigsten Diagnosen lauteten Schizophrenie und affektive Störungen. Fachlich wurde die Arbeit des Kinderprojekts von zwei Begleitgruppen, die sich aus Mitarbeitern der verschiedenen Dienste zusammensetzten, unterstützt. Dies erfolgte insbesondere durch regelmäßig stattfindende Reflexionssitzungen durch die Begleitgruppen (vgl. Ebner und Raiss 2001). Zusätzlich wurde eine wissenschaftliche Begleitung implementiert, die von dem *Zentralinstitut für Seelische Gesundheit Mannheim* übernommen wurde. Zu ihren Aufgaben gehörte die Supervision und Beratung sowie die Datenauswertung nach Abschluss der zweijährigen Projektlaufzeit (vgl. Raiss und Ebner 2001).

Die Projektarbeit bestand in methodischer Hinsicht aus der Abklärungs- und Interventionsphase, die sich wiederum in folgende sechs Teilbereiche untergliederten:

1. Kontaktaufnahme und Erhebung des psychosozialen Befundes
2. Fallbezogene Vernetzungsarbeit
3. Fallübergreifende Vernetzungsarbeit
4. Arbeit mit den Kindern
5. Arbeit mit den Eltern
6. Arbeit mit den Familien (Ebner und Raiss 2001).

Im Rahmen der *Kontaktaufnahme und Erhebung des psychosozialen Befundes* fand der Erstkontakt zu den Projektmitarbeitern über die dargestellten Zugangswege statt. Oft lief dies über den Sozialpsychiatrischen Dienst und wurde in Form eines gemeinsamen Erstkontakts durchgeführt. Ähnlich wie bei *Kipkel* wurde versucht, einen vertrauensvollen Kontakt zu den Eltern aufzubauen, um eine eigene Arbeits- und Beziehungsebene zu installieren. Als durchweg positiv zum Abbau von Schwellenängsten erwies es sich, wenn die Klienten zum Erstkontakt vom überweisenden Fachdienst begleitet wurden (vgl. Raiss und Ebner 2001). Zu Beginn der Arbeit wurde zunächst versucht, den eigentlichen Hilfebedarf der Kinder und ihrer Familien umfassend zu ermitteln. Dazu wurden zuerst anhand einer *psychosozialen Checkliste* einige relevante Aspekte der Familie mit einem psychisch erkrankten Elternteil genauer analysiert. Hierzu gehörten das bestehende Helfersystem, die soziale Situation, die psychische Erkrankung und Bewältigung, Versorgung und Betreuung der Kinder, Kindergarten- und Schulbesuch, Freizeit und soziale Kontakte. Ein überaus wichtiger Bestandteil der Checkliste war die Frage nach den Stärken und Ressourcen innerhalb der Familie, wie etwa die Frage danach, was die Eltern an ihren Kindern besonders schätzen und was sie selbst als Eltern bislang geleistet hatten.

Des Weiteren griffen die Projektmitarbeiter das Thema der Erkrankung auf und prüften, inwieweit aus sozialpsychiatrischer Sicht alle zur Verfügung stehenden Angebote angenommen wurden. „Leitend hierfür ist die Annahme, dass Kinder davon profitieren, wenn ihre Eltern ihre Krankheit behandeln lassen" (vgl. Ebner und Raiss 2001, S. 94). Anders jedoch als bei *Auryn* waren die Krankheitseinsicht und das Aufsuchen eines entsprechenden Facharztes keine Voraussetzung für die Teilnahme am Projekt (vgl. Ebner und Raiss 2001).

Neben der umfassenden Betrachtung der familiären Situation wurde parallel dazu eine Diagnostik mit den Kindern in der Psychologischen Beratungsstelle durchgeführt, um den psychosozialen Entwicklungsstand der Kinder einzuschätzen und die Indikation für eine präventive Einzel- oder Gruppenarbeit beziehungsweise eine therapeutische Intervention stellen zu können. Im Rahmen dieser Diagnostik mit dem Kind galt es, aktuelle Erlebensweisen und den Entwicklungsstand des Kindes emotional, kognitiv und sozial zu erfassen, um sich ein Bild von seiner Sicht seines Lebens und seinen Bewältigungsstrategien machen zu können. Ziel war es, durch eine behutsame und flexible kindzentrierte Vorgehensweise dem Kind eine positive Erfahrung zu ermöglichen und ein umfangreiches Bild seiner Lebenssituation entstehen zu lassen. So wurde bereits in der frühen Abklärungsphase durch die stark ressourcenorientierte Vorgehensweise versucht, die kindlichen Bewältigungsfähigkeiten bezüglich der elterlichen Erkrankung sowie das Selbstvertrauen des Kindes zu stärken. „Nicht oft genug hervorzuheben ist die Empfehlung, grundsätzlich zunächst das Positive, gute Lösungen (seien sie noch so klein und lange her) und Kompetenzen zu thematisieren und sich erst im zweiten Schritt den vielfältigen Problemen zu widmen" (vgl. Raiss und Ebner 2001, S. 29). Methodisch geschah dies durch Exploration im Rahmen von Gesprächen, Spiel, Verhaltensbeobachtung, Nutzung kreativer Medien, Einbeziehung vertrauten Spielmaterials und gegebenenfalls testdiagnostischen Verfahren.

Die *fallbezogene Vernetzungsarbeit* war der nächste Aspekt im Rahmen des Projektaufbaus. Nach der ausführlichen Eingangsdiagnostik fand zusammen mit der zuständigen Fachkraft des Sozialen Dienstes eine Fallbesprechung statt. Hier sollten nun die Ergebnisse ausgewertet und anhand der Auswertung ein gemeinsames Unterstützungskonzept für die Familie erarbeitet werden. Hierbei waren insbesondere Absprachen, welche einzelnen Hilfen notwendig waren, wer welche Maßnahmen durchführte und welche Kooperationspartner zuständig waren, unumgänglich.

Als nächster Arbeitsschritt wurde im Rahmen der *fallübergreifenden Vernetzungsarbeit* ein *Kooperationsfahrplan* ausgearbeitet. Dieser sollte allen beteiligten Kooperationspartnern nach Eintritt einer Familie in das Kooperationssystem einen Überblick über konkrete Hilfsangebote und vereinbarte Handlungsschritte geben. Für die an der Vernetzung beteiligten Dienste und Einrichtungen wurden zusätzlich Fallkonferenzen und Informationsveranstaltungen durchgeführt. All diese Maßnahmen sollten der Schaffung von Strukturen und dem Aufbau von systematisierten Kooperationsformen zwischen Einrichtungen der Jugendhilfe und psychiatrischen Diensten dienen. Darüber sollte sich eine gegenseitige Akzeptanz der Vertreter der verschiedenen Disziplinen entwickeln.

Wenn seitens der Erziehungsberechtigten keine Schweigepflichtsentbindung oder kein Einverständnis zur Kooperation mit anderen Hilfsdiensten vorlag, wurde die Möglichkeit einer anonymisierten Fallbesprechung genutzt. Neben dem professionellen Austausch war es auch Ziel dieser anonymisierten Darstellungen, die Klienten nach weiterer Motivation in den jeweils anderen Fachdienst vermitteln zu können (vgl. Ebner und Raiss 2001).

Die Arbeit mit den Kindern erfolgte sowohl in Form von Einzel- wie auch in Gruppenangeboten. Die überwiegende Mehrzahl der Kinder nahm das Beratungsangebot in Form von Einzelberatungen an. Die Termine fanden wöchentlich in fünfzigminütigen Sitzungen im Beratungs- oder Spieltherapieraum statt. Je nach Bedürfnislage des Kindes oder Jugendlichen konnte das Angebot über einen Zeitraum von einem Beratungsgespräch bis hin zu einer kontinuierlichen Beratung von bis zu einem Jahr gemacht werden. Abhängig von Alter und Persönlichkeit drückten die Kinder und Jugendlichen ihre Themen (z. B. Sorgen um die Eltern, Streit mit den Eltern, Geschwistern, Lehrern und anderen Personen, Überforderungen, soziale Isolation etc.) entweder in verbaler Form, im Spiel (z. B. Regelspiele, Rollenspiele, Handpuppen etc.) oder mit Hilfe kreativer Medien (z. B. Malen, Töpfern) aus. Allein durch den Ausdruck des inneren Erlebens und die wohlwollende Annahme durch den Therapeuten vollzogen sich bei den Kindern und Jugendlichen Verarbeitungs- und dadurch Entwicklungs- und Reifungsschritte (vgl. Raiss und Ebner 2001.

Aufgrund unterschiedlicher Schwierigkeiten veränderte sich die Bedeutung der Kindergruppe im Projektzeitraum. Anfangs war sie als zentrale Intervention für die Kinder gedacht, im Verlauf des Projekts stellte sich jedoch heraus, dass sie für viele Kinder nicht das vordringlichste und nicht das geeignete oder für sie annehmbare Mittel war. Es gab eine Reihe von pragmatischen Gründen, wie etwa eine zu geringe Zahl von Anmeldungen in den relevanten Altersklassen oder organisatorische Schwierigkeiten, die erst nach einiger Anlaufzeit die Gruppenarbeit mit vier Kindern über einen Zeitraum von einem Jahr ermöglichten. Die Kinder waren zwischen neun und elf Jahren alt und durch teilweise schwere Krankheitsverläufe der Eltern schon vielen Belastungen ausgesetzt. Sie trafen sich fünfzehn Mal in wöchentlichem Abstand für jeweils 90 Minuten. Geleitet wurde die Gruppe vom Projektmitarbeiter der psychologischen Beratungsstelle und einer Kollegin. Als Methode wurde das Kindergruppenpsychodrama eingesetzt. Diese Methode schien besonders geeignet, Erfahrungen der Kinder zu reinszenieren. Durch Symbolspiel und die kooperative Hilfe der Gruppe wurden Spontaneität und Kreativität freigesetzt, was dazu beitrug, Problemlösungen zu erarbeiten.

Vorrangiges Ziel der Gruppenarbeit war es, den Kindern die Möglichkeit zu bieten, ihre familiäre Lebenssituation emotional besser verarbeiten zu können und sie in ihren Ich-Funktionen wie Selbst- und Fremdwahrnehmung oder Kontakt- und Abgrenzungsfähigkeit zu stabilisieren. Die beabsichtigten Zieldefinitionen der Gruppenarbeit, die weitgehend den Zielvorstellungen der vorab beschriebenen Projekte ähneln, werden hier wie folgt formuliert:

- „Kindern in vertrauensvoller, unbeschwerter Atmosphäre die Erfahrung zu ermöglichen, ‚Kind sein zu können'.
- Stärkung vorhandener Fähigkeiten, Entwicklungen und Förderung von Selbstvertrauen.
- Entwicklung von geeigneten Strategien zur Bewältigung des Alltags.
- Altersgerechte Information und Beratung über krankheitsbedingte Verhaltensweisen und Einschränkungen der Eltern.
- Entlastung von Schuldgefühlen und Verantwortung.
- Hilfestellung bei Vermittlung und Inanspruchnahme von Jugendhilfeeinrichtungen" (Raiss und Ebner 2001, S. 7).

Die begleitende *Arbeit mit den Eltern* vollzog sich im Rahmen von Einzel- oder Gruppenberatung. Die Eltern sollten die Möglichkeit bekommen, ihre Ängste, Unsicherheiten und Sorgen anzuschauen, auszudrücken und abzubauen. Gleichzeitig war die Erwartung und Zielsetzung, dass die Eltern ihre eigenen Fähigkeiten erkennen und dadurch eine Kompetenzsteigerung entwickeln konnten. Schuldgefühle sollten verringert und abgebaut, das Verständnis für die Bedürfnisse ihrer Kinder sollte ausgebaut werden. Des Weiteren galt es, die Eltern dazu motivieren, konkrete Hilfsangebote in Anspruch zu nehmen.

Die *Arbeit mit den Familien* fand zusätzlich zu der Arbeit mit den Kindern und Eltern im Rahmen von Familiengesprächen statt. Diese dienten dazu, eine positive Familienidentität zu stärken und zu entwickeln, das Zusammenleben zu unterstützen und die Kommunikations- und Konfliktfähigkeit in der Familie zu verbessern. Darüber hinaus sollten durch die Familiengespräche Selbsthilfeprozesse angeregt und neue Lösungswege entwickelt werden. Ermutigt durch die Erfahrungen aus dem Projekt *Kipkel* wurde in die Familienberatung das elementar wichtige Thema *Kindbezogene Aufklärung über die Krankheit* aufgenommen, was ursprünglich als Teil der Einzel- oder Gruppenarbeit mit den Kindern geplant gewesen war. Durch die Arbeit im Familiensetting sollte das häufig vorherrschende Tabu „Darüber spricht man nicht!" gelöst und den Eltern ein Modell geboten werden, anhand dessen es möglich war, mit ihren Kindern über ihre Krankheit zu sprechen. Ebenfalls als Anregung aus dem Projekt *Kipkel* wurde die Benennung einer Vertrauensperson, die unabhängig von den Eltern zur Verfügung stand, mit aufgenommen.

Die Ergebnisse und Erfahrungen des *Kinderprojekts Mannheim* waren in vielerlei Hinsicht bemerkenswert. Zunächst einmal zeichnete sich das *Kinderprojekt Mannheim* durch eine hohe Anzahl von wöchentlichen Kontakten zu den Familien aus. Im Durchschnitt fanden 10,26 Kontakte pro Familie statt, davon 5,3 Kontakte mit den Eltern oder Kindern und 4,9 Kooperationskontakte (vgl. Ebner und Raiss 2001). Eine weitere wichtige Erfahrung stellte die deutlich spürbare Erleichterung der Eltern dar, in den Projektmitarbeitern Ansprechpartner für alle Fragen, die sich in jeglichen Lebenssituationen ergaben, gefunden zu haben. Deutlich wurde, dass einerseits ein Bedarf an Unterstützung vorhanden war, andererseits die Zuständigkeiten und Leistungsangebote der Fachdienste untereinander sowie bei den Betroffenen noch nicht ausreichend bekannt waren. Auf beiden Seiten, also sowohl bei den betroffenen Familien als auch bei den Institutionen, wurde eine deutliche Ambivalenz bezüglich der Akzeptanz von Unterstützungs- und Kooperationsmaßnahmen festgestellt.

Bewährt hat sich in diesem Zusammenhang eine Vernetzung verschiedener Institutionen und die Zusammenführung zweier existierender Dienste bei der Projektdurchführung. Diese Dienste sollten als Regelfall stets mit dem ASD zusammenarbeiten. Durch ein solches Vorgehen konnten fallbezogen zahlreiche Lösungsschritte und Unterstützungsangebote entwickelt werden, fallübergreifend kam es zu einer Verbesserung und Intensivierung von Kooperation. Des Weiteren konnten die Thematik und das Projektkonzept der Öffentlichkeit präsentiert und bekannt gemacht werden. Auffallend war die hohe Zahl an Klienten, die vornehmlich durch den ASD sowie den Sozialpsychiatrischen Dienst zugewiesen wurden. Sie war weitaus größer als die Zuweisungen der stationären und ambulanten Psychiatrie. Die Gründe für diese Diskrepanz werden von den Projektmitarbeitern noch näher untersucht.

Die Erfahrungen des Projekts haben gezeigt, dass ein sehr differenziertes und flexibles Vorgehen, das auf die Bedürfnisse der Klienten abzustimmen ist, notwendig scheint. Sämtliche kindbezogenen Interventionen müssen grundsätzlich in ein familienorientiertes Konzept eingebettet sein, um die Gewährleistung der emotionalen Zuwendung und der haushaltsbezogenen Versorgung sicherzustellen, eine krankheitsbezogene Aufklärung der Kinder zu gewährleisten sowie ein Beratungsangebot bei Erziehungsproblemen und eine Unterstützung der Kinder bei der Verarbeitung krankheitsbedingter Erfahrungen anbieten zu können (vgl. Raiss und Ebner 2001). Bezogen auf die Unterstützung der Kinder bei der Verarbeitung belastender Erfahrungen haben die Projektmitarbeiter folgendes Vorgehen als positiv erachtet: In akuten Situationen (z. B. Trennung von dem kranken Elternteil durch stationäre Behandlung, Suizidversuch eines Elternteils) und bei Themen, die verbal bearbeitet werden können, hat sich die Arbeit im Einzelsetting bewährt. Zur Bewältigung emotionaler Themen (z. B. Verantwortungsübernahme, Schuldgefühle), die von den Kindern nicht primär in verbaler Form verarbeitet werden können, sowie zur Förderung der Persönlichkeitsentwicklung ist ein Gruppenangebot die sinnvollere Maßnahme. Nicht zu vergessen ist in diesem Kontext die spezifische Erfahrung, die eine Gruppe ermöglichen kann, nämlich die, nicht allein von einem Thema betroffen zu sein. Im Rahmen der Auswertung des Projekts stellte sich heraus, dass bei der Gewichtung der Angebote im Vordergrund die Einzelberatung der Kinder und der Eltern, danach die Familienberatung, die Paarberatung und erst dann die Gruppenarbeit standen.

Bemerkenswert war auch der sich immer wieder abzeichnende große Bedarf an fallbezogener Kooperation zwischen der Familie und den beteiligten Institutionen. Eine besondere Schwierigkeit bestand hier in der Fülle und Unterschiedlichkeit der Problembereiche, der damit verbundenen Zuständigkeit verschiedener Fachdienste und der andererseits begrenzten Aufnahme- und Beziehungsfähigkeit der Familienmitglieder. Da es einen Zentraldienst oder ein so genanntes Versorgungszentrum, in dem alle Hilfen und Unterstützungsangebote gebündelt angeboten werden können, in naher Zukunft nicht geben wird, ist es wichtig, die Zergliederung der Hilfesysteme abzumildern, indem einzelne Vertreter sich als Anlaufstelle anbieten und möglichst breit gefächerte Angebote zur Verfügung stellen. Verbesserungen der Angebotspalette könnten erfolgen durch Hausbesuche, Außensprechstunden, Konsiliardienste, begleitete Besuche bei anderen Institutionen, regelmäßige Helferkonferenzen etc. Beim Projekt wurde vorrangig, entsprechend der Ausrichtung und Zielsetzung, auf Beratung und Familien erhaltende Hilfen gesetzt. Priorität hatte aber immer das Wohl des Kindes, sodass kontrollierende und stärker in die Autonomie der Familie eingreifende Maßnahmen wie etwa Betreuungsangebote, Unterbringung der Erwachsenen oder Herausnahme des Kindes nicht immer abwendbar waren, wenn die Möglichkeiten der Beratungsangebote erschöpft waren (vgl. Raiss und Ebner 2001).

Seit Ende des Projekts ist es gelungen, Klienten mit Hilfe von Spendengeldern weiter zu betreuen. Die Projektmitarbeiter bemühen sich, ihre bisherigen Abklärungs- und Beratungsangebote aufrechtzuerhalten und weiterzuentwickeln. Mit der Zielvorstellung, diese Tätigkeiten im Bereich der Regelversorgung zu integrieren, erarbeiteten sie eine Informationsvorlage für den Jugendhilfeausschuss der Stadt Mannheim. Durch eine angestrebte zweijährige Nach-Projektphase soll einerseits die Versorgung der bisherigen Nachfrage gewährleistet und andererseits die notwendige Vernetzung zwischen den Institutionen verstärkt und fortgesetzt werden.

Letztlich muss im Rahmen der kritischen Anmerkungen an den beschriebenen Modellprojekten erwähnt werden, dass Gruppenangebote nicht immer für alle Kinder und Situationen geeignet sind, weshalb eine genaue Indikationsstellung erfolgen muss. Außerdem muss neben den beschriebenen positiven Entwicklungsprozessen im Rahmen der Gruppenangebote stets berücksichtigt werden, dass die Kinder während der überwiegenden Zeit in ihren gewohnten Strukturen leben, in die sie auch nach noch so hilfreichen Gruppensitzungen wieder zurückgehen. Schließlich ist bei der zeitlichen Begrenzung derartiger Modellprojekte immer auch die Möglichkeit der Nachsorge für die am Projekt teilnehmenden Personen zu verankern (vgl. Anders und Wagenblass 2000).

3.5 Institutionelle Schwierigkeiten bei der Entwicklung von Hilfsangeboten

Verschiedene Arbeitskreise und Fachtagungen zum Thema *Kinder psychisch kranker Eltern* kommen zu der Erkenntnis, dass die Situation der Familien immer noch nicht in ausreichendem Maße wahrgenommen wird. Die Kooperation der Fachdienste wird häufig als unzureichend beschrieben, die Kompetenz der Anbieter gilt als verbesserungswürdig. Darüber hinaus wird die mangelhafte Finanzierung präventiver Projekte kritisiert (vgl. Raiss und Ebner 2001; Anders und Wagenblass 2000). Auch Wagenblass und Schone (2001a) sehen die Defizite und beschreiben die Problematik folgendermaßen: „Die Gründe dieser defizitären Versorgungslage sind vielfältiger Art und sind nicht nur auf fehlende finanzielle und personelle Ressourcen oder mangelnde Fachkenntnisse der Professionellen, sondern vor allem auf die strukturellen Konfliktlinien und Spannungsfelder zurückzuführen. Die Komplexität der Problematik der betroffenen Kinder und ihrer Familien verlangt ein vielfältiges und flexibles Setting an Hilfen, das jedoch nur dann wirksam werden kann, wenn die in diesem Beitrag skizzierten Konfliktlinien und Spannungsfelder offensiv bearbeitet und die Kommunikation zwischen den fallbeteiligten Institutionen intensiviert wird."

3.5.1 Kooperation der Fachdienste untereinander

In der Fachöffentlichkeit besteht Konsens darüber, dass die Kooperation der Fachdienste untereinander häufig unzureichend ist. Gleichzeitig existiert oftmals der Wunsch nach einer interdisziplinären Vernetzung und fallbezogenen Kooperation (vgl. Raiss und Ebner 2001; Lenz 2005). Trotzdem gestaltet sich die Kooperation immer wieder schwierig, was nach Ansicht der Mitarbeiter verschiedener Projekte auf unterschiedliche Ursachen zurückzuführen ist. Bei dem Versuch, diese Ursachen näher zu klassifizieren, scheint es nahe liegend, zwischen klientenbezogenen, kommunikativen und institutionellen Aspekten zu differenzieren.

Den klientenbezogenen Aspekten zuzurechnen ist, dass die Kooperation in nicht unerheblichem Maße von der Motivation der Betroffenen und ihren Familien sowie deren Bereitschaft zur Mitarbeit abhängig ist (vgl. Ebner und Raiss 2001). Zu nennen wäre hier beispielsweise die Bereitschaft, die Institutionen wechselseitig von ihrer Schweigepflicht zu entbinden. Diese kann gesteigert werden, wenn es den beteiligten Mitarbeitern gelingt, den Familien ein hohes Maß an Offenheit und Transparenz entgegenzubringen (vgl. Raiss und Ebner 2001).

Kommunikative Aspekte beinhalten unter anderem die Einbeziehung sämtlicher Fachkräfte, die mit den Familien in Kontakt stehen (vgl. Wagenblass und Schone 2001a; Raiss und Ebner 2001). Die interdisziplinäre Kooperation zwischen den beteiligten Fachkräften sollte möglichst frühzeitig einsetzen (vgl. Bischoff 2001). Ein Modell effektiver und gut strukturierter Vernetzung stellt der *Kooperationsfahrplan* im Kinderprojekt Mannheim dar (vgl. Ebner und Raiss 2001). Die Vernetzungsarbeit muss vor allem auf der Mikroebene (Station, Bezirk, Team) geleistet werden und ist zudem sehr zeitaufwändig, mühsam und konfliktreich (Raiss und Ebner 2001). Als weiterer kommunikativer Aspekt kann die Öffentlichkeitsarbeit bewertet werden, die als unterstützend und notwendig für die Vernetzungsarbeit erachtet wird (vgl. Leidner et al. 1997; Hipp und Staets 2001; Ebner und Raiss 2001). Schließlich ist die Entwicklung und Entfaltung einer gemeinsamen Sprache, die von allen Beteiligten verstanden wird, von großer Bedeutung (vgl. Hipp und Staets 2001). Ist die Sprache zwischen den beteiligten Professionen oder zwischen den Fachkräften und den Familien beispielsweise zu verschieden, kommt es zu Kommunikations- und Kooperationsblockaden.

Bei den institutionellen Aspekten innerhalb der Kooperation der Fachdienste ist an erster Stelle die Kooperation zwischen Jugendhilfe und Erwachsenenpsychiatrie zu nennen (vgl. Wagenblass und Schone 2001a; Lenz 2005). Diese besondere Schnittstelle hat große Auswirkung auf die verschiedenen Hilfsangebote, was in der Auswertung des Kinderprojekts Mannheim deutlich zum Ausdruck kommt: „Kooperation zwischen Jugendhilfe und Psychiatrie ist eine unabdingbare Voraussetzung, um für Kinder und Familien wirksame Hilfen anbieten zu können. Nach unseren bisherigen Erfahrungen ist dies noch nicht immer Standard professionellen Handelns, d. h. im Bewußtsein (sic!) der Helfer verankert und im Alltag umgesetzt" (Ebner und Raiss 2001, S. 101).

Das Bewusstsein für die Notwendigkeit einer interdisziplinären Zusammenarbeit scheint vorhanden zu sein und sich auch zu entwickeln. Trotzdem entstehen immer wieder neue Konflikte und Spannungsfelder, die vorwiegend auf struktureller Ebene anzusiedeln sind (vgl. Wagenblass und Schone 2001a). Beispielhaft sind hier diverse gegenseitige Vorurteile, die unterschiedliche Sprache in der Psychiatrie bzw. Jugendhilfe sowie die vermeintlich nicht vorliegende Zuständigkeit der Erwachsenenpsychiatrie für Kinder und Jugendliche zu nennen (vgl. Anders und Wagenblass 2000). Es hat sich gezeigt, dass entsprechende Kooperationsbeziehungen in Einzelfällen durchaus gut funktionieren, die Implementierung institutionalisierter und dauerhafter Formen der Vernetzung hingegen gestalten sich äußerst problematisch (vgl. Wagenblass und Schone 2001a). Bischoff (2001) sieht bereits eine gesetzliche Verankerung von Kooperation im Rahmen der Hilfeplanung (§ 36 KJHG) und fordert in dem Zusammenhang einen Prozess des Umdenkens bei den beteiligten Institutionen und die Entwicklung neuer Formen der Kommunikation und Kooperation der Hilfesysteme untereinander. Als Beispiel derart gelungener Kooperationsbestrebungen beschreibt sie das Modell einer Clearingrunde, die seit mehreren Jahren erfolgreich in Wiesbaden durchgeführt wird.

Zusammenfassend kann man unter fachlichen Gesichtspunkten nur an alle Beteiligten appellieren und die Forderung der Mitarbeiter des Kinderprojekts Mannheim unterstreichen: „Kooperation sollte keine Freiwilligkeit oder individuelle Präferenz, sondern professioneller Standard sein. Ebenso positiv ist es, die Möglichkeiten anderer Fachdienste und Berufsgruppen zu kennen, sich in seiner Unterschiedlichkeit anzuerkennen statt zu konkurrieren, eventuelle negative Erfahrungen nicht zum Leitbild werden zu lassen, sondern immer wieder neu den Versuch zu gelingender Zusammenarbeit zu wagen. [...] Kooperation ist schwierig und wird es vermutlich immer bleiben. Sie ist aber bei unserem Thema der einzige Weg, der zum Erfolg für die Betroffenen und zu einer erfolgreichen Arbeit professioneller Helfer führen kann" (Ebner und Raiss 2001, S. 101).

3.5.2 Finanzierung der Hilfsangebote

Während die erstgenannten Hilfsangebote (Psychiatrie, Jugendhilfe, Psychotherapie) über einen zumindest grundlegenden finanziellen Rahmen verfügen und lediglich über mitunter auftretende Kürzungsbestrebungen ihrer Finanzen zu klagen haben, sieht die Situation bei den letztgenannten Modellprojekten vollkommen anders aus. Von einer soliden finanziellen Grundlage für diese Modellprojekte mit präventivem Ansatz kann keine Rede sein. Finanzielle Mittel sind hier lediglich in begrenztem Umfang vorhanden, da sich die Finanzierung in der Regel auf den begrenzten Zeitraum des jeweiligen Projekts beschränkt (vgl. Wagenblass und Schone 2001a).

Die meisten der dargestellten Angebote und Modellprojekte werden über eine Anschubfinanzierung gefördert, die häufig in Form einer so genannten Impulsfinanzierung erfolgt. Dies ist eine öffentliche Mischfinanzierung mit einem fest eingeplanten Anteil von Spendengeldern. Das Kinderprojekt *Auryn* beispielsweise wurde aus Mitteln des Landesjugendamts, der Aktion Sorgenkind und einer Stiftung finanziert (vgl. Leidner et al. 1997). Mit Beendigung der in der Regel zwei bis drei Jahre andauernden Projektphasen bricht die finanzielle Grundlage oft weg, sodass die Projekte nach Ablauf der Impulsfinanzierung häufig in existenzielle Krisen geraten und eine Weiterarbeit nicht mehr möglich ist.

Wagenblass und Schone machen für diese defizitären finanziellen Rahmenbedingungen die aufgespaltene Zuständigkeit bei den Zuschussgebern (Jugendhilfe, Sozialhilfe, Krankenkassen etc.) verantwortlich und sehen darin eine der wesentlichen Ursachen für das Fehlen geeigneter Kooperations- und Vernetzungsprojekte: „Jeder Bereich versucht, sich auf seiner ihm vom Gesetzgeber zugewiesenen fachlichen Insel so gut wie möglich einzurichten. Für die Brücken fühlt sich keiner zuständig. Die komplexen Problemsituationen von Familien mit psychisch kranken Eltern(teilen) erfordern allerdings solche Brücken, weil sonst die Reibungsverluste zu hoch werden und – um im Bild zu bleiben – immer wieder mal ein Kind (oder Elternteil) *ins Wasser fällt*" (ebd.).

Aufgrund dieser unsicheren Finanzierungsgrundlage kann es zu keiner Kontinuität in der Arbeit mit Kindern psychisch kranker Eltern kommen, was eine effektive Präventionsarbeit maßgeblich erschwert. Zur Veränderung dieser Problematik ist eine Überleitung von der Impulsfinanzierung in die Regelfinanzierung (z. B. über das KJHG (§§ 27ff.) oder das BSHG) sowie die Bereitschaft zur Mischfinanzierung (z. B. bei der stationären Aufnahme von Mutter und Kind) unerlässlich. Dies erfordert jedoch eine weitaus höhere Flexibilität, Kreativität und Weitsichtigkeit auf Seiten der Kostenträger, die bislang eher selten vorzufinden ist und die es entsprechend einzufordern gilt (vgl. Wagenblass und Schone 2001a).

Eine erfreuliche Ausnahme stellt das Präventionsprojekt Kipkel dar, welches nach dem Ablauf der Modellphase in die Lage versetzt wurde, über eine öffentlich rechtliche Mischfinanzierung die Arbeit fortzusetzen (vgl. Hipp und Staets 2001). Durch eine solche Fortsetzung der Projekte kann es gelingen, qualifizierte Mitarbeiter mit entsprechender Fachkompetenz im jeweiligen Arbeitsbereich zu halten. Sie können die bereits vorhandenen Angebote weiterentwickeln und wichtiges Erfahrungswissen aus den Modellprojekten in bestehende Institutionen integrieren.

Schließlich muss im Zuge des Vergleichs mit anderen Ländern festgestellt werden, dass die Finanzierungspraxis dort eher fortschrittlicheren Charakter hat. In England und Frankreich beispielsweise wird die gemeinsame Betreuung von Mutter und Kind in der psychiatrischen Klinik seit Jahrzehnten praktiziert. In Deutschland hingegen stellt sie wie beschrieben immer noch die Ausnahme dar, da die Krankenkassen nicht bereit sind, die entsprechende Mutter-Kind-Behandlung zu finanzieren. Sie ist somit vom zusätzlichen Engagement der Klinikleitung und der Mitarbeiter abhängig (vgl. Knuf 2000).

3.5.3 Kompetenz der Anbieter

Ein weiterer wichtiger Aspekt in der Arbeit mit Kindern psychisch kranker Eltern stellt die häufig unzureichende fachliche Kompetenz der Anbieter von Hilfsangeboten dar. Viele von ihnen weisen zwar auf ihren eigenen Tätigkeitsbereich spezialisierte Fähigkeiten auf, andere in diesem Kontext erforderliche Fachkompetenzen wie etwa psychiatrisches Wissen für Jugendhilfemitarbeiter oder jugendhilfespezifische Kenntnisse bei Mitarbeitern der Psychiatrie sind jedoch nur selten gegeben (vgl. Anders und Wagenblass 2000; Schone und Wagenblass 2001). So weisen Schone und Wagenblass (2001) darauf hin, dass die Jugendhilfe nach wie vor über wenig Kenntnisse bezüglich der Probleme und des Bedarfs an Unterstützung betroffener Kinder und ihrer Familien hat. Als Begründung führen sie an, dass sich die Eltern und die Minderjährigen besonders zurückhaltend bei der Inanspruchnahme öffentlicher Hilfen zeigen. Zudem wird selbst bei der Annahme eines Hilfsangebotes nicht offen über die psychische Erkrankung eines Elternteils gesprochen. Das führt dazu, dass von den Eltern die Auffälligkeiten ihrer Kinder in den Mittelpunkt ihres Hilfeersuchens gestellt werden, die zugrunde liegende psychische Störungen der Eltern jedoch nicht zum Thema gemacht wird. Deneke kritisiert ebenfalls – hier aus Sicht der Psychiatrie – die mangelhafte Kooperation der Dienste untereinander und moniert zudem das fehlende Fachwissen in Bezug auf die Nachbardisziplinen: „Soziale Betreuungs- oder Unterstützungsangebote beziehen sich nur auf Teile des Systems, die Hilfemöglichkeiten und auch ihre Finanzierungswege sind zersplittert, die Verständigung zwischen den verschiedenen Teilen des psychosozialen Versorgungssystems ist unzureichend. Vor allem reicht das Fachwissen der einzelnen Experten nicht aus, um die Zersplitterung zu überwinden. Die für die Erwachsenen Zuständigen wissen zu wenig über die Kindesentwicklung, die für die Kinder Zuständigen zu wenig über psychische Krankheit, alle zusammen zu wenig darüber, was Familien brauchen" (2001a, S. 89f.). Die Erkenntnisse der drei Modellprojekte Auryn, Kipkel und Mannheim bestätigen ebenfalls eine häufig fehlende aufgabenspezifische Kompetenz und Erfahrung der Institutionen und Fachdienste im Umgang mit den betroffenen Familien.

Für sinnvolle Hilfsangebote ist es ist jedoch außerordentlich wichtig, einen gewissen Informationsstand bezüglich psychischer Erkrankungen, wie etwa die Symptome, deren Folgen oder die Auswirkungen auf die Emotionalität und familiären wie sozialen Beziehungen, zu haben. Auch Beeinträchtigungen hinsichtlich der Motivation betroffener Personen, der Fähigkeiten sich zu artikulieren und zu denken sowie bei der Kontaktgestaltung zwischen Betroffenen und Mitarbeitern sind vielschichtig und bei der Arbeit mit Familien mit psychisch erkrankten Eltern zu berücksichtigen (vgl. Ebner und Raiss 2001).

Um fehlende Fachkenntnis zu kompensieren beziehungsweise dennoch adäquate Hilfeleistungen für die Familien anbieten zu können, ist der Aufbau von Kooperationsbeziehungen und -formen vor allem zwischen Erwachsenenpsychiatrie und Jugendhilfe unerlässlich. Durch die Zusammenarbeit kann eine Erweiterung und Flexibilisierung der Angebote und Hilfen erfolgen, darüber hinaus können die einzelnen Institutionen entlastet werden. Ebner und Raiss weisen in diesem Zusammenhang folgerichtig auf den zentralen Stellenwert der Kooperationsbemühungen einzelner Fachdienste hin: „Begünstigend ist, wenn der Informationsstand über psychische Erkrankungen und ihre Auswirkungen auf Kinder hoch ist, die Perspektive der Kinder in jedem Falle einer Erkrankung eines Elternteils berücksichtigt wird und nicht erst, wenn das Kind oder die Eltern Probleme anbieten, ein Konsens darüber besteht, dass multiple Fragen (psychiatrische, psychologische, soziale) auch multiple Antworten erfordern, mit denen eine Fachgruppe von vornherein überfordert ist" (Ebner und Raiss 2001, S. 101).

Resultierend aus diesen Erkenntnissen haben sich an verschiedenen Stellen erfolgreiche Kooperationsformen etabliert. Exemplarisch sei hier die für den tagesklinischen Bereich im Behandlungskonzept angewandte Vorgehensweise des „case-management" genannt. In diesem Konzept wird von der Tagesklinik zunächst eine Einschätzung der familiären und lebensweltlichen Situation der psychisch erkrankten Mütter vorgenommen, wobei hier frühzeitig eine enge Zusammenarbeit mit der Jugendhilfe und dem Amt für Soziale Dienste gesucht wird. Dies dient der besseren Planung von Unterstützungsmöglichkeiten für die Kinder und der Integration langfristig angestrebter Hilfen zur Erziehung nach dem KJHG (vgl. Lüders und Deneke 2001).

Schließlich muss aber auch betont werden, dass mangelndes Fachwissen nicht mit Inkompetenz gleichzusetzen ist. Der Anspruch, in allen Bereichen gleichermaßen kompetent zu sein, ist meist zu hoch angesetzt. Stattdessen gilt es, sich vom Einzelkämpferdasein zu verabschieden und Wege der Kooperation zu suchen. Fachkräfte können nicht alles wissen, müssen aber über das Wissen verfügen, wo sie entsprechende Informationen erhalten (vgl. Anders und Wagenblass 2000). Wichtig in diesem Zusammenhang scheint die Möglichkeit, sich regelmäßig über den aktuellen Stand in Wissenschaft, Forschung und Praxis informieren und Fortbildungsangebote wahrnehmen zu können. Als richtungweisend können hier bundesweite Fachtagungen und die Einrichtung eines bundesweiten Netzwerks gelten (vgl. Lisowsky 2001; Kinderschutz-Zentren 2004; 2005).

3.6 Schwierigkeiten bei der Inanspruchnahme der Hilfsangebote

Während im vorausgegangenen Abschnitt die Schwierigkeiten eher aus der Perspektive der Institutionen betrachtet worden sind, werde ich im folgenden Abschnitt die Perspektive der Betroffenen und ihrer Familien einnehmen und die Schwierigkeiten bei der Inanspruchnahme der Hilfsangebote beschreiben. Dabei werden die zentralen Aspekte der organisatorischen Schwierigkeiten, der falsch verstandenen Schonung durch die Eltern, dem Redeverbot über die Erkrankung sowie der Angst vor Eingriffen durch die Jugendhilfe einer genaueren Bewertung unterzogen.

3.6.1 Organisatorische Schwierigkeiten

Die organisatorischen Schwierigkeiten seitens der Familien, entsprechende Hilfsangebote anzunehmen, sind auf verschiedenen Ebenen von Relevanz. Zunächst einmal scheint eine Menge an Einsicht und Mut erforderlich, zur psychischen Erkrankung zu stehen. Hinzu kommt häufig eine große Ambivalenz den Hilfsangeboten gegenüber. Aber auch die bisweilen starken Schwankungen des gesundheitlichen Zustandes des erkrankten Elternteils können Auswirkungen auf die Konstanz und Kontinuität bezüglich der Zusammenarbeit mit den Institutionen haben (vgl. Klank 1998; Ebner und Raiss 2001). Darüber hinaus scheinen psychisch kranke Eltern häufig viel Zeit zu brauchen, um sich auf einen Abklärungsprozess und Beratungsangebote einzulassen. Es vergeht oft ein langer Zeitraum, bis es zur Inanspruchnahme von Hilfsangeboten kommt (vgl. Leidner et al. 1997). Zudem gestaltet es sich als schwierig, betroffene Familien erst einmal zu einer Teilnahme an einem Projekt zu motivieren. Das gilt insbesondere für die Kinder, die erfahrungsgemäß nicht selbstständig und aus eigenem Antrieb den Weg in ein Betreuungs- oder Therapieangebot finden, sondern auf die Einverständniserklärung der Eltern (vgl. Küchenhoff 2001a) und deren Engagement beim Bringen und Abholen sowie der Zusammenarbeit mit der Institution angewiesen sind. Häufig behindern zu lange Wege die regelmäßige Teilnahme an entsprechenden Angeboten. Insbesondere allein erziehende Mütter schaffen es nicht immer, ihre Kinder zu den Terminen zu bringen, insbesondere wenn es sich bei ihnen um den erkrankten Elternteil handelt (vgl. Leidner et al. 1997).

Eine weitere Hürde stellt die Aufnahme- und Integrationsfähigkeit der betreffenden Eltern dar, die je nach Einzelfall unterschiedlich ausgeprägt ist. Nicht selten fällt es ihnen schwer, Termine zu vereinbaren, einzuhalten oder abzusagen bzw. Gespräche zu führen. Wiederholte Kontaktabbrüche sind hier oftmals die Folge, was einen kontinuierlichen Prozess ebenfalls erschwert. Trotzdem ist es sehr wichtig, überhaupt einen Kontakt zur Familie aufzubauen, aus dem sich weitergehende Gespräche und Beratungen entwickeln können (vgl. Raiss und Ebner 2001). Dies erfordert auch auf Seiten der Mitarbeiter ein äußerst zeitaufwändiges Vorgehen. Häufige Telefonate, schriftliche und persönliche Kontaktversuche sind notwendig und erfordern ein hohes Maß an zeitlicher und fachlicher Flexibilität, für die genügend personelle und zeitliche Ressourcen bereitgestellt werden müssen. Das Thema und seine Dynamik erfordert von den Fachkräften Bereitschaft zur Modifikation der eigenen Arbeitsweise und der Kooperationsbestrebungen. So gilt es, Kontakte eher ressourcen- als defizitorientiert zu knüpfen und aktiv aufsuchend statt passiv im Rahmen einer Komm-Struktur zu arbeiten (vgl. Raiss und Ebner 2001; Hipp und Staets 2001). Gleichzeitig hat sich eine zu niedrig angesetzte Verbindlichkeit ebenfalls als hinderlich herausgestellt, da viele Eltern dann ihrer Verpflichtung zur Teilnahme nicht nachkommen. Effektiver hingegen scheint ein zeitlich befristetes Beratungs- oder Gruppenangebot mit klarem Anfang und Ende sowie klaren Rahmenbedingungen zu sein. Der organisatorische Aufwand für die Familien ist überschaubarer, sodass sie eher bereit sind, sich auf ein Hilfsangebot einzulassen (vgl. Leidner et al. 1997).

3.6.2 Falsch verstandene Schonung durch die Eltern

Insbesondere minderjährige Kinder sind professioneller Hilfe gegenüber schwer zugänglich, weil sowohl die Eltern als auch andere Bezugspersonen der Auffassung sind, ihre Kinder schonen zu müssen, indem sie nicht mit ihnen über die psychische Erkrankung des Elternteils sprechen. Gerade das aber stellt in der Regel eine falsch verstandene Schonung der Kinder dar, da sie oftmals sehr genau die Veränderungen, Anspannungen und Aggressionen innerhalb der familiären Atmosphäre spüren und miterleben (vgl. Küchenhoff 2001a). Dass es sich dabei nicht um Einzelfälle handelt, sondern eine große Anzahl von Kindern keine Informationen über die Erkrankung ihrer Eltern erhält, wird in einem Beitrag der Zeitschrift *Psychologie Heute* deutlich: „Nur eines von vier Kindern zwischen sechs und zehn Jahren ist über die Erkrankung seiner Mutter oder seines Vaters informiert. Bei den Elf- bis Vierzehnjährigen sind es immer noch mehr als 50 Prozent, und sogar bei den Jugendlichen zwischen 15 und 18 ist einer von vieren immer noch nicht aufgeklärt worden" (Knuf 2000, S. 37).

Insofern hilft man den Kindern eher durch einen offenen Umgang mit der psychischen Erkrankung und befähigt sie dazu, ihre eigenen Ängste, Sorgen und Befürchtungen zu artikulieren. Außerdem beugt man so einer Diffusität und Verunsicherung im Bereich der kindlichen Wahrnehmung vor, die sich bei einer Ausgrenzung der psychischen Erkrankung im Rahmen der familiären Gesprächsinhalte einstellen könnte (vgl. Küchenhoff 1997). Positive Ansätze für gelungene Aufklärungsarbeit mit den betroffenen Kindern finden sich innerhalb der beschriebenen Projekte *Auryn, Kipkel* und *Mannheim*. Dort ist die weit reichende Relevanz des Aufklärungsaspektes für die Entwicklung der Kinder erkannt und zu einem Schwerpunkt der Projektarbeit entwickelt worden. Der Rahmen, in dem die Informations- und Aufklärungsarbeit über die Erkrankung erfolgt, kann je nach Ansatz unterschiedlich sein. Während die Arbeit mit den Kindern bei *Auryn* im Gruppensetting stattfindet, favorisieren *Kipkel* und *Mannheim* eine frühe Aufklärung der Kinder im Familiensetting.

3.6.3 Redeverbot über die psychische Erkrankung

Stellt man sich vor, wie schwer es Erwachsenen fällt, offen über die psychische Erkrankung eines nahen Angehörigen zu reden, liegt es auf der Hand, wie schwer diese Situation für Kinder zu bewältigen ist. Heim (2001) beschreibt in dem Zusammenhang, dass Kinder viel stärker und existenzieller auf den Rückhalt ihrer Familie angewiesen sind. Daher erleben sie auch viel stärker den Konflikt, sich eigentlich mitteilen zu wollen, sich letztendlich aber dem Schweigegebot unterzuordnen und das Familiengeheimnis zu bewahren. Oft wirken diese Loyalitätskonflikte noch bis in das hohe Erwachsenenalter. Nicht selten können sie sich dann erst im Rahmen von Angehörigengruppen öffnen und über die extremen Belastungen ihrer Kindheit berichten: „Mit niemandem sprechen zu können, nichts erklärt zu bekommen, das – so berichten fast alle Kinder psychisch erkrankter Väter und/oder Mütter – war das Allerschlimmste. Und manch ein Versuch, den Hausarzt, einen Lehrer oder Seelsorger ins Vertrauen zu ziehen, ist kläglich gescheitert: weil die zaghaft und vielleicht nur andeutungsweise, aber mit dem Mut der Verzweiflung Angesprochenen den Kindern nicht geglaubt haben, den Ernst ihrer Lage nicht spüren konnten oder aus eigener Voreingenommenheit nicht wahrhaben wollten" (Heim 2001, S. 75).

Die Hintergründe dessen sehen Wagenblass und Schone (2001a) in der Tabuisierung und Verleugnung psychischer Erkrankungen, die auf mehren Ebenen stattfindet und folgenreiche Auswirkungen auf das gesamte Familiensystem und das Kommunikationsverhalten hat. Sie unterscheiden zwischen subjektiven, innerfamilialen, externen und gesellschaftlichen Verleugnungstendenzen. Als subjektive Verleugnungstendenz gilt die fehlende Krankheitseinsicht der Betroffenen. Innerfamiliale Verleugnungstendenzen führen dazu, dass in der Familie und insbesondere dem Kind gegenüber nicht über die Krankheit geredet werden darf. Unter externen Verleugnungstendenzen sind die Kommunikationsverbote mit Außenstehenden gemeint, gesellschaftliche Verleugnungstendenzen äußern sich in der Stigmatisierung psychischer Erkrankungen in der Gesellschaft.

Ein Ausweg aus diesem Dilemma kann nur gelingen, wenn man auf verschiedenen Ebenen die Initiative ergreift und dadurch dem Redeverbot und den Verleugnungstendenzen etwas entgegensetzt. So wäre es zur Kontaktaufnahme sinnvoll, die Kinder dort anzusprechen, wo sie sich zeigen. Das kann in der Schule, bei einem Arztbesuch oder beim Besuch des kranken Elternteils in der Klinik sein. Bei dieser Zugangsarbeit ist eine erhöhte Sensibilität bezüglich des Umgangs mit der Krankheit und den Bedürfnissen der Kinder und ihrer Eltern notwendig. Inhaltlich sollte auf das kindbezogene Bedürfnis nach Aufklärung und Information eingegangen werden (vgl. Küchenhoff 1997). Ideal wäre es, die Familie als Ganzes zu erreichen, um ihnen in diesem Kontext Möglichkeiten aufzuzeigen, wie sie das Redeverbot erfolgreich überwinden können. Auf gesellschaftlicher Ebene ist vor allem Aufklärung und Informationsvermittlung im Rahmen von Öffentlichkeitsarbeit notwendig, um der bestehenden Stigmatisierung und Tabuisierung entgegenzuwirken (vgl. Hipp und Staets 2001).

3.6.4 Angst vor negativen Auswirkungen durch die Jugendhilfe

Das eher zurückhaltende Verhalten bei der Inanspruchnahme von Hilfen wird in nahezu jedem Praxis- und Projektbericht beschrieben. Als eine mögliche Ursache wird das so genannte *doppelte Mandat* angeführt, das die Mitarbeiter der öffentlichen Jugendhilfe innehaben. Unter dem „doppelten Mandat" ist der gesetzliche Auftrag der Jugendhilfe nach § 1(3) KJHG zu verstehen, einerseits Eltern bei der Erziehung ihrer Kinder zu unterstützen (Hilfeaspekt) und andererseits bei vorliegender Kindeswohlgefährdung aktiv einzugreifen (Kontrollaspekt) (vgl. Münder 1991; Wagenblass und Schone 2001a). Dadurch befinden sich beispielsweise die Mitarbeiter des Jugendamts in dem Dilemma, zum einen Hilfe anzubieten und einen gewissen Schutzraum für Betroffene und ihre Kinder anzubieten. Zum anderen müssen sie bei Kenntnis über aktuelle Gefährdungssituationen eines Kindes intervenieren und dabei ihre Schweigepflicht und den Schonraum verletzen. Dieses Dilemma im Rahmen des doppelten Mandates sowie die Kenntnis über die Eingriffsmöglichkeiten des Jugendamts sind natürlich auch zahlreichen betroffenen Familien bekannt und erschweren die unvoreingenommene Kontaktaufnahme zur Beantragung von Hilfsangeboten sowie die Bereitschaft zur Kooperation in einem laufenden Prozess. Wagenblass und Schone (2001) beschreiben in diesem Zusammenhang, dass die Jugendhilfe und insbesondere das Jugendamt meist mehr in seiner Kontroll- als in der Hilfefunktion gesehen wird.

Darüber hinaus wurden Betroffene immer wieder mit dem Jugendamt unter Druck gesetzt, um mit rechtlichen Konsequenzen, wie beispielsweise dem Entzug der elterlichen Sorge, zu drohen. Dass sich solche Drohungen nicht gerade förderlich auf die Zusammenarbeit zwischen den Familien und dem Jugendamt auswirken, liegt auf der Hand: „In einigen wenigen Fällen ist es auch nach regelmäßigen Motivationsversuchen nicht gelungen, ein Einverständnis zur Zusammenarbeit mit dem Jugendamt zu bekommen. Hinterfragt man dies, erhält man meist dieselbe Auskunft: Zu oft wurde im Laufe einer ‚*Psychiatrischen Karriere*' einer erkrankten Mutter mit der Herausnahme des Kindes/der Kinder aus der Familie gedroht. Getrennt lebende Partner setzen Mütter damit ebenso unter Druck wie teilweise in der Psychiatrie Tätige und Angehörige, die mit diesem ‚*Argument*' einen Klinikaufenthalt oder eine Medikamenteneinnahme erreichen wollen" (Ebner und Raiss 2001, S. 95).

Nach den Erfahrungen der Modellprojekte besteht der einzig mögliche Ausweg aus diesem Dilemma in einer größtmöglichen Offenheit und Transparenz bezüglich der Arbeitsweise verschiedener Dienste, in der Akzeptanz der Ängste der Betroffenen und der immer wieder erforderlichen Überzeugungsarbeit. Die Projekte bieten sich hier hervorragend als vermittelnde Instanz zwischen der Jugendhilfe und den Eltern an, da sie nicht die gesetzlich verankerte Kontrollfunktion ausüben müssen und somit eine andere Form des Zugangs anbieten können (vgl. Hipp und Staets 2001). Als hilfreiches methodisches Angebot können hier anonymisierte Vorgespräche der Projektmitarbeiter mit dem Jugendamt genannt werden. Die Eltern haben durch diese Variante die Möglichkeit, Ängste und Kontaktschwierigkeiten zu reduzieren und sich zunächst unverbindlich über gesetzliche und verfahrensspezifische Rahmenbedingungen zu informieren. Anschließend können sie sich auf der Grundlage eines besseren Informationsstands für oder gegen eine direkte Kontaktaufnahme mit dem Jugendamt entscheiden (vgl. Ebner und Raiss 2001).

3.7 Zusammenfassung

Zunächst einmal haben sich nach Überprüfung langjährig bestehender Hilfsangebote und nach Befragungen der Betroffenen einige Aspekte als äußerst effektiv, wenn nicht gar unabdinglich herausgestellt. Diese Grundlagen effektiver Hilfe liegen in einer klaren und transparenten Informationsvermittlung, in niedrigschwelligen Angeboten zur Kontaktaufnahme, in einer mehrschichtigen, das Gesamtsystem der Familie umfassenden Orientierung der Hilfen sowie in der Bereitstellung von praxis- und alltagsorientierten Entlastungsangeboten für alle Beteiligten.

Daneben ist es wichtig, dass die jeweiligen Hilfsangebote sich individuell am Einzelfall orientieren und dementsprechend zur Verfügung gestellt werden. Hierzu ist zunächst eine fundierte und differenzierte Diagnostik notwendig, die multimodal in verschiedenen Lebensbereichen der Kinder und ihrer Familien zu erfolgen hat. Die Professionalität des Diagnostikers erfordert eine hohe Fachkompetenz, da die Diagnostik bekanntlich im Bereich verschiedener Schnittmengen (Jugendhilfe und Psychiatrie, stationärer und ambulanter Bereich, entwicklungspsychologische Komponenten, individuelle und familienbezogene Bereiche etc.) zu erfolgen hat. Auch im Anschluss an die Diagnostik, wenn die entsprechenden Hilfsangebote bereitgestellt oder abgerufen werden, ist eine individuelle Einzelfallorientierung indiziert. Wichtig ist zu erwähnen, dass auch die Möglichkeit eines psychotherapeutischen Hilfsangebotes rechtzeitig mit in Erwägung gezogen werden sollte. Der hohe Anteil von notwendig erachteter psychotherapeutischer Hilfe für die Kinder aus Sicht der Eltern in der Studie von Küchenhoff (1997) unterstreicht diese Forderung.

Die Form des Zugangs zu den Kindern stellt einen weiteren Aspekt im Rahmen der Hilfsangebote dar. Neben der bereits benannten klaren Informationsvermittlung über die psychische Erkrankung und ihre Folgen geht es darum, mit den Kindern in Kontakt zu kommen und Zugang zu ihrer inneren Erlebniswelt zu bekommen, um ihnen angemessen helfen zu können.

Bei genauerer Analyse der Hilfsangebote für Kinder psychisch kranker Eltern ist es besonders wichtig, dass präventive Angebote ausgebaut und intensiviert werden. Und zwar nicht nur in dem beschriebenen Bereich der Forschung, sondern auch bzw. insbesondere im Bereich der professionell zur Verfügung gestellten Hilfsangebote. Wenn beispielsweise die im Rahmen der sozialpädagogischen Forschung gewonnenen Erkenntnisse der subjektiven Erlebnissichtweisen (Befragungen heutiger Erwachsener über hilfreiche Angebote aus ihrer früheren Kindheit mit psychisch kranken Eltern) besser erforscht würden, könnten mit diesen Daten sicherlich weitaus bessere und effektivere Präventionskonzepte entwickelt und den betroffenen Kindern und ihren Familien zur Verfügung gestellt werden.

Außerdem ist das frühzeitige Einsetzen der Hilfs- oder präventiven Angebote von großer Relevanz. Dadurch kann zu einem frühen Zeitpunkt versucht werden, die Belastungsfaktoren für die Familien zu mildern oder zu kompensieren und einer drohenden Fehlentwicklung vorzubeugen. Die Hilfsangebote im Rahmen der Jugendhilfe sprechen zwar die entsprechende Gruppe der Kinder, Jugendlichen und ihrer Familien an und es existieren gestaffelte Formen der Intervention und Einflussnahme. Allerdings ist neben einer Kompetenzerweiterung und Sensibilisierung für die Belange der Kinder psychisch kranker Eltern eine Verlagerung der Angebote an die Stellen vonnöten, an denen sich die Kinder und ihre Eltern aufhalten. Wichtig wäre also eine Wandlung von der Komm- zur Geh-Struktur mit kontinuierlichen Angeboten zur Kontaktaufnahme in den psychiatrischen Stationen.

Weiterhin ist die oft fehlende Kooperation auf verschiedenen Ebenen wie etwa zwischen Jugendhilfe und Psychiatrie zu kritisieren. In der Praxis kommt es selten zu einer systematischen Vernetzung von Jugendhilfe und Psychiatrie, was sich dringend verändern muss. Wichtig ist eine institutionsübergreifende und interdisziplinäre Perspektive, die strukturell entwickelt und in der Praxis umgesetzt werden muss.

Im Rahmen der untersuchten und beschriebenen Hilfsmaßnahmen und Projekte erachte ich folgende Angebote als gut entwickelt, dicht an den Bedürfnissen der Betroffenen und nah an den aufgestellten Anforderungen: die frühzeitig einsetzenden präventiven Angebote (Spezialambulanz Hamburg), die offene Sprechstunde in der Psychiatrie (Präventionsprojekt Kipkel), die Möglichkeit von Hausbesuchen und begleiteten Besuchen bei anderen Institutionen (diverse Modellprojekte), die Benennung einer Vertrauensperson für das Kind (Präventionsprojekt Kipkel) sowie die Vernetzungsarbeit mit Erstellung eines Kooperationsfahrplans (Kinderprojekt Mannheim).

Schließlich ist eine systematische Nachsorge für die Familien und insbesondere die Kinder zu verankern. Da die meisten Modellprojekte und auch viele andere Hilfsangebote zeitlich begrenzt sind, ist es wichtig, rechtzeitig Möglichkeiten der Überleitung in den Alltagskontext zu entwickeln, um die Kinder hier stabilisierend und unterstützend zu begleiten. Beispielhaft sei hier der Aufbau sozialer Netzwerke wie etwa Mitgliedschaften im Verein oder das Suchen nach konstanten Vertrauenspersonen aus der Lebenswelt des Kindes genannt.

4 Die empirische Untersuchung

4.1 Fragestellung und Forschungsstrategie

Ansatzpunkt der Studie war die Fragestellung, inwiefern Kinder psychisch kranker Eltern sich von anderen Kindern bezüglich ihres Empathieverhaltens unterscheiden. Dabei sollte einer der Schwerpunkte auf die verschiedenen Teilbereiche der Empathie (Perspektivenübernahme, Gefühlsansteckung, Mimik bzw. Körpersprache) gelegt werden. Ein weiteres Augenmerk sollte sich mit den familiären Bindungs- und Kommunikationsstrukturen befassen. Außerdem sollten alters- und geschlechterrelevante Aspekte genauso einfließen wie personale Ressourcen und kompensierende Faktoren. Ziel der empirischen Untersuchung war die Herausarbeitung eventueller Gemeinsamkeiten bzw. Unterschiede in den benannten Themenbereichen, um sowohl Probleme als auch Ressourcen von Kindern psychisch kranker Eltern zu benennen und damit die Grundlage zur Entwicklung gezielter Hilfsangebote für diese Gruppe zu ermöglichen.

Als Messinstrument schien eine Erhebung mittels anonymisierter Fragebögen das geeignete Verfahren, da bei der zu erwartenden geringen Motivation, sich als Kinder psychisch kranker Eltern bzw. als psychisch kranke Eltern zu erkennen zu geben, ein Messinstrument gefunden werden musste, welches relativ zeitnah (bei Vorliegen einer entsprechenden Motivation zur Teilnahme) und zudem lokal relativ unabhängig (durch Postversand) zum Einsatz kommen konnte. Außerdem konnte durch die Bereitstellung dreier Fragebogenteile differenziert auf die unterschiedlichen Erfahrungshintergründe eingegangen werden, indem kind-, eltern- und fachkraftgemäße Fragen zur Verfügung gestellt werden konnten.

Als diagnostisches Mittel zur Untersuchung von Empathieunterschieden sind in erster Linie standardisierte Tests geeignet, die neben objektiver Messung auch Daten zur Standardisierung und Normierung liefern. Ergänzend dazu sollte ein möglichst umfangreiches Kompendium an personalen, familiären und soziodemographischen Differenzierungen erfasst werden, um die Empathieunterschiede entsprechend interpretieren zu können. Somit empfahl sich das im Folgenden vorgestellte Instrumentarium als Methode der Wahl. Bei der grundlegenden Fragestellung, ob und in welchem Maße sich Kinder psychisch kranker Eltern von anderen unterscheiden, ist davon auszugehen, dass die Kinder der Versuchsgruppe (VG) durchweg geringere Empathiewerte, ein problematischeres Bindungs- und Kommunikationsverhalten sowie problematischere Persönlichkeitswerte aufweisen als die Kontrollgruppe (KG).

4.2 Die Untersuchungsgruppen

Bei der Zusammenstellung der Untersuchungsgruppen galt es zunächst, die Altersspanne der beteiligten Kinder festzulegen. Da einerseits die Basiskompetenz zur Empathieentwicklung sowie der verschiedenen Bestandteile von Empathie mit Beginn des Schulalters vorliegen sollte und andererseits das Schulalter für eine gewisse Lese- und Verständniskompetenz bezüglich der Anweisungen des Empathietests für Kinder (ETK) vorhanden sein sollte, wurde das Einstiegsalter auf sieben Jahre festgelegt. Bei der Festlegung der oberen Altersgrenze auf 14 Jahre lag das Bestreben zugrunde, zwei altersmäßig gleich große Gruppen von Grundschülern (7-10 Jahre) bzw. Schülern der weiterführenden Schulformen (11-14 Jahre) anzusprechen. Außerdem sollten sich die Untersuchungsgruppen zwecks besserer Eingrenzbarkeit der Studienergebnisse primär auf das Kindesalter begrenzen und das Jugendalter nicht mit einbeziehen.

Die Repräsentativität der Untersuchungsgruppen war aufgrund der erwarteten geringen Stichprobe schwer zu gewährleisten. Innerhalb der Versuchsgruppe wurde das Ziel, eine größtmögliche Repräsentativität zu erhalten, dadurch angestrebt, dass im Rahmen der Vorbereitungsphase ein möglichst breit gestreutes Anschreiben verschiedener Institutionen und Professionen erfolgte. In der Kontrollgruppe wurden hierfür sämtlichen Bekannten aus dem kollegialen oder persönlichen Umfeld 3-5 weitere Test-Sätze zur Weiterleitung in die Klasse des Kindes mitgegeben. Somit wurde eine gewisse Streuung gewährleistet und gleichzeitig das Prinzip der Zufälligkeit nicht außer Acht gelassen.

4.3 Testbeschreibung

Im Rahmen der Studie kamen drei Tests zur Anwendung, von denen der Empathietest für Kinder (ETK) den Kindern sowohl der Versuchs- als auch der Kontrollgruppe vorgelegt wurde, die Child Behavior Checklist (CBCL) von den Eltern der Versuchs- und Kontrollgruppe auszufüllen war und der Fachkraft-Fragebogen (FKB) für die beteiligten Fachkräfte der Versuchsgruppe bestimmt war.

4.3.1 Die Child Behavior Checklist (CBCL)

Bei der Child Behavior Checklist handelt es sich um ein standardisiertes Verfahren in Form eines Elternfragebogens zur Erfassung kindlicher Ressourcen und Verhaltensauffälligkeiten (Döpfner et al. 1994; Arbeitsgruppe Deutsche Child Behavior Checklist 1998). Dabei werden Eltern gebeten, Einschätzungen über Verhaltensweisen und Symptome ihrer Kinder (4-18 Jahre) abzugeben. Die Auswertung des Fragebogens erfolgt getrennt nach Jungen und Mädchen sowie für jeweils zwei Altersgruppen (4-11 Jahre; 12-18 Jahre). Sie beinhaltet drei Kompetenzskalen (Aktivität, Soziale Kompetenz, Schule) und acht Syndromskalen (sozialer Rückzug, körperliche Beschwerden, ängstlich-depressives Verhalten, soziale Probleme, schizoid-zwanghaftes Verhalten, Aufmerksamkeitsprobleme, dissoziales Verhalten und aggressives Verhalten). Darüber hinaus erfolgt die Zusammenfassung in Syndromskalen 2. Ordnung (Gesamtergebnis Kompetenzen; Internalisierendes Verhalten; Externalisierendes Verhalten und Gesamt-Syndromskala).

Der vierseitige Elternfragebogen ist so aufgebaut, dass nach allgemeinen Angaben zur Familie (Geburtsdatum und Geschlecht des Kindes, Beruf der Eltern) zunächst einige Kompetenzen abgefragt werden. Bei den Kompetenzskalen werden die Eltern nach sportlichen und anderen Aktivitäten ihres Kindes gefragt und sie sollen Aussagen zu Vereinszugehörigkeiten und häuslichen Arbeiten und Pflichten sowie Freundschaften machen. Diese Angaben werden sowohl bezüglich der Menge an Aktivitäten als auch bezüglich der Intensität erhoben und anhand von Vergleichen mit Gleichaltrigen erfasst. Für Kinder ab sechs Jahre wird zudem nach Schulleistungen, der Wiederholung einer Klasse, dem Besuch einer Sonderschule, Lernschwierigkeiten oder anderen schulischen Problemen gefragt. Die letzten Fragestellungen der Kompetenzskala, die in Form von freien Formulierungen erhoben werden, erkunden Erkrankungen des Kindes, die Sorgen, die sich Eltern machen, und das, was ihnen am meisten an ihrem Kind gefällt. Bei den Syndromskalen sind insgesamt 120 Items aufgelistet, die nach Verhaltensauffälligkeiten, emotionalen und körperlichen Problemen fragen. Die Eltern sollen hier jeweils eine Einschätzung abgeben, inwiefern die einzelnen Fragestellungen nicht zutreffen (0), etwas oder manchmal zutreffen (1) oder genau und häufig zutreffen (2).

Bei der Auswertung des Fragebogens wird anhand einer Normtabelle, der eine Stichprobe von n=2856 CBCL-Bögen zugrunde liegt, die Zuordnung der Rohwerte zu Prozenträngen und entsprechenden T-Werten vorgenommen. Bei den Kompetenzskalen (Aktivität, Soziale Kompetenz, Schule) wird den Kindern mit einem Prozentrang von 2 ein T-Wert von 30 zugeordnet. Alle Kinder, die sich darunter befinden, können als auffällig bezeichnet werden. Kinder, die in einem Prozentrangbereich zwischen 2 und 5 (T-Wert 30-33) liegen, befinden sich im Grenzbereich, während Kinder, die Prozentrangwerte über 5 (T-Werte über 33) aufweisen, als unauffällig bezeichnet werden können. Die Skalen 2. Ordnung werden bei den Kompetenzskalen (Gesamtergebnis Kompetenzen) in einem T-Wert-Bereich zwischen 37-40 als Grenzbereich betrachtet, höhere Ausprägungen als unauffällig und niedrigere als auffällig gewertet. Bei den acht Syndromskalen (sozialer Rückzug, körperliche Beschwerden, ängstlich-depressives Verhalten, soziale Probleme, schizoid-zwanghaftes Verhalten, Aufmerksamkeitsprobleme, dissoziales Verhalten und aggressives Verhalten) werden von den Skalen 1. Ordnung die Prozentränge unter 95 (T-Wert 67) als unauffällig gewertet, die Prozentränge zwischen 95 und 98 (T-Werte 67-70) gelten als Grenzbereich, während Prozentränge von 98 (T-Wert 70) und mehr als auffällig gelten. Die Skalen 2. Ordnung (Internalisierendes Verhalten, Externalisierendes Verhalten und Gesamt-Syndromskala) werden bei den Syndromskalen bei einem T-Wert von 60-63 als Grenzbereich gewertet und gelten bei niedrigeren T-Werten als unauffällig bzw. bei höheren T-Werten als auffällig.

Somit eignet sich der Elternfragebogen CBCL sowohl zur Erfassung von Kompetenzen als auch zur Beurteilung von auffälligen Verhaltensweisen und bietet eine Zusammenfassung von Kompetenz- und Syndromskalen genauso an wie einen Vergleich zwischen externalisierenden und internalisierenden Verhaltensweisen. Darüber hinaus können acht unterschiedliche Syndrome in ihrer jeweiligen Ausprägung nachgewiesen werden und einzelne Fragen oder Items der CBCL zur Exploration differenzierterer Fragestellungen verwendet werden. Insgesamt erwies sich die CBCL als sinnvolles Instrumentarium, um Empathieunterschieden bei Kindern psychisch kranker Eltern nachzugehen.

4.3.2 Der Empathie-Test für Kinder (ETK)

Wie bereits im ersten Kapitel beschrieben, existieren kaum aussagekräftige Messinstrumente zur Erfassung von Empathie bei Kindern. Bei dem in dieser Arbeit verwendeten Empathie-Test für Kinder (ETK; vgl. Anl. 2) handelt es sich um eine von Behr et al. (vgl. Monigl & Behr, im Druck; Behr et. al., 2004) entwickelte Version eines noch nicht validierten Fragebogens zur Überprüfung von Empathie und ihren Subkonstrukten (kognitive soziale Perspektivenübernahme, Decodieren von Ausdruckssignalen, Gefühlsansteckung) bei Kindern. Der Test wurde in der vorliegenden Form bislang mit einigen Kindern und Jugendlichen (n = 647) aus den Schulklassen vier bis neun durchgeführt und befindet sich in der Erprobungs- und Entwicklungsphase.

Die Kinder werden beim ETK gebeten, mittels des 10-seitigen Fragebogens eine Selbstauskunft bezüglich ihrer Einschätzung über die Intensität unterschiedlicher vorgegebener Gefühle der Akteure auf den Abbildungen oder Zeichnungen abzugeben. In einigen Bildern oder Geschichten sollen sie die Intensität eigener Gefühle benennen.

Auf den ersten fünf Seiten werden Comic-Zeichnungen präsentiert, auf denen Akteure beiderlei Geschlechts verschiedene emotionale Zustände erleben und ausdrücken. Die jeweils sieben Items der ersten fünf Seiten – wobei je ein Item bei der Auswertung des ETK herausfällt und lediglich der Kontrolle dient, ob die Kinder die Fragestellung richtig erfasst haben – sollen Aussagen darüber zulassen, inwiefern der Betrachter zu kognitiver sozialer Perspektivenübernahme in der Lage ist. Auf der sechsten Seite sind drei Abbildungen einer Stoffpuppe in unterschiedlichen Körperhaltungen zu sehen, bei der die Kinder wiederum in sieben Items je Abbildung – mit je einer nicht in die Auswertung einbezogenen Kontrollfrage – Aussagen über das Verstehen von Körpersprache treffen sollen. Die folgenden beiden Seiten erfragen den Empathie-Bestandteil Gefühlsansteckung bzw. Betroffenheit. Dazu werden zwei Comic-Zeichnungen, ein Foto eines Mädchens sowie ein kurzer Text mit je sechs Items versehen, anhand derer Angaben zur eigenen emotionalen Befindlichkeit beim Betrachten der Bilder bzw. beim Lesen des Textes gemacht werden sollen. Die Seiten neun und zehn enthalten insgesamt acht Bilder mit unterschiedlichen Gesichtsausdrücken von Kindern beiderlei Geschlechts. Hier sollen die Kinder anhand von sechs Items je Bild angeben, wie sich das Mädchen oder der Junge auf dem Bild fühlen. Die Mimik-Bilder sollen in der Auswertung Angaben darüber zulassen, inwieweit es dem Betrachter gelingt, nonverbale mimische Ausdruckssignale zu decodieren.

Die Kinder der Untersuchungsgruppe erhalten den ETK von der an der Studie beteiligten Fachkraft mit der Bitte, an einer Fragebogenuntersuchung über Gefühle von Kindern teilzunehmen. Die Kinder sollen ihn ohne Angabe ihres Namens ausfüllen, lediglich die von der Fachkraft vorab eingetragene Chiffre-Nr. lässt eine spätere Zuordnung zu den dazugehörigen CBCL und FKB zu. Auch der ETK war in seiner Durchführung und Auswertung sehr gut handhabbar und lieferte für den Inhalt der Arbeit relevante Ergebnisse.

4.3.3 Der Fachkraft-Fragebogen (FKB)

Den Fachkraft-Fragebogen (FKB; vgl. Anl. 3) habe ich gezielt für die Fachkräfte entwickelt, die mit psychisch kranken Eltern oder deren Kindern arbeiten bzw. Kontakt zu ihnen haben. Hintergrund war einerseits der Wunsch, möglichst umfangreiches Datenmaterial aus unterschiedlichen Perspektiven zu erhalten. Andererseits schien ein direkter Zugang zu einer ausreichenden Zahl von Kindern psychisch kranker Eltern und insbesondere deren Eltern erschwert, da es sich noch immer um ein – sowohl gesellschaftlich wie innerfamiliär – wenig akzeptiertes Problem handelt. Insofern erhoffte ich mir durch die Mitwirkung der Fachkräfte sowohl als Bindeglied und Brücke zur Untersuchungsgruppe wie auch als Datenquelle mit professionellem Hintergrund eine große Unterstützung.

Die Fachkräfte sollten zunächst eine selbst zu vergebende Chiffre-Nr. auf dem FKB eintragen. Die für jede Versuchsperson identische Chiffre-Nr. war von ihnen außerdem auf der CBCL und dem ETK einzutragen, um eine eindeutige Zuordnung der drei Teile des Fragebogen-Sets zu der jeweiligen Person der Versuchsgruppe zu ermöglichen und gleichzeitig die Anonymität der Familien zu gewährleisten. Anschließend galt es, Angaben zum Grundberuf der Fachkraft sowie der Institution, in der sie arbeitet, zu machen. Damit sollte eine spätere quantitative Zuordnung der beteiligten Berufsgruppen und Institutionen möglich sein. Als Nächstes ging es um Fragen zur psychischen Erkrankung der Eltern. Damit sollte eine Überprüfung verschiedener Hypothesen zur Auswirkung der psychischen Erkrankung in Abhängigkeit vom jeweiligen Elternteil ermöglicht werden. Die Antwortmöglichkeiten bei der Frage nach der Form der Erkrankung wurden auf die drei häufigsten Formen (Ängste, Depressionen, Schizophrenie) reduziert, um bei der zu erwartenden relativ geringen Stichprobe noch einigermaßen aussagekräftige Daten zu erhalten. Außerdem wurde nach der Intensität der Erkrankung, nach Klinikaufenthalten und dem Alter des Kindes bei erstmaligem Ausbruch der Krankheit gefragt, da auch hier verschiedenartige Zusammenhänge vermutet wurden. Der letzte und größte Block beschäftigte sich mit verschiedenen Fragen zur Familie. Neben allgemeinen Angaben, wie etwa zum Alter, Geschlecht, Geschwisterfolge, Wohn- und Lebenssituation, ging es um Aussagen zu protektiven und kompensierenden Faktoren für Kinder psychisch kranker Eltern (vgl. Kap. 2.3). Bei den 13 Fragen zu Eigenschaften und Verhaltensweisen des Kindes (vgl. S. 3 des FKB), die analog zu gleich lautenden Fragen der CBCL übernommen wurden, sollte ein späterer Vergleich zwischen der Einschätzung der Eltern und der Einschätzung der Fachkräfte bezüglich des Kindes möglich werden. Den sich anschließenden Fragen zum Bindungsverhalten des Kindes und zu den vorherrschenden Kommunikationstypen in der Familie liegt die zu überprüfende Annahme zugrunde, dass sich die psychische Erkrankung eines Elternteils auf das Bindungs- und Kommunikationsverhalten in der Familie auswirkt. Die letzte Seite des FKB enthielt Angaben für eventuelle Rückfragen der Fachkräfte sowie die Möglichkeit, auf freiwilliger Basis Angaben zur eigenen Person oder Institution zu machen, um gegebenenfalls für Nachfragen im Rahmen der Auswertung der Fragebögen zur Verfügung zu stehen.

4.4 Durchführung der empirischen Untersuchung

Um die psychisch kranken Eltern und ihre Kinder als Adressaten der empirischen Untersuchung anzusprechen und zu erreichen, wurde der Zugang über Fachkräfte aus der psychosozialen Versorgung gewählt. Die Beweggründe für dieses Vorgehen lagen darin begründet, dass ein direktes Ansprechen der Kinder psychisch kranker Eltern lediglich bei den Familien aus Projekten und Selbsthilfegruppen psychisch kranker Angehöriger Aussicht auf Erfolg gehabt hätte, da hier in der Regel ein stärkeres Bewusstsein für die psychische Erkrankung vorhanden ist. Andere Familien aus Beratungsstellen, psychotherapeutischen Praxen oder Psychiatrien haben sich in der Regel nicht wegen der psychischen Erkrankung eines oder beider Elternteile in Verbindung mit möglichen Folgen für das Kind an die jeweilige Einrichtung oder Praxis gewandt. Vielmehr sind häufig soziale oder Verhaltensauffälligkeiten der Kinder bzw. persönliche Probleme der Erwachsenen die Beweggründe für das Aufsuchen des entsprechenden Hilfsangebotes. Das Bewusstsein, darüber hinaus noch die Rolle eines psychisch kranken Elternteils zu bekleiden, was eventuell zusätzliche Belastungen für Kinder nach sich ziehen kann, ist bei den meisten Eltern mit Ängsten besetzt, nicht bewusst, wird verdrängt oder abgespalten.

Von dem Zugang über entsprechende Fachkräfte, die aufgrund unterschiedlichster Anmeldegründe mit Kindern, Jugendlichen und Eltern arbeiten und zudem als erster und wichtiger Filter für die Kontaktanbahnung zu psychisch kranken Eltern fungieren, versprach ich mir Zugang zu einer breiteren Gruppe von Familien und eine insgesamt höhere Zahl von Studienteilnehmern. Darüber hinaus war die Einbeziehung der Fachkräfte insofern von großer Bedeutung, als sie durch ihre Angaben und Einschätzungen zu einem komplexeren und differenzierteren Verständnis familiärer Kommunikations- und Interaktionsmuster beitragen und bei symptomorientierten Fragestellungen eine zusätzliche Perspektive einbringen konnten.

4.4.1 Vorbereitungsphase

Da das Bewusstsein für Kinder psychisch kranker Eltern in der (Fach-) Öffentlichkeit eher gering ist, wurde als Vorläufer des o. a. Fragebogen-Sets ein Informationsblatt über die geplante Studie (vg. Anl. 1) entwickelt. Neben der Verteilung dieses Informationsblattes in psychosozialen Arbeitskreisen in der Region, welches mit der Möglichkeit zur Anforderung von Fragebogen-Exemplaren versehen war, wurde es über verschiedene Mail-Verteiler versendet, um eine große Menge von Fachkräften aus der psychosozialen Versorgung zu erreichen. Die Mailadressen und Mailverteiler bezog ich über Fachkräfte und Kollegen, die ich im Rahmen meiner Psychotherapeutischen Praxis kennen gelernt habe, über Arbeitskreise, in denen ich mitarbeite oder in die ich zur Vorstellung meiner Studie eingeladen wurde, über ehemalige Kontakte zur Jugendhilfe durch meine frühere Tätigkeit in einer Familienberatungsstelle und durch neu aufgebaute Kontakte zu Selbsthilfegruppen und Projekte, die sich mit psychisch kranken Angehörigen beschäftigen.

Der Versand des Informations- und Anforderungsbogens per Mail, Fax, Post und persönliche Verteilung erfolgte in dem Zeitraum von August 2005 bis Februar 2006 und erreichte zwei große Erwachsenenpsychiatrien, zwei Kinder- und Jugendpsychiatrien, drei Kinder- und Jugendpsychiatrische Dienste von Gesundheitsämtern, ca. 20 Ärztliche Psychotherapeuten, ca. 150 Psychologische Psychotherapeuten, ca. 50 Kinder- und Jugendlichenpsychotherapeuten, vier Stationäre Jugendhilfeeinrichtungen (Heime, Wohngruppen), sieben Einrichtungen der Ambulanten Jugendhilfe (Allgemeiner Sozialer Dienst, Sozialpädagogische Familienhilfe, Einzelfallhilfe u. ä.), fünf Familienberatungsstellen sowie 24 Projekte, die mit psychisch kranken Angehörigen arbeiten. Insgesamt sind ca. 450 Fachkräfte, die mit sozial oder psychisch belasteten Kindern, Jugendlichen und deren Bezugspersonen arbeiten, erreicht worden.

4.4.2 Versendung der Fragebögen

Der Versand der Fragebögen, die per Mail, Fax oder telefonisch angefordert wurden, erfolgte in dem Zeitraum zwischen September 2005 und Februar 2006. Die meisten Fachkräfte forderten 1-3 Fragebogen-Sets an, lediglich vier Institutionen wünschten die Zusendung von mehr als vier Exemplaren. Insgesamt wurden 151 Fragebogen-Sets, die jeweils mit frankiertem Rückumschlag versehen waren, in den Postversand gegeben. Die Fachkräfte, die nach Erhalt des Informations- und Anforderungsbogens die Fragebogen-Sets anforderten, waren in der Regel motiviert und bereit, an der Studie teilzunehmen. Bei denjenigen, zu denen eine telefonische Kontaktaufnahme zustande kam, erhielt ich viel Zuspruch und Anerkennung, mich dieses Themas anzunehmen. Das galt insbesondere für die Fachkräfte, die mit Kindern psychisch kranker Eltern arbeiteten, sei es in Selbsthilfe- oder Projektmaßnahmen oder im Rahmen psychotherapeutischer Angebote.

Die Fragebögen der Kontrollgruppe (CBCL und ETK) wurden im gleichen Zeitraum versandt. Hier wurden Kinder und deren Eltern angesprochen, die – im Vergleich zur Versuchsgruppe – keinen psychisch kranken Elternteil haben und ansonsten der durchschnittlichen Bevölkerung entsprechen. Verteilt wurden diese Fragebögen im eigenen Umfeld an Familien, die Kinder im Alter von 7-14 Jahren hatten. Diese Familien wiederum wurden gebeten, 1-3 weitere Fragebogen-Sets in ihrem Freundeskreis zu verteilen, um eine möglichst breite Streuung der Fragebögen zu erhalten. Die Familien der Kontrollgruppe erhielten die beiden Fragebögen für die Eltern (CBCL) und Kinder (ETK), einen frankierten Rückumschlag sowie ein kurzes Anschreiben zur Studie (vgl. Anl. 4), in dem u. a. auf die vertrauliche und anonymisierte Behandlung der Daten hingewiesen wurde.

4.4.3 Auswertungsphase

Zum Ende der Datenerhebungsphase Ende April 2006 lagen schließlich 37 Fragebogen-Sets aus der Versuchsgruppe vor. Der Rücklauf von 24,5% lässt darauf schließen, dass nur gut Motivierte und größtenteils auch persönlich angesprochene Kollegen zur Mitarbeit bereit waren. Vier Fragebogen-Sets sind nicht in die Auswertung eingegangen, da entweder das Alter außerhalb der Stichprobe lag oder einzelne Fragebogenteile übermäßig viele fehlende Angaben aufwiesen. Somit kann für die Versuchsgruppe eine Stichprobe von n=33 zugrunde gelegt werden. Von insgesamt 74 ausgegebenen Fragebogen-Sets an die Kontrollgruppe erfolgten 34 Rücksendungen, was einer Quote von 46% entspricht. Da es bei den Fragebögen der Kontrollgruppe keine Beanstandungen gab, kann hier eine Stichprobe von n=34 verwendet werden. Insofern ergibt sich ein ausgewogenes Verhältnis von Versuchs- und Kontrollgruppe.

Da die Ergebnisse mit dem Statistical Package for Social Science (SPSS, Version 12.0) verarbeitet werden sollten, musste zunächst die Eingabe und Kodierung der Daten gemäß den Programmanforderungen vorgenommen werden. Dazu wurden „offene Fragen" entsprechenden Kategorien zugeordnet, Gruppenbildungen und Zusammenfassungen gebildet und statistische Maßzahlen berechnet.

4.5 Ergebnisse

4.5.1 Soziodemographische Beschreibung der Versuchs- und Kontrollgruppe

Die **Altersspanne** der Kinder innerhalb der Studie reichte von 7-15 Jahre (Mittelwert = 133 Monate = 11,1 Jahre, Median = 132 Monate). Das durchschnittliche Alter der Jungen betrug 11,6 Jahre, das der Mädchen 11,0 Jahre. Beim Alter liegen die arithmetischen Mittelwerte und der Median eng beieinander. Das gilt auch in Bezug auf Geschlecht und Versuchs- vs. Kontrollgruppe. Die einbezogenen Kinder in der Versuchs- und Kontrollgruppe unterschieden sich nicht im Alter und nach Geschlecht (vgl. Tab. 1). Zur Verdichtung wurde die Population zu zwei Altersgruppen zusammengefasst (7,0 bis 10,8 Jahre und 11,0 bis 14,9 Jahre).

	n	Altersspanne in Monaten	Altersspanne in Jahren	Mittelwert Monate	Median Monate
Gesamt	67	84 bis 179	7,0 bis 14,11	133	132
Männlich	35	89 bis 175	7,5 bis 14,7	136	136
Weiblich	32	84 bis 179	7,0 bis 14,11	129	127
Versuchsgruppe	33	84 bis 175	7,0 bis 14,7	132	130
Kontrollgruppe	34	86 bis 179	7,2 bis 14,11	133	135
Versuchsgruppe männlich	18	95 bis 175	7,11 bis 14,7	134	133
Versuchsgruppe männlich	15	84 bis 167	7,0 bis 13,11	129	126
Kontrollgruppe männlich	17	89 bis 163	7,5 bis 13,7	138	140
Kontrollgruppe männlich	17	86 bis 179	7,2 bis 14,11	129	127

Tab. 1: Alter nach Geschlecht, Versuchs- und Kontrollgruppe

Die Bildung von Altersgruppen war notwendig, um Vergleiche anstellen zu können. Dadurch ergaben sich die folgenden Altersverteilungen.

Alter in Jahren	Häufigkeit	Prozent
7	2	3,0
8	6	9,0
9	9	13,4
10	6	9,0
11	14	20,9
12	7	10,4
13	9	13,4
14	11	16,4
15	3	4,5
Gesamt	67	100,0

Tab. 2a: Alter der Population nach Jahren, korrigiert gerundet

		Häufigkeit	Prozent
Altersgruppe	7-11,4 Jahre	39	58,2
	11,5-15 Jahre	28	41,8
	Gesamt	67	100,0

Tab. 2b: Zusammenfassung der Altersgruppen

Da diese (natürliche) Altersgruppenunterteilung sich für die Untergruppenbildung in Versuchs- und Kontrollgruppe als unvorteilhaft erwies, wurde später noch eine gleichmäßigere Variante eingeführt.

		Häufigkeit	Prozent
Altersgruppe	7-10,8 Jahre	33	49,4
	11,0-14,9 Jahre	34	50,6
	Gesamt	67	100,0

Tab. 2c: Zusammenfassung der Altersgruppen

Die **Geschlechterverteilung** in der gesamten Population war mit 35 Jungen und 32 Mädchen relativ ausgeglichen. Somit ist es gelungen, im Rahmen der Studie eine annähernd gleichmäßige und repräsentative Darstellung beider Geschlechter zu erzielen.

Geschlecht	Häufigkeit	Prozent
männlich	35	52,2
weiblich	32	47,8
Gesamt	67	100,0

Tab. 3: Geschlechterverteilung in der Gesamtpopulation

Die **soziale Schicht** der beteiligten Familien wurde anhand der Berufe der Eltern bestimmt. Die Codierung erfolgte nach der *Internationalen Standardklassifikation der Berufe – Fassung für Zwecke der Europäischen Gemeinschaft – ISCO-88* (vgl.: http://www.warwick.ac.uk/ier/isco/germ/group1.html; Stand: 22.12.2006). Innerhalb der Standardklassifikation wird in zehn Berufshauptgruppen unterteilt, welche wiederum in verschiede Untergruppen aufgeschlüsselt werden, sodass schließlich für jeden Beruf eine vierstellige Ziffernfolge vergeben werden kann.[1] Der mit vier Nennungen am häufigsten genannte Beruf im Rahmen der Studie war der des Maschinenbautechnikers, gefolgt von Sozialarbeitern mit drei Nennungen. Für die Fälle, in denen die Kinder in Pflege- oder Adoptivfamilien leben, wurden zusätzlich die Berufe der Pflege- oder Adoptiveltern abgefragt. Zunächst wurden folgende Gruppierungen analog der Berufshauptgruppen vorgenommen:

1. gehobene Leitungskräfte des öffentlichen Dienstes, Leiter von Unternehmen (Hauptgruppe 1) sowie Wissenschaftler (Hauptgruppe 2). (n=20)

---

[1] Ein EDV-Leiter beispielsweise entspricht der Codierung 1236, was der Zugehörigkeit zur Berufshauptgruppe 1 entspricht (Angehörige gesetzgebender Körperschaften, leitende Verwaltungsbedienstete und Führungskräfte in der Privatwirtschaft), darin der Untergruppe 2 (Geschäfts(-bereichs)leiter in großen Unternehmen), hier der weiteren Untergruppe 3 (Sonstige Fachbereichsleiter) und an der vierten Stelle der Codierung der Untergruppe 6 (Leiter der EDV). Beispiele für weitere Berufe sind: Sozialarbeiter (2446), Krankenschwestern (3231), Steuerfachgehilfen (4121), Kinderbetreuer (5131), Gärtner (6112), Kfz-Mechaniker (7231), Busfahrer (8323), Reinigungskräfte (9132).

2. Techniker und Dienstleistungsfachkräfte der mittleren Qualifikationsebene (Hauptgruppe 3) sowie Bürokräfte und kaufmännische Angestellte (Hauptgruppe 4) und Dienstleistungsberufe (Hauptgruppe 5). (n=18)
3. Fachkräfte aus der Landwirtschaft (Hauptgruppe 6), Handwerksberufe (Hauptgruppe 7), Anlagen- und Maschinenbediener (Hauptgruppe 8) und Hilfsarbeitskräfte (Hauptgruppe 9) und Ungelernte. (n=17)
4. Hausfrauen und Rentner (n=3)
5. Unbekannt (n=9).

Mit Bezug auf die aus den erfassten Berufen abgeleiteten Qualifizierungsniveaus ergibt sich folgendes Bild (Tab. 4):

	Gesamt	VG	KG
1. höhere Qualifikation (Leiter und Wissenschaftler)	20	9	11
2. mittlere Qualifikation (Angestellte, Techniker und Dienstleister)	18	7	11
3. geringere Qualifikation (Facharbeiter und Teilfacharbeiter)	17	10	7
4. Hausfrauen und Rentner	3	2	1
5. unbekannt / nicht zuordenbar	9	5	4

Tab. 4: **Qualifizierungsniveau der Eltern in Versuchs- und Kontrollgruppe**

Auch wenn man wegen der Zuordenbarkeit einiger Angaben der Eltern in den Fragebögen gewisse Ungenauigkeit in Rechnung stellt, kann insgesamt von vergleichbaren soziodemographischen Bedingungen in den beiden Gruppen ausgegangen werden, allerdings mit etwas höherem Qualifizierungsniveau in der Kontrollgruppe. Hier kommt es zu leichten Überhängen der akademischen Berufe, da die Familien der Kontrollgruppe überwiegend über die Aushändigung im beruflichen und persönlichen Bekanntenkreis des Autoren erreicht wurden.

4.5.2 Ergebnisse der Child Behavior Checklist (CBCL)

Im Rahmen der Auswertung der CBCL wird deutlich, dass die Kinder der Versuchsgruppe nicht nur in sämtlichen acht Syndromskalen auffälliger reagieren als die Kinder der Kontrollgruppe, sondern auch durchgängig in den Skalen 2. Ordnung (Internalisierendes Verhalten; Externalisierendes Verhalten und Gesamt-Syndromskala; vgl. Abb. 2):

Abb. 2: T-Werte des Elternfragebogens (CBCL) nach Kontrollgruppe und Versuchsgruppe

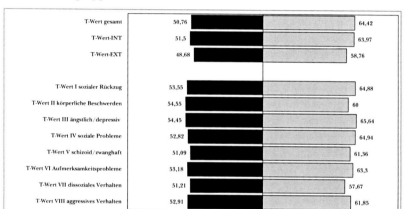

Wenn dieses Ergebnis noch etwas differenzierter betrachtet wird, indem man lediglich die *auffälligen Kinder* zur Auswertung heranzieht, also all diejenigen, die in einer der Subskalen I-VIII einen T-Wert ≥70 bzw. in den Skalen 2. Ordnung (EXT, INT, Gesamt) einen T-Wert ≥64 aufweisen, wird der Unterschied zwischen Kontroll- und Versuchsgruppe noch einmal deutlicher (vgl. Abb. 3). Gleiches gilt bei der Betrachtung der *unauffälligen Kinder*, also derer, die einen T-Wert von ≤67 in einer der acht Subskalen oder von ≤59 in einer Skala 2. Ordnung aufweisen (vgl. Abb. 4).

Abb. 3: Testergebnisse des CBCL nach Kontrollgruppe und Versuchsgruppe (in % nur Anteil „Auffälliger")

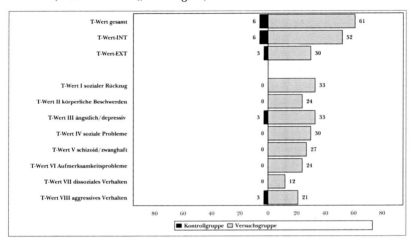

Abb. 4: Testergebnisse des Elternfragebogens (CBCL) nach Kontrollgruppe und Versuchsgruppe (in % nur Anteil „Unauffälliger")

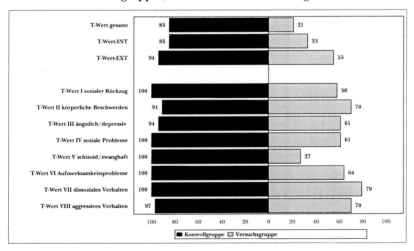

In einem weiteren Schritt wurden die internalisierenden Syndromskalen sozialer Rückzug (I), körperliche Beschwerden (II) und ängstlich-depressives Verhalten (III), die in der Skala 2. Ordnung T-Wert-INT zusammengefasst sind, einer näheren Analyse unterzogen. Bei einem Mittelwert-Vergleich kann auch hier ein Unterschied zwischen Kontroll- und Versuchsgruppe in einer Signifikanzprüfung auf dem 5-Prozent-Niveau deutlich nachgewiesen und als signifikant bezeichnet werden (vgl. Tab. 5).

Ein geschlechterspezifischer Mittelwertvergleich innerhalb der Skala T-Wert-INT hingegen ergibt keine signifikanten Unterschiede zwischen Jungen und Mädchen. Das heißt, dass überraschenderweise Jungen im Rahmen dieser Studie genauso stark internalisierende Verhaltensweisen an den Tag legen wie Mädchen. Ähnlich verhält es sich bei einem geschlechtsspezifischen Mittelwertvergleich innerhalb der Skala T-Wert-EXT (Syndromskalen dissoziales Verhalten (VII) und aggressives Verhalten (VIII)): auch innerhalb der Externalisierenden Verhaltensweisen sind erstaunlicherweise keine signifikanten Unterschiede zwischen Mädchen und Jungen feststellbar.

Interessanterweise sind allerdings signifikante Unterschiede zu erkennen, wenn man die Jungen oder Mädchen zwischen der Versuchs- und Kontrollgruppe miteinander vergleicht. Sowohl die Jungen als auch die Mädchen der Versuchsgruppe zeigen signifikant auffälligere Verhaltensweisen als ihre Geschlechtsgenossen der Kontrollgruppe, und zwar sowohl innerhalb der Internalisierenden wie auch der Externalisierenden Verhaltensweisen. Das lässt auf eine deutlich stärkere Belastung der Kinder psychisch kranker Eltern beiderlei Geschlechts schließen.

Auch bei Gegenüberstellung der Externalisierenden Syndromskalen dissoziales Verhalten (VII) und aggressives Verhalten (VIII), die in der Skala 2. Ordnung T-Wert-EXT zusammengefasst sind, können Unterschiede zwischen Versuchs- und Kontrollgruppe festgestellt werden, wie Tab. 5 zeigt:

	T-Wert Syndromskala INT Mittelwert	n	T-Wert Syndromskala EXT Mittelwert	n
Gesamt	57,64	67	59,21	66
Kontrollgruppe	51,50	34	53,55	33
Versuchsgruppe	63,97	33	64,88	33
männlich	57,49	35	58,97	35
weiblich	57,18	32	59,48	31
KG männlich	50,41	17	51,67	17
KG weiblich	52,59	17	55,44	17
KG männlich	50,41	17	51,76	17
VG männlich	64,17	18	65,78	18
KG weiblich	52,59	17	55,44	16
VG weiblich	63,73	15	63,80	15
KG 7-10 Jahre	50,40	15	52,50	14
KG 11-15 Jahre	52,37	19	54,32	19
VG 7-10 Jahre	61,06	17	61,06	17
VG 11-15 Jahre	67,06	16	68,94	16
KG 7-10 Jahre	50,40	15	52,50	14
VG 7-10 Jahre	61,06	17	61,06	17
KG 11-15 Jahre	52,37	19	54,32	19
VG 11-15 Jahre	67,06	16	68,94	16

Tab. 5: Mittelwertvergleich der CBCL-Ergebnisse INT-T-Wert (VAR 13) und EXT-T-Wert (VAR 15) nach Versuchs- und Kontrollgruppe, Alter und Geschlecht

Anmerkung: Die Zahlen in Rasterflächen stellen signifikante Unterschiede auf dem 5-Prozent-Niveau dar.

In sämtlichen acht Syndromskalen weisen die Mädchen der Versuchsgruppe signifikant stärkere Verhaltensauffälligkeiten auf als die Mädchen der Kontrollgruppe. Gleiches gilt für die Jungen, die in sieben von acht Syndromskalen signifikant höhere T-Werte und somit stärkere Verhaltensauffälligkeiten zeigen als die Jungen der Kontrollgruppe. Lediglich bei den „körperlichen Beschwerden" kann keine Signifikanz nachgewiesen werden, wenngleich eine Tendenz sichtbar ist. Auch bei einem Mittelwertvergleich zwischen Versuchs- und Kon-

	T-Werte für die Syndromskalen des CBCL – jeweils gerundete Mittelwerte –							
	Sozialer Rückzug	Körperliche Beschwerden	Ängstlich/Depressiv	Soziale Probleme	Schizoid/Zwanghaft	Aufmerksamkeitsprobleme	Dissoziales Verhalten	Aggressives Verhalten
Gesamt	59	57	60	59	56	58	54	57
Kontrollgruppe	*54*	*55*	*54*	*53*	*51*	*53*	*51*	*53*
Versuchsgruppe	*65*	*60*	*66*	*65*	*61*	*63*	*58*	*62*
männlich	59	57	59	59	56	59	55	57
weiblich	60	57	61	59	56	58	54	58
KG männlich	52	55	54	53	51	53	52	53
KG weiblich	55	54	55	53	51	53	51	53
VG männlich	66	60	64	64	62	64	57	60
VG weiblich	64	60	68	66	61	63	58	64
KG männlich	**52**	55	**54**	**53**	**51**	**53**	**52**	**53**
VG männlich	**66**	60	**64**	**64**	**61**	**64**	**57**	**60**
KG weiblich	*55*	*54*	*55*	*53*	*54*	*55*	*53*	*51*
VG weiblich	*64*	*60*	*68*	*66*	*60*	*68*	*66*	*61*
Alter 7-10 Jahre	57	58	59	58	55	58	54	57
Alter 11-15 Jahre	61	57	61	60	57	59	55	58
KG 7-10 Jahre	53	56	53	52	51	52	51	**51**
KG 11-15 Jahre	54	54	56	53	51	54	51	**54**
VG 7-10 Jahre	**61**	59	64	62	59	63	57	**61**
VG 11-15 Jahre	**69**	61	68	68	64	64	58	**63**
KG 7-10 Jahre	**53**	56	**53**	**52**	**51**	**52**	**51**	**51**
VG 7-10 Jahre	**61**	59	**64**	**62**	**59**	**63**	**57**	**61**
KG 11-15 Jahre	**54**	**54**	**56**	**53**	**51**	**54**	**51**	**54**
VG 11-15 Jahre	**69**	**61**	**68**	**68**	**64**	**64**	**58**	**63**

Tab. 6: Syndromwerte des CBCL im Gruppenvergleich

Anmerkung: Die Zahlen in Fettdruck und Rasterfläche ergeben in den jeweiligen Gruppen einen signifikanten Unterschied zwischen den jeweiligen Gruppen, die in Kursivdruck zeigen eine entsprechende Tendenz an. Die Summenscores sind gerundet.

trollgruppe bezogen auf die Altersgruppen der 7 bis 10-Jährigen bzw. der 11 bis 15-Jährigen werden in 8 von 8 bzw. 7 von 8 Vergleichsabfragen signifikante Unterschiede zu Lasten der Versuchsgruppe deutlich. Bei Gegenüberstellung der einzelnen acht Syndromskalen des CBCL werden in nebenstehend hervorgehobenen Bereichen signifikante Unterschiede deutlich (Tab. 6).

Bei genauerer Betrachtung der Internalisierenden Verhaltensweisen (sozialer Rückzug, körperliche Beschwerden, ängstlich-depressives Verhalten) innerhalb der CBCL wird sehr deutlich, dass die Kinder der Versuchsgruppe diese Verhaltensweisen signifikant häufiger zeigen. Diese deutlichen Unterschiede zwischen der Versuchs- und Kontrollgruppe treten auch bei geschlechtsspezifischer Gegenüberstellung auf und zeigen sich ebenfalls bei altersspezifischer Differenzierung, und zwar sowohl bei den 7 bis 10-jährigen als auch bei den 11 bis 15-jährigen Kindern (vgl. Abb. 5). Damit ist der deutliche Nachweis erbracht, dass Kinder psychisch kranker Eltern signifikant häufiger an Internalisierenden Verhaltensweisen leiden als Kinder der Normalpopulation.

Bei einem Mittelwertvergleich der Ressourcen-Skala der CBCL unterscheiden sich Versuchsgruppe und Kontrollgruppe in allen drei Bereichen signifikant voneinander, während reine geschlechtsspezifische Vergleiche oder Vergleiche zwischen Jungen und Mädchen innerhalb der Kontrollgruppe keine signifikanten Unterschiede aufweisen (vgl. Tab. 7). Daher kann festgestellt werden, dass die Kinder der Versuchsgruppe über deutlich weniger Kompetenzen

Abb. 5: Testergebnisse des T-Wert-INT des Elternfragebogens (CBCL) nach Kontrollgruppe, Versuchsgruppe, Geschlecht & Alter

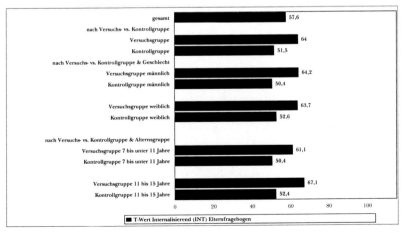

in sämtlichen drei abgefragten Bereichen (Aktivitäten, Soziale Kompetenz, Schule) verfügen wie die Kinder der Kontrollgruppe. Am deutlichsten werden die Unterschiede in der Skala *Soziale Kompetenz*, in der bei allen dargestellten Mittelwertvergleichen signifikante Unterschiede gemessen wurden.

	Aktivitäten (Var. 40)	Soziale Kompetenz (Var. 42)	Schule (Var. 44)	n
Gesamt	53,3	45,0	45,9	67
Kontrollgruppe	54,5	51,3	49,9	34
Versuchsgruppe	52,0	38,7	41,8	33
männlich	52,6	46,3	45,3	35
weiblich	54,0	46,3	45,3	32
KG männlich	54,2	52,2	50,8	17
KG weiblich	54,8	50,4	49,1	17
KG männlich	54,2	52,2	50,8	17
VG männlich	51,0	36,4	42,4	18
KG weiblich	54,8	50,5	49,1	17
VG weiblich	53,1	41,5	41,0	15
VG 7-10 Jahre	53,2	41,6	43,2	17
VG 11-15 Jahre	50,8	35,6	40,3	16
KG 7-10 Jahre	54,1	50,6	49,3	15
VG 7-10 Jahre	53,2	41,6	43,2	17
KG 11-15 Jahre	54,8	51,8	50,0	19
VG 11-15 Jahre	50,7	35,6	40,3	16

Tab. 7.: **Mittelwertvergleich der Ressourcen-Skalen des CBCL (Aktivitäten, Soziale Kompetenz und Schulleistungen)**

Anmerkung: Zahlen in Fettdruck und Rasterfläche unterscheiden sich signifikant.

Wie im Weiteren noch ausführlicher erörtert erweist sich das 4. Mimik-Bild des Teilbereiches Mimik des ETK als besonders trennscharf, hier im Zusammenhang mit dem externalisierenden Persönlichkeitswert. Die auffälligen Kinder erreichen einen signifikant höheren Mimik-Wert ($p = 0,026$).

SC Empathie Mimik(Variablen 170-175) Syndromwert EXT ist	Mittelwert[2]	n
unauffällig (bis 59)	121,8	50
Grenzbereich (60-63)	98,5	6
auffällig (über 64)	159,5	11
Gesamt	125,9	67

Tab. 8: Zusammenhang zwischen der Syndromskala EXT (Var. 15) und dem ETK-Wert Mimik (Var. 170-175)

Es bleibt aber festzuhalten, dass im Allgemeinen nur wenige kontinuierliche Signifikanzen zwischen einzelnen CBCL-Ergebnissen und einzelnen Summenscores des ETK festzustellen sind. Ein auffälliger Wert in der CBCL ist also weder kontinuierlich mit hohen noch mit niedrigen Empathiewerten verbunden. Es ist also von widersprüchlichen Tendenzen bei der ETK-Auswertung auszugehen.

4.5.3 Ergebnisse des Empathie-Tests für Kinder (ETK)

Bezüglich des ETK ist festzustellen, dass die Unterschiede zwischen VG und KG nicht wie erwartet zu generellen deutlichen Signifikanzen führen, sondern lediglich innerhalb einzelner Items signifikante Unterschiede bei einer Mittelwertberechnung zu erkennen sind. Bei folgenden Einzelaufgaben des ETK sind signifikante Mittelwertunterschiede zwischen Versuchs- und Kontrollgruppe feststellbar:

1. Körpersprache (Items 83-103 ohne 85, 94, 97)
2. Mimik (Items 128-175)

Allerdings ist sowohl bei der Perspektivenübernahme als auch bei der Gefühlsansteckung eine gleiche Tendenz feststellbar: In allen vier Einzelbereichen des ETK und somit auch im Gesamttest erreicht die Kontrollgruppe höhere Werte als die Versuchsgruppe. Es ergibt sich folgendes Bild bezüglich der Ergebnisse des ETK.

---

2 Bei der Bildung der jeweiligen Mittelwerte mussten die wenigen Kinder (3), die auf der 50er Skala mit der extremen „0" geantwortet hatten, vernachlässigt werden, was aber kaum zu einer Verzerrung der Ergebnisse geführt haben dürfte. In Zukunft sollte aber eine Skala von 1 bis 50 zur Anwendung kommen.

	Perspektiven-übernahme (Var. 48-82)[3]	Körpersprache (Var. 83-103)	Gefühlsansteckung (Var. 104-127)	Mimik (Var. 128-175)	ETK-Gesamt (Var. 48-175)
Gesamt	753	475	453	1005	2687
Kontrollgruppe	778	**509**	455	**1090**	2832
Versuchsgruppe	728	**441**	451	**918**	2537
männlich	749	471	*421*	971	2612
weiblich	758	479	*489*	1043	2769
KG männlich	834	538	463	1080	2917
KG weiblich	722	479	447	1099	2747
VG männlich	668	408	**381**	867	2324
VG weiblich	799	479	**536**	979	2793
KG männlich	**834**	**538**	*463*	**1080**	**2917**
VG männlich	**668**	**408**	*382*	**867**	**2324**
KG weiblich	*722*	479	*447*	1099	2747
VG weiblich	*799*	479	*536*	979	2793
Alter 7-10 Jahre	**709**	**428**	462	*937*	2536
Alter 11-15 Jahre	**794**	**518**	445	*1068*	2825
VG 7-10 Jahre	683	**377**	428	**789**	**2278**
VG 11-15 Jahre	774	**508**	476	**1055**	**2813**
KG 7-10 Jahre	737	486	**501**	1104	2828
KG 11-15 Jahre	810	526	**419**	1079	2835
VG 7-10 Jahre	683	**377**	428	**789**	**2278**
KG 7-10 Jahre	737	**486**	501	**1104**	**2828**
VG 11-15 Jahre	775	508	476	1055	2813
KG 11-15 Jahre	810	526	419	1079	2835

Tab. 9: **Mittelwerte der Summenscores des ETK in den jeweiligen Gruppen mit Signifikanzprüfung**

Anmerkung: Die Zahlen in Fettdruck und Rasterfläche ergeben in den jeweiligen Gruppen einen signifikanten Unterschied zwischen den jeweiligen Gruppen, die Zahlen in Kursivdruck zeigen Tendenzen an. Die Summenscores sind gerundet.

[3] Jeweils ohne die Items in den Subtests, die laut Testanweisung als Kontrollfragen nicht mit einzurechnen waren

Vergleicht man die Mittelwerte zwischen Kontroll- und Versuchsgruppe bezüglich der Empathie-Bereiche Perspektivenübernahme, Gefühlsansteckung, Körpersprache und Mimik, muss auch hier festgestellt werden, dass die erwarteten durchgängigen signifikanten Unterschiede nicht vorliegen. Lediglich in zwei Subskalen können signifikante Unterschiede bei einem Mittelwertvergleich mit Summenbildung nachgewiesen werden. In der Subskala Körpersprache (Var. 83-103) treten signifikante Unterschiede bei einem Mittelwert von 508,4 für die Kontrollgruppe und 440,6 für die Versuchsgruppe auf einem Niveau von 0,036 (KG) bzw. 0,038 (VG) auf. In der Subskala Mimik (Var. 128-175) liegen die Mittelwerte der Versuchsgruppe bei 917,8 ($p=0,021$), die der Kontrollgruppe bei 1089,1 ($p=0,020$). Daraus lässt sich ableiten, dass die Fähigkeit von Kindern psychisch kranker Eltern, die Körpersprache und Mimik auf Bildern zu erkennen, geringer ausgeprägt ist als bei den Kindern der Kontrollgruppe.

Auch Unterschiede zwischen den Altersgruppen sind relevant. Tendenziell hat die ältere Versuchsgruppe die besseren Empathiewerte, signifikante Unterschiede sind in den Bereichen Perspektivenübernahme sowie Körpersprache zu konstatieren. Interessanterweise gilt das nicht gleichermaßen für den Teil der Kontrollgruppe. Hinsichtlich der Geschlechterverteilung ergeben sich lediglich bei den Jungen deutliche Unterschiede im Hinblick auf signifikant höhere Empathiewerte in der Kontrollgruppe im Vergleich zur Versuchsgruppe (mit Ausnahme der Gefühlsansteckung). Bei Mädchen scheinen sich ungünstige Familieneinflüsse durch psychisch kranke Eltern nicht gleichermaßen negativ auf die Empathiefähigkeit auszuwirken wie bei Jungen. Über die unterschiedlichen Kompensierungsmechanismen der Geschlechter sollte weiter geforscht werden.

4.5.4 Ergebnisse des Fachkraft-Fragebogens (FKB)

Zunächst folgen Aussagen zum **Grundberuf** der Fachkräfte. An der Untersuchung beteiligten sich:

- Facharzt Pädiatrie 1
- Diplom-Pädagogen 3
- Diplom-Psychologen 9
- Dipl.-Sozialarbeiter / Dipl.-Sozialpädagogen 8
- Heilpädagogen 3
- Kinder- und Jugendlichenpsychotherapeuten 9

Wie zu erkennen, werden die meisten Kinder psychisch kranker Eltern von den drei Berufsgruppen Dipl.-Sozialarbeiter/-pädagogen, Dipl.-Psychologen sowie Kinder- und Jugendlichenpsychotherapeuten versorgt, gefolgt von Heilpädagogen, Diplom-Pädagogen und einem Arzt.

Angaben zur **Institution** der Fachkräfte:
* Kinder- und Jugendpsychiatrie   4
* Ambulante Jugendhilfe   7
* Stationäre Jugendhilfe   1
* Psychiatrische/Psychotherapeutische Praxis 15
* Projektmaßnahme   2
* Sonstige   4

Bei Betrachtung der Institutionen, von denen die Kinder psychisch kranker Eltern im Rahmen der Erhebung betreut wurden, bilden die ambulanten psychotherapeutischen Praxen mit 45,5% die mit Abstand größte Gruppe, gefolgt von der ambulanten Jugendhilfe mit 21,2% und der Kinder- und Jugendpsychiatrie mit 12,1%.

Als auffällig zu bewerten ist die Tatsache, dass trotz breit gestreuter Versendung der Fragebögen keine einzige Rücksendung durch Fachkräfte erfolgte, die in erster Linie mit den Eltern arbeiteten. Sämtliche Fragebögen der Versuchsgruppe, auch innerhalb der Psychiatrischen/Psychotherapeutischen Praxis, setzen sich aus Arbeitsfeldern mit Kindern psychisch kranker Eltern zusammen. Daraus lässt sich ableiten, dass ein Bewusstsein für die Probleme von Kindern psychisch kranker Eltern zwar in besonders motivierten Fällen vorliegt (Studienteilnahme von 24,5% in der Versuchsgruppe), bei genauerer Analyse der teilnehmenden Fachkräfte jedoch festgestellt werden muss, dass bei den Fachkräften, die mit den psychisch erkrankten Eltern arbeiten, ein Wahrnehmungsdefizit bezüglich der Problematik der beteiligten Kinder vorliegen kann.

1. Aussagen der Fachkräfte zur **psychischen Erkrankung**
   Innerhalb der untersuchten Population waren erkrankt:
   * Mutter   24
   * Vater   6
   * beide   3

Bei der Erkrankung der Elternteile war ein deutlicher Überhang der Mütter zu verzeichnen, die im Vergleich zu den Vätern viermal häufiger als erkrankter Elterteil angegeben wurden. Da statistisch nicht belegt werden kann, dass

Frauen ein vierfach höheres Risiko aufweisen, an einer psychischen Erkrankung zu leiden, muss dieser Unterschied andere Ursachen haben. Hier wird davon ausgegangen, dass eine wesentliche Ursache darin begründet liegt, dass psychisch kranke Mütter wesentlich häufiger und auch länger in ihrer Familie bleiben als die Väter. Ein weiterer Grund könnte darin liegen, dass die Mütter sich häufiger Unterstützung und Hilfe suchen als die Väter.

Im Zusammenhang mit den Summenscores des ETK gab es nur drei signifikante Zusammenhänge, wobei interessanterweise jeweils bei Erkrankung des Vaters die höchsten Empathiewerte erzielt wurden, und die niedrigsten, wenn beide Elternteile erkrankt sind. Das legt den Schluss nahe, dass die Erkrankung beider Elternteile sich am gravierendsten auf die Empathiefähigkeit der Kinder auswirkt (niedrigste Empathiewerte). Die höchsten Empathiewerte bei Erkrankung des Vaters hingegen machen deutlich, dass noch ein hohes Maß an Empathiefähigkeit bei den Kindern vorhanden ist, sich die Erkrankung des Vaters also nicht so gravierend auf die Empathiefähigkeit der Kinder auswirkt.

Erkrankter Elternteil	Mittelwert			n
	SC Empathie Computerwunsch (Var. 55-61)	SC Empathie Hundespiel (Var. 62-67)	SC Empathie Mimik Mädchen (Var. 55-61)	
Mutter	171,4	194,3	93,4	24
Vater	193,8	206,0	160,5	6
Beide	137,7	100,0	90,7	12
Gesamt	187,8	187,8	105,4	33

Tab. 10: **Erkrankter Elternteil und ausgewählte ETK-Ergebnisse**

2. Als **Formen der Erkrankung** wurden angegeben:
   - Ängste   5
   - Depressionen 22
   - Schizophrenie 6

Bei der Form der Erkrankung existiert ein deutlicher Schwerpunkt mit 66% Nennungen bei Depressionen. Die beiden anderen Krankheitsformen Ängste und Schizophrenie treten in ungefähr gleich großen Gruppen mit 15,5% bzw. 18,2% in Erscheinung.

3. Die **Intensität der Erkrankung** wurde angegeben mit:
   - leicht   0
   - mittel   19
   - schwer   14

Bei der abgefragten Intensität der Erkrankung fällt auf, dass in keinem Fall der Versuchsgruppe „leicht" angegeben wurde, sondern es sich bei 57,6% der Fälle um mittlere Intensität und bei 42,4% sogar um schwere Erkrankungen handelte.

4. Als **momentane Behandlungsformen** ergaben sich:
   - ambulant   28
   - teilstationär   4
   - stationär   1

Trotz der erwähnten Schwere der Erkrankungen werden die meisten psychisch kranken Eltern nicht etwa, wie man vermuten könnte, stationär oder teilstationär behandelt. 81,1% der Fälle befinden sich in ambulanter Behandlung, 12,1% in teilstationärer und lediglich 3% in stationärer Behandlung.

5. Die **Klinikaufenthalte der Eltern** ergaben:
   - keine Aufenthalte   6
   - 1   8
   - 2   4
   - 3   4
   - 4   3
   - 5   7
   - 6   1

Die überwiegende Mehrheit der Eltern hat mindestens einen Klinikaufenthalt absolviert, nur ein Fünftel noch keinen. Auch diese Zahlen unterstreichen den hohen Morbiditätsgrad der Eltern.

6. Als **Alter des Kindes bei Erkrankung** wurde angegeben:
   - bereits bei Geburt   15
   - Kindesalter 1 Jahr   2
   - 2 Jahre   1
   - 3 Jahre   2
   - 5 Jahre   1
   - 7 Jahre   1
   - 8 Jahre   4

- 9 Jahre 4
- 10 Jahre 1
- 11 Jahre 2

Somit waren die Eltern zu 45% bereits bei Geburt erkrankt, 25% im Vorschulalter und der Rest im Schulalter. In der Mehrzahl handelt es sich also um langjährige Krankheitsbilder, mit denen die Kinder der Versuchsgruppe von sehr jungem Alter an konfrontiert waren.

In Abhängigkeit von der **Differenz Erkrankungsalter**, also dem Alter des Kindes bei erstmaligem Ausbruch der psychischen Erkrankung des Elternteils, ist folgender Unterschied relevant: Nur bei Verwendung der ein oder maximal zwei am höchsten ladenden Items jeder Skala des ETK ist ein signifikanter Unterschied hinsichtlich des gedrittelten Erkrankungsalters festzustellen. Je jünger das Kind zum Zeitpunkt der Erkrankung der Eltern war, desto geringer ist der Empathiewert ($p= 0,006$).

SC Empathie (Var. 48-175) – nur jeweils höchste Skalenwerte		
Erkrankung der Eltern	Mittelwert	n
bei Geburt vorhanden	780	15
frühzeitig (Kindesalter 1-7 Jahre)	849	7
späteres Erkrankungsalter (8-14 Jahre)	1057	11
Gesamt	887	33

Tab. 11: Zusammenhang zwischen dem Erkrankungsalter der Eltern und dem Empathiescore

Auch bei Verwendung aller gültigen Werte des ETK ergibt sich die gleiche Tendenz, die allerdings nicht signifikant ist ($p= 0,098$).

Bezüglich der **Wohnsituation der Kinder** ist festzustellen, dass die meisten Kinder (40%) zum Zeitpunkt der Befragung bei einem allein erziehenden Elternteil leben, 16% bei der leiblichen Mutter mit einem neuen Partner und ungefähr ein Viertel aller Kinder psychisch kranker Eltern mit beiden Elternteilen zusammen leben. Mit 18% stellt die Gruppe der Kinder, die in Pflege- oder Adoptivfamilien bzw. im Heim leben, ebenfalls eine gewisse Größe dar. Die meisten der Kinder (80%) leben bei dem erkrankten Elternteil. Der Summenscore Empathie in Bezug darauf, ob das Kind bei dem erkranktem Elternteil lebt, ergibt, wenn signifikante Zusammenhänge nachweisbar sind, dann immer den höchsten Empathie-Wert, wenn das Kind bei dem erkrankten Elternteil lebt (Mimik, *p =0,049*).

Insgesamt ist festzuhalten, dass die Versuchsgruppe unter deutlich anderen Familienverhältnissen aufwächst als der Durchschnitt der Kinder. Es kann verallgemeinert werden: Ein erkrankter Elternteil beeinträchtigt das Aufwachsen der Kinder schon beträchtlich, umso mehr liegen aber dann belastete Familienverhältnisse vor, wenn beide Elternteile erkrankt sind oder waren.

Bezogen auf *protektive und kompensierende Faktoren* ist nach Aussage der Fachkräfte bei zwei Drittel kein kompensierender, Sicherheit vermittelnder Elternteil vorhanden (nein bei 21 Kindern, ja bei 12). Bessere Relationen ergeben sich hinsichtlich enger Beziehungen des Kindes zu einer wichtigen Bezugsperson, diese haben fast zwei Drittel der Kinder. Sie verfügen allerdings nicht in gleichem Maße über ein soziales Netz außerhalb der Familie. Das sehen die Fachkräfte nur bei einem Drittel (13 Kinder).

Ein weiterer Vergleich wurde bezüglich der beiden *Symptome Phobien und Alpträume* vorgenommen. Hier wurden signifikante Unterschiede dahingehend festgestellt, dass Kinder der Versuchsgruppe mehr als doppelt so häufig unter Alpträumen leiden wie Kinder der Kontrollgruppe. Bei Phobien tritt dieser Unterschied noch deutlicher in Erscheinung. Nahezu jedes zweite Kind psychisch kranker Eltern leidet unter Phobien. Die Zahl der Kinder der Versuchsgruppe, bei denen Phobien angegeben wurden, lag mit 48% mehr als drei Mal so hoch wie bei den Kindern der Kontrollgruppe (15%). Bei einem auf Phobien bezogenen Geschlechtervergleich lassen sich ebenfalls signifikante Unterschiede erkennen. Phobien treten in der gesamten Untersuchungsgruppe bei Mädchen etwa doppelt so häufig auf wie bei Jungen. Innerhalb der Kontrollgruppe sind bei keinem Jungen Phobien zu verzeichnen, während 29% der Mädchen darunter leiden. In der Versuchsgruppe wurden sie von 39% der Jungen und 60% der Mädchen angegeben, was die starke Belastung mit Phobien bei Kindern psychisch kranker Eltern noch einmal unterstreicht (vgl. Tab. 12).

Es ist davon auszugehen, dass die *Zuwendung* in den Familien mit psychisch kranken Eltern, das *gegenseitige Zuhören* und *Vertrauen* sowie die *Feinfühligkeit im Bindungsverhalten* in erheblichem Maße beeinträchtigt sind. Insofern ist es folgerichtig, dass die Fachkräfte die Beziehungen in den Familien relativ zurückhaltend beurteilen. Nur in wenigen Familien werden die Beziehungen uneingeschränkt positiv bewertet. Der Mittelwert liegt in allen fünf erfragten Be-

in %	Phobien(Var. 242) nicht zutreffend	Phobien(Var. 242) manchmal/ häufig zutreffend	Alpträume(Var. 243) nicht zutreffend	Alpträume(Var. 243) manchmal/ häufig zutreffend
Gesamt	69	31	67	33
Kontrollgruppe	85	15	79	21
Versuchsgruppe	52	48	55	45
männlich	80	20	66	34
weiblich	56	44	69	31
KG männlich	100	0	76	24
KG weiblich	71	29	82	18
VG männlich	61	39	56	44
VG weiblich	40	60	53	47

Tab. 12: Phobien und Alpträume in Versuchs- und Kontrollgruppe und nach Alter

Anmerkung: Felderpaare in Fettdruck und Rasterflächen unterscheiden sich signifikant.

ziehungseinschätzungen jenseits der 2,7. Am besten werden Zuwendung und Bindungsverhalten eingeschätzt, am schlechtesten das gegenseitige Vertrauen sowie die Feinfühligkeit in den Beziehungen.

Frage: Kreuzen Sie bitte an: 1 = sehr intensiv bis 5 = wenig intensiv

in %	Pos. 1	1+2	3	4+5	5	MW*
Zuwendung	12	46	24	30	3	2,8
Bindungsverhalten	12	46	24	30	12	2,9
Zuhören können	9	27	30	43	6	3,1
Gegenseitiges Vertrauen	3	24	24	52	12	3,4
Feinfühligkeit in der Beziehung	3	24	21	55	15	3,4

* sortiert nach Mittelwert

Tab. 13: Urteile der Fachkräfte über Beziehung in der Herkunftsfamilie

Die Hypothese, dass die Kinder psychisch kranker Eltern bedeutend häufiger mit unsicheren Bindungserfahrungen konfrontiert sind, lässt sich auch im Rahmen der Studie nachweisen. In der Meta-Analyse von van Ijzendoorn (1996) zur Bindungsforschung wird innerhalb der Durchschnittsbevölkerung von 23,2% unsicher-vermeidend gebundenen Kindern (A), 17,6% unsicher-ambivalent gebundenen Kindern (C) und 59,2% sicher gebundenen Kindern (B) ausgegangen (zit. in: Schmidt und Strauß 1997, S. 9).[4] Innerhalb der Versuchsgruppe sind die Bindungsformen der Kinder psychisch kranker Eltern wie folgt verteilt:

Bindungsverhalten ist	n	in %	Vergleich Normalpopulation
unsicher-ambivalent (C)	15	46	18
unsicher-vermeidend (A)	11	33	23
sicher gebunden (B)	4	12	59
desorganisiert (D)	3	9	10

Tab. 14: **Bindungsverhalten in der Untersuchung im Vergleich zur Normalpopulation**

Damit wird deutlich, dass Kinder aus der Normalpopulation fünf Mal häufiger auf sichere Bindungsbeziehungen (B) zurückgreifen können wie Kinder psychisch kranker Eltern (59,2% : 11,8%). Unsicher-vermeidendes Bindungsverhalten (A) tritt in der Normalbevölkerung in 23,2% aller Fälle auf, in der Versuchsgruppe mit 32,4% bedeutend häufiger. Noch deutlicher ist der Unterschied bei dem unsicher-ambivalent gebundenen Kindern (C), die in der Durchschnittsbevölkerung mit 17,6% vorkommen, in der Studie mit 46,1% jedoch die größte Gruppe ausmachen. Lediglich bei den desorganisiert gebundenen Kindern (D) kann mit 10 : 8,8% ein Zusammenhang zwischen beiden Gruppen festgestellt werden.

---

4   Das „desorganisierte Bindungsverhalten" als eine neu hinzugekommene Bindungsform wird von den beiden Autoren noch nicht erfasst. Andere Autoren (vgl. Grossmann und Grossmann 1996, S. 30) geben die Zahl der desorganisiert gebundenen Kinder jedoch mit 10% an.

In einer weiteren Abfrage wurden bestimmte Eigenschaften der Kinder, die sowohl von den Eltern (CBCL) als auch den Fachkräften (FKB) eingeschätzt werden sollten, mit Angaben im ETK verglichen. Aufgrund der geringen Signifikanzen im ETK und seinen Sub-Skalen wurde eine andere Form der Berechnung herangezogen, indem ein ETK-Gesamtsummenscore gebildet und dieser dann in einem weiteren Schritt gedrittelt wurde. Bezogen auf die abgefragten Items ergibt sich folgendes Bild:

jeweils nur: trifft zu 1+2 Fachkräfte- bzw. Elternurteil in %	ETK-Summenscore-GesamtVar. 48-175 gedrittelt			%	n
	gering 944-2535	mittel 2592-3031	hoch 3069-4047		
Gesamt	35	30	35	100	66
Angst, Schlimmes zu denken	61	11	**28**	55	18
wertlos	54	21	**25**	73	24
ängstlich	52	24	**24**	64	21
Schuldgefühle	50	18	32	67	22
traurig	48	22	30	82	27
hört Dinge	100			3	1
sieht Dinge			100	3	1
Raufereien	31	38	31	49	16
schreit viel	**22**	33	44	27	9
spielt Clown	43	36	**21**	42	14
störrisch	35	39	26	70	23
bedroht andere	29	43	29	21	7
lügt	45	36	**18**	33	11
Vandalismus	**17**	50	33	18	6

Tab. 15: ETK-Gesamtergebnis und Eigenschaften der Kinder nach Fachkräfte- bzw. Elternurteil

Anmerkung: Die Zahlen in Fettdruck und Rasterflächen repräsentieren signifikante Unterschiede in der Drittelung.

Ein geringer Empathiewert (gesamt) korrespondiert deutlich mit Ängstlichkeit, der Neigung zum Lügen und dem Gefühl von Wertlosigkeit. Andererseits ist bei den Attributen „schreit viel" sowie Vandalismus ein vergleichsweise hoher Empathiewert festzustellen. Hier müssten weitere Untersuchungen der Frage nachgehen, ob beurteiltes extremes und auffälliges Verhalten der Kinder (Schreien, Vandalismus) nicht oft eher eine Signalfunktion hat als mit Empathiedefiziten einherzugehen.

Diese Ergebnisse können mit Aussagen zum **Kommunikationstyp** nach Satir konfrontiert werden. Nach Virginia Satir (1993) tendieren Menschen in Stresssituationen dazu, in individuell immer wieder gleichbleibende Kommunikationsmuster zu verfallen. Die von ihr entwickelten Kommunikationsmuster, die im FKB abgefragt wurden, sind: der Beschwichtiger, der Ankläger, der Rationalisierer, der Ablenker, der Kongruente. In der folgenden Tabelle ist der seitens der Fachkräfte eingeschätzte Kommunikationstyp des Kindes nach Geschlecht und Alter dargestellt. Dabei wird deutlich, dass keines der Kinder als *kongruent*, also stimmig bzw. ausgeglichen angegeben wurde. Weiterhin fällt auf, dass die Geschlechterverteilung beim *Ankläger* nicht wie erwartet eine höhere Quote bei den Jungen ergibt, sondern mit 80 : 20% bedeutend mehr Mädchen *Ankläger* sind.

Pos. nur ja n=33	Beschwichtiger	Ankläger	Rationalisierer	Ablenker
Gesamt	39	15	18	27
nach Geschlecht				
männlich	54	20	50	78
weiblich	46	80	50	22
nach Altersgruppen				
7 bis 11,4 Jahre	26	71	65	84
11,5 bis 14,9 Jahre	74	29	35	16

Tab. 16: **Kommunikationstypen bei Kindern psychisch kranker Eltern (in %)**

Ähnlich verhält es sich beim *Ablenker*, der statt der erwarteten höheren Quote bei den Mädchen mit 78 : 22% zugunsten der Jungen vorkommt. Bezüglich der Altersverteilung fällt auf, dass es lediglich beim Kommunikationstyp *Beschwichtiger* mehr ältere als jüngere Kinder gibt, während bei den anderen Kommunikationstypen (*Ankläger, Rationalisierer, Ablenker*) die 7 bis 11,4-jährigen Kinder bedeutend stärker vertreten sind als die 11,5 bis 14,9-jährigen Kinder. Beide genannten Phänomene müssten noch genauer untersucht werden, um Hintergründe für die unerwartete Verteilung aufschlüsseln zu können.

4.5.5 Ergebnisse hinsichtlich der Erkrankung der Eltern

Nachfolgend interessiert die Frage, inwieweit die Erkrankung der Eltern Einfluss auf das Familien- und Bindungsverhalten hat.

Form der Erkrankung	Bindungsverhalten		
	unsicher-vermeidend (A)	unsicher-ambivalent (C)	n
Ängste	0	100	4
Depressionen	44	56	18
Schizophrenie	75	25	4
Gesamt	42	58	26

Tab. 17: Zusammenhang zwischen der Form der Erkrankung der Eltern und dem Bindungsverhalten des Kindes (nur A vs. C, in %)

Während bei Ängsten und Depressionen in der Tendenz mehr Kinder eine unsicher-ambivalente (C) Bindung aufweisen, handelt es sich bei der Krankheitsform Schizophrenie eher um ein unsicher-vermeidendes (A) Bindungsverhalten. Unsicher-vermeidendes Bindungsverhalten ist gemeinhin bei Kindern mit frühen Bindungsstörungen vorzufinden. Sie haben kein Zutrauen in ihre primäre Bezugsperson entwickeln können, wenden sich eher dem Spielzeug und materiellen Dingen zu, als sich immer wieder von Personen oder Beziehungen enttäuschen zu lassen. Emotionen scheinen ihnen unwichtig, auch scheint lediglich eine sehr geringe empathische Kompetenz vorzuliegen. Unsicher-ambivalentes Bindungsverhalten hingegen tritt bei Kindern auf, die in frühen Jahren eine etwas größere Bindungssicherheit von ihren Bezugspersonen erfahren haben, dieses jedoch oft unberechenbar und ambivalent war, sodass sie schwer einschätzen konnten, was gemeint war. Gefühle spielen bei unsicher-ambivalent gebundenen Kindern eine größere Rolle als bei unsichervermeidenden Kindern; auch bezüglich ihrer Empathiefähigkeit sind sie kompetenter, da sie meist versuchen, dem Gegenüber zu gefallen und sich ihm anzupassen.

Das Ergebnis der Gegenüberstellung dieser beiden Bindungstypen mit den Krankheitsbildern stimmt insofern mit den Aussagen überein, dass die frühere und bezogen auf Beeinträchtigungen der Gefühle und der Empathiefähigkeit schwerere Bindungsstörung häufiger bei schizophren erkrankten Eltern vorzufinden ist. Denn auch hier gilt, dass Schizophrenie wegen ihres früheren Ausbruches und ihrer Intensität oft als schwerere psychische Erkrankung und belastender in ihren Auswirkungen auf Angehörige zu werten ist als Ängste oder Depressionen (vgl. Kap. 2).

Form der Erkrankung	Bindungsverhalten		
	unsicher-vermeidend (A)	unsicher-ambivalent (C)	n
Ängste	0	100	4
Schizophrenie	67	33	3
Gesamt	29	71	7

Tab. 18: Zusammenhang zwischen der Erkrankung der Mutter (nur Ängste und Schizophrenie) und Bindungsverhalten des Kindes

Trotz des kleinen n werden die Unterschiede zwischen dem Krankheitsbild Ängste und Schizophrenie auch in dieser weiter aufgeschlüsselten Gegenüberstellung besonders deutlich ($p=0,053$).

Ein weiterer Unterschied betrifft die Alpträume, die Kinder psychisch kranker Eltern haben. Signifikante Auffälligkeiten sind bei den Müttern zu erkennen. Bei ängstlichen Müttern tauchen Alpträume bei 60% der Kinder nicht auf, bei 40% treten sie manchmal auf; bei depressiven Müttern tauchen Alpträume in 64,7% der Fälle nicht auf, in 35,3% manchmal. Bei Müttern mit schizophrener Erkrankung jedoch haben lediglich 40% der Kinder keine Alpträume, bei 20% kommen sie manchmal vor, bei 40% sogar häufig ($p=0,049$). Stellt man bzgl. der Alpträume nur die Kinder von ängstlich und schizophren erkrankten Müttern gegenüber, bleiben die prozentualen Ergebnisse ungefähr gleich (bei ängstlichen Müttern 60% ohne und 40% manchmal Alpträume; bei schizophrenen Müttern 40% ohne, 20% manchmal und 40% häufige Alpträume), jedoch ohne eine Signifikanz aufzuweisen.

Signifikante Unterschiede tauchen bei Gegenüberstellung der Kinder depressiv erkrankter Mütter mit denen schizophren erkrankter Mütter auf. Hier können bei Ersteren 64,7% der Kinder ohne Alpträume und 35,3% mit manchmal vorkommenden Alpträumen festgestellt werden. Bei den schizophrenen Müttern weisen nur 40% der Kinder keine Alpträume auf, bei 20% kommen sie manchmal und bei 40% häufig vor ($p=0,024$). Bei den Kindern der Kontrollgruppe weisen 79,4% keine Alpträume auf, bei 20,6% tauchen sie manchmal auf. Auch hier sind wieder deutliche Unterschiede zwischen Kontroll- und Versuchsgruppe zu konstatieren.

4.5.6 Die Empathiefähigkeit von Kindern psychisch kranker Eltern

Eindeutige Aussagen bezüglich signifikanter Unterschiede zwischen Versuchs- und Kontrollgruppe im Rahmen des Empathie-Gesamtwertes oder seiner Teilbereiche Perspektivenübernahme, Gefühlsansteckung, Körpersprache und Mimik können leider nicht getroffen werden. Auch die Drittelung der Summenscores (vgl. Tab. 15) liefert keine sicheren Erkenntnisse wie auch der Vergleich der lediglich am höchsten ladenden Items jeder Abbildung im Rahmen des ETK (vgl. Fußnote 7). Bei einem Mittelwertvergleich mit ausschließlicher Einbeziehung derjenigen Items, die in den ETK-Abbildungen die niedrigsten Werte erzielen, sind jedoch einige signifikante Unterschiede festzustellen. In sämtlichen Teilbereichen der Empathieskalen (Ausnahme: Gefühlsansteckung) erzielen die Kinder der Versuchsgruppe signifikant geringere Empathie-Werte als die Kinder der Kontrollgruppe. Auch der Geschlechtervergleich liefert kein eindeutiges Bild. In der Tendenz haben in der Kontrollgruppe die Jungen die höheren Empathiewerte, in der Versuchsgruppe die Mädchen.

Abb. 6: Mittelwertunterschiede bei Empathiewerten (Summenscore) nach Geschlecht (Kontroll- und Versuchsgruppe)

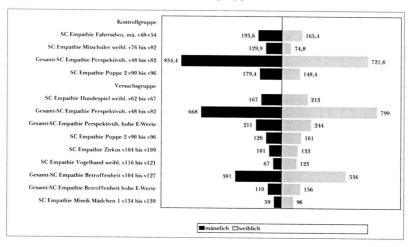

Auffällig ist, dass ein entsprechender Mittelwertvergleich der Items mit den niedrigsten Empathie-Werten zwischen den Mädchen der Versuchs- und Kontrollgruppe keine signifikanten Auffälligkeiten ergibt. Vergleicht man hingegen die Jungen der Versuchsgruppe mit denen der Kontrollgruppe, sind bei den Jungen der Versuchsgruppe signifikant niedrigere Werte in sämtlichen Empathie-Subskalen und im Empathie-Gesamtscore zu verzeichnen. Auf den ersten Blick scheint es etwas widersprüchlich, die Auswertung der am niedrigsten bewerteten Items der verschiedenen Bilder des ETK in die Datenanalyse mit einzubeziehen, da diese Items ja das am geringsten wahrnehmbare Gefühl des jeweiligen Bildes widerspiegeln. Bei genauerer Betrachtung muss man jedoch feststellen, dass das jeweils niedrigste Item einer Abbildung nicht zwangsläufig die Folgerung zulässt, dass das entsprechende Gefühl nicht in der Abbildung wahrzunehmen ist (die „Kontroll-Items" (52, 56, 68, 69, 80, 85, 94, 97), die Gefühle abfragten, die wirklich nicht in den Bildern zu erkennen sind, um zu überprüfen, ob die Kinder die Aufgabe richtig verstanden haben, sind nämlich nicht in die Datenauswertung mit eingeflossen). Es bedeutet vielmehr, dass die niedrigsten Items Gefühle der Bilder darstellen, die in einem nur geringen Maße enthalten sind und für deren Erkennen eine differenzierte Wahrnehmungskompetenz der unterschiedlichen Nuancen erforderlich ist. Hier wird davon ausgegangen, dass die Kinder der Kontrollgruppe besser in der Lage sind, diese Nuancen zu erkennen und die erforderliche Wahrnehmungskompetenz aufzubringen. Kindern der Versuchsgruppe scheint dieses

	Perspektiv-übernahme	Körper-sprache	Gefühls-ansteckung	Mimik	ETK-Gesamt
Summenscore Empathie (nur Items mit niedrigem E-Wert) – Mittelwerte					
Gesamt	58	39	29	103	230
Kontrollgruppe	65	**44**	34	**123**	**267**
Versuchsgruppe	51	**34**	24	**82**	**192**
männlich	59	40	27	104	230
weiblich	57	39	32	102	228
KG männlich	76	48	34	135	292
KG weiblich	55	41	35	111	241
VG männlich	44	33	21	*75*	*172*
VG weiblich	76	48	34	*135*	*292*
KG männlich	**76**	**48**	*34*	135	292
VG männlich	**44**	**33**	*21*	75	172
KG weiblich	55	41	35	111	242
VG weiblich	59	36	27	91	215
Alter 7-10 Jahre	52	35	28	92	*207*
Alter 11-15 Jahre	63	43	30	113	*250*
KG 7-10 Jahre	55	40	34	114	243
KG 11-15 Jahre	73	48	35	130	285
VG 7-10 Jahre	50	30	23	72	175
VG 11-15 Jahre	52	39	25	93	209
KG 7-10 Jahre	55	40	34	**114**	**243**
VG 7-10 Jahre	50	30	23	**72**	**175**
KG 11-15 Jahre	73	48	35	*130*	**285**
VG 11-15 Jahre	52	39	25	*93*	**209**

Tab. 19: **Empathie-Summenscores bei ausschließlicher Einbeziehung nur der niedrigen Itemwerte**[5]

Anm.: Kursive Zahlen in Rasterflächen stellen tendenzielle Zusammenhänge dar, Zahlen in Fettdruck u. Rasterfl. unterscheiden sich signifikant. Die Summenscores sind gerundet.

---

5 Bei der Abfrage „Gesamt-SC Empathie Skala niedrigster E-Wert" wurden bei jeder Abbildung des ETK lediglich diejenigen Items zugrunde gelegt, die die niedrigsten Empathie-Werte erlangten.

schwerer zu fallen, sie haben größere Probleme, zu differenzieren und *Graustufen* in den Gefühlsbildern zu erkennen. Sie tendieren eher zu einer *Schwarz-Weiß-Sicht*, indem sie ihre Kreuze bei diesen Items eher an das linke Ende der Skala („0") machten, statt wie ihre Altersgenossen der Kontrollgruppe wahrzunehmen, dass vielleicht doch ein geringes Maß an *Einsamkeit* in dem Bild zu erkennen ist und z. B. eine 3 anzukreuzen.

Des Weiteren interessiert der Zusammenhang zwischen den ETK-Summenscores und den grundlegenden Werten des CBCL. Es könnte vermutet werden, dass die Empathiewerte mit den Syndromskalen korrespondieren, dass also auffällige Kinder und Jugendliche die niedrigeren Empathie-Werte haben. Tabelle 20 zeigt die Zusammenhänge.

		Summenscore Empathie Mittelwerte				
		Perspektivenübernahme	Körpersprache	Gefühlsansteckung	Mimik	ETK-Gesamt
T-Wert Gesamt (Var. 11)	1. unauffällig bis 59	57	40	29	112	238
	2. Grenzbereich 60-63	62	41	34	**128**	266
	3. auffällig über 64	59	38	27	**78**	201
INT-Wert (Var. 13)	1. unauffällig bis 59	59	41	27	114	**242**
	2. Grenzbereich 60-63	48	37	39	111	**235**
	3. auffällig über 64	60	38	30	76	**202**
EXT-Wert (Var. 15)	1. unauffällig bis 59	58	39	32	107	236
	2. Grenzbereich 60-63	50	33	15	86	183
	3. auffällig über 64	66	43	27	92	227
Gesamt		58	39	29	103	230

Tab. 20: Zusammenhang von Empathie-Summenscores und CBCL-Syndromwerten

Anmerkung: Zahlen in Fettdruck und Rasterflächen unterscheiden sich signifikant. Die Summenscores sind gerundet.

Es zeigt sich, dass nur im Summenscore Mimik auffällige Kinder und Jugendliche die signifikant niedrigeren Empathiewerte erreichen, wenn auch in den anderen Subbereichen die gleiche Tendenz festzustellen ist. Darüber hinaus korreliert der Gesamt-ETK eindeutig und signifikant mit den INT-Ergebnissen.

Ein weiterer wichtiger Aspekt betrifft die Bindungsrepräsentanz der Kinder. In der Untersuchung wird deutlich, dass sich unter den Kindern, deren Eltern bereits zum Zeitpunkt der Geburt der Kinder psychisch erkrankt waren, kein einziges sicher gebundenes Kind befindet. Mehr als die Hälfte dieser Kinder (53,3%) weist ein unsicher-vermeidendes Bindungsverhalten auf, 33,3% zeigen eine unsicher-ambivalente Bindung und 13,3% sind desorganisiert gebunden. Bei den Kindern, die zum Zeitpunkt der Erkrankung ihrer Eltern 1-7 oder 8-11 Jahre alt waren, überwiegt das unsicher-ambivalente Bindungsverhalten (57,1% bzw. 54,5%).

Ausbruch Krankheit der Eltern	bereits bei Geburt	1-7 Jahre	8-11 Jahre
Bindungsverhalten der Kinder			
unsicher-ambivalent (C)	33	57	55
unsicher-vermeidend (A)	53	33	23
sicher gebunden (B)	0	11	12
desorganisiert (D)	13	9	10

Tab. 21: **Bindungsverhalten der Kinder und Ausbruch der Krankheit der Eltern (in %)**

Man kann also in der Tendenz davon ausgehen, dass Kinder, die bereits zum Zeitpunkt der Geburt mit ihren psychisch erkrankten Elternteilen konfrontiert waren, in ihrem frühen Bindungsverhalten eher vermeidend reagieren, weil sie sehr früh keine spiegelnden oder feinfühligen Beziehungserfahrungen erleben und aufbauen konnten und in die *Vermeidung* von Bindung, Beziehung und Kontakt gehen mussten. Kinder, die dagegen zunächst Bindungserfahrungen machen konnten und deren Eltern erst später im Laufe der Kindheit erkrankt sind, reagieren eher unsicher-ambivalent, d. h., sie haben nicht von Geburt an die *vermeidende* Spiegelung ihrer Wünsche nach Kontakt zur primären Bezugsperson erlebt, sondern konnten gewisse Bindungserfahrungen machen und aufbauen, bevor der Elternteil erkrankt ist und ambivalente Signale gesendet hat, die zur *unsicher-ambivalenten* Bindung geführt haben.

Bei der Auswertung des ETK in Abhängigkeit vom jeweiligen Kommunikationstyp der Eltern wurde innerhalb der Versuchsgruppe[6] ebenfalls ein Mittelwertvergleich durchgeführt. Dabei wurden als Prüfmodell der Mittelwerte für die einzelnen Skalen (Bilder bzw. Text bei Var. 122-127) additive Summenscores gebildet und diese zusätzlich für die vier Empathie-Bereiche (Perspektivenübernahme Var. 48-82, Körpersprache Var. 83-103, Betroffenheit Var. 104-127 und Mimik Var. 128-175) zusammengefasst. In den Tabellen werden jeweils nur die Skalen dargestellt, die signifikante Unterschiede aufweisen.

Ist einer der beiden Elternteile Rationalisierer, Ablenker oder Kongruent, lassen sich keine signifikanten Unterschiede feststellen. Ist jedoch einer der beiden Elternteile Beschwichtiger, liegen generell höhere Summenscores vor, wie aus Abb. 7 ersichtlich.

Abb. 7: Mittelwertunterschiede bei Empathiewerten (Summenscore) nach Elterntyp „Beschwichtiger" (nur Versuchsgruppe)

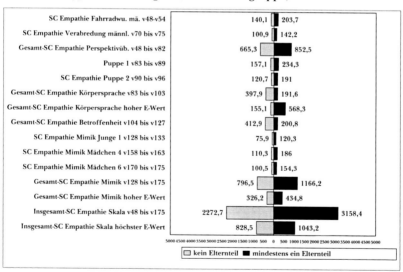

---

6 Die Angaben zum Kommunikationstyp wurden im Rahmen des Fachkraft-Fragebogens (FKB) erhoben, der nur der Versuchsgruppe ausgehändigt wurde. Insofern liegen Angaben zum Kommunikationstyp der Eltern bei der Kontrollgruppe nicht vor und können nicht in die Auswertung mit einfließen.

Dies gilt nicht nur für einzelne Skalen im ETK, sondern auch für die vier Empathie-Bereiche Perspektivenübernahme, Körpersprache, Betroffenheit und Mimik. Darüber hinaus können signifikante Mittelwertunterschiede bei Betrachtung der Gesamt-Scores Empathie höchster Wert[7] ebenso nachgewiesen werden wie bei Berücksichtigung der gesamte Empathie-Skala (Var. 48-175), bei Letzterer sogar in einem Verhältnis von einem Summenscore von 2272,7 (kein Elternteil ist Beschwichtiger) zu 3158,4 (mindestens ein Elternteil ist Beschwichtiger).

Da Einfühlung als eine wesentliche Kompetenz des Beschwichtigers gilt, kann davon ausgegangen werden, dass sich die Tatsache, dass einer der beiden Elternteile Beschwichtiger ist, bei psychisch kranken Eltern positiv im Sinne von erhöhten Empathiesummenscores auf die Kinder auswirkt. Ähnliche Unterschiede sind zu beobachten, wenn keiner der beiden Elternteile vom Kommunikationstyp *Ankläger* ist. In diesem Fall liegen ebenfalls signifikant höhere Empathiesummenscores vor (vgl. Abb. 8). Das heißt zusammengefasst, dass sich die Abwesenheit des Kommunikationstyps Ankläger unter den Elternteilen ebenfalls positiv im Sinne von höheren Empathiesummenscores auf die Empathiefähigkeit der Kinder auswirkt.

Abb. 8: Mittelwertunterschiede bei Empathiewerten (Summenscore) nach Elterntyp „Ankläger" (nur Versuchsgruppe)

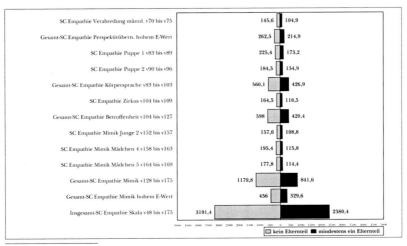

---

7   Bei der Abfrage „Gesamt-SC Empathieskala höchster E-Wert" wurden bei jeder Abbildung des ETK lediglich diejenigen Items zugrunde gelegt, die die höchsten Empathie-Werte erlangten.

Neben dem Kommunikationstyp der Eltern gibt es einen weiteren Einflussfaktor, der mit der Wahrnehmung der Probleme der Kinder psychisch kranker Eltern durch deren familiäres oder psychosoziales Umfeld in Zusammenhang steht. Bei der Zusammenstellung der Fragebögen wurden einige Items aus der von den Eltern zu beantwortenden CBCL in identischer Form mit in den FKB aufgenommen, um zu überprüfen, inwiefern die Einschätzungen der Eltern sich mit denen der Fachkräfte decken oder aber voneinander differieren.

Bei extrovertierten oder aggressiven Verhaltensweisen der Kinder sind die Angaben der Eltern (CBCL) annähernd deckungsgleich mit den Angaben der Fachkräfte (FKB). Bei ängstlich-depressiven Verhaltensweisen und Tendenzen zu sozialem Rückzug hingegen weichen die Angaben deutlich voneinander ab, wie die Zahlen in Abb. 9 belegen.

Abb. 9: Fachkräfte- und Elternurteil (n = 33, in % & Korrelationskoeffizent)

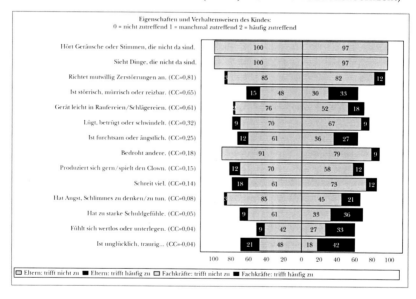

Abb. 10: Fachkräfteurteil in Abhängigkeit vom Elternurteil (n = 33, in % dichotom: nur Pos. 0 vs. 1+2 & Korrelationskoeffizent)

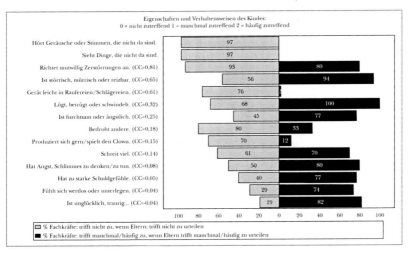

In Abb. 10 werden diese Angaben der Eltern in der CBCL noch einmal mit denen der Fachkräfte im ETK im Hinblick auf *trifft nicht zu* vs. *trifft manchmal/ häufig zu* gegenüber gestellt und signifikante Unterschiede dargestellt. Dabei wird deutlich, dass es bei den extrovertierten Verhaltensweisen signifikante Zusammenhänge gibt, Eltern und Fachkräfte also in ihren Einschätzungen nahe beieinander liegen, was bei introvertierten Verhaltensweisen nicht der Fall ist. Es ist zu vermuten, dass Kinder mit dissozialen, impulsiven oder aggressiven Verhaltensweisen entsprechend deutlich auf sich aufmerksam machen, dass es sowohl den Eltern als auch den Fachkräften in gleichem Maße auffällt. Dagegen zeigen die Angaben über ängstliche, depressive oder sozial zurückgezogene Kinder sehr deutliche Unterschiede zwischen der Bewertung der Eltern und der Fachkräfte. Diese Tatsache deutet darauf hin, dass entweder die Eltern in der Bewertung der Verhaltensauffälligkeiten ihrer Kinder falsch liegen oder die Fachkräfte von fehlerhaften Einschätzungen ausgehen. Auf alle Fälle aber muss konstatiert werden, dass die Symptome und Auffälligkeiten der ängstlichen, depressiven oder sozial zurückgezogenen Kinder von ihrem näheren Umfeld nicht adäquat wahrgenommen werden, was dazu führen kann, dass sie nicht die für sie notwendige Unterstützung, Begleitung oder Hilfe bekommen.

Rangplatz	Fachkräfte- bzw. Elternurteil	Eigenschaft	trifft zu Ap 1+ 2	trifft nicht zu
1	Fachkräfteurteil	fühlt sich wertlos oder unterlegen	58	42
2	Fachkräfteurteil	unglücklich, traurig, niedergeschlagen	51	49
3	Fachkräfteurteil	störrisch	51	49
4	Fachkräfteurteil	ängstlich	39	61
5	Fachkräfteurteil	schreit viel	38	62
6	Fachkräfteurteil	spielt Clown	31	69
7	Fachkräfteurteil	lügt	30	70
8	Elternurteil	hat Schuldgefühle	29	71
9	Fachkräfteurteil	Raufereien	24	76
10	Fachkräfteurteil	Angst, Schlimmes zu denken oder zu tun	16	84
11	Fachkräfteurteil	mutwillige Zerstörungen	15	85
12	Fachkräfteurteil	bedroht andere	9	91
13	Fachkräfteurteil	hört Dinge	0	100
13	Fachkräfteurteil	sieht Dinge	0	100

Tab. 22: **Rangfolge der Eigenschaften/Verhaltensweisen der Kinder psychisch kranker Eltern**

In einer weiteren Berechnung wurden die von den Eltern bzw. Fachkräften angegebenen Verhaltensweisen der Kinder in eine Rangfolge gebracht und entsprechend sortiert (Tab. 22). Dabei fällt auf, dass bis auf eine Ausnahme („hat Schuldgefühle") alle anderen der häufigsten Nennungen von den Fachkräften erfolgten. Diese scheinen die Intensität der Verhaltensauffälligkeiten der Kinder bedeutend stärker einzuschätzen als die Eltern. Ein besonderes Problem stellt dabei die empfundene Wertlosigkeit und Unterlegenheit gegenüber anderen dar, gefolgt von Traurigkeit. Ausgesprochen morbide und aggressive Verhaltensweisen werden dagegen sehr selten bescheinigt.

4.6 Ergebnisdiskussion

Das gesteckte Ziel der Studie bestand darin, anhand des vorhandenen Testmaterials (CBCL und ETK) sowie ergänzender Fragen an Fachkräfte (FKB) die psychischen Probleme, das Bindungs- und Kommunikationsverhalten sowie insbesondere die Empathiefähigkeit von Kindern psychisch kranker Eltern aufzuhellen. Dabei wurde von der Grundhypothese ausgegangen, dass diese Kinder (VG) durchweg geringere Empathiewerte, problematischeres Bindungs- und Kommunikationsverhalten sowie problematischere Persönlichkeitswerte aufweisen als die Kinder der Kontrollgruppe (KG).

Grundlage dieser Hypothese war u. a. die wichtige Bedeutung der Bezugspersonen für die Empathieentwicklung im Rahmen des entwicklungspsychologischen Ansatzes, des Ansatzes von Rogers, der Theorie der Emotionalen Intelligenz und der Forschungsarbeiten im Bereich der Spiegelneuronen. Eine begrenzte eigene Kompetenz im Bindungs-, Kommunikations- oder Empathieverhalten bzw. beeinträchtigte Persönlichkeitswerte aufgrund einer psychischen Erkrankung legen die Vermutung nahe, dass diese Einschränkung an die in Entwicklung befindlichen und von den Bezugspersonen abhängigen Kinder weitergegeben wird. Die Kinder sind in der Spannbreite ihrer eigenen Erfahrungen im Kontakt zu den Bezugspersonen eingeschränkt, was sich nachhaltig auf ihre eigene Persönlichkeitsentwicklung auswirkt. Auch die Forschungen zu den Empathie-Subkonstrukten Mimik, Gestik, Körpersprache bzw. zur Gefühlsansteckung stützen die Hypothese der zentralen Bedeutung der Bezugspersonen für die Empathieentwicklung ihrer Kinder.

Die Arbeit basiert auf Forschungen zum ETK um Behr et al. (2004), die sich zum Ziel gesetzt haben, Empathie bei Kindern näher zu untersuchen. Sie zählen zu den Ersten, die sich systematisch und empirisch-methodisch des Themas der Empathieentwicklung bei Kindern widmen, und haben die bislang häufigste Messmethode der *Selbstberichte* um Fotos, Comic-Zeichnungen und kleine Geschichten erweitert, um Kritikpunkte und Fehlerquellen zu minimieren.

In der vorangestellten Übersicht zum Forschungsstand im Hinblick auf das Konstrukt Empathie konnte herausgearbeitet werden, dass Empathie stark von den bislang gemachten Erfahrungen und Erlebnissen im Kontakt zu nahe stehenden Bezugspersonen abhängig ist und eine wesentliche kommunikative und interaktive Komponente beinhaltet. Weiterhin wurde deutlich, dass *Empathie* schwer operationalisierbar und messbar ist und daher in die drei Subkonstrukte Gefühlsansteckung, Perspektivenübernahme sowie Mimik, Gestik und Körpersprache unterteilt werden muss.

4.6.1 Befunde und Interpretationen

Die Grundhypothese der geringeren Empathie von Kindern psychisch kranker Eltern konnte sui generis nicht bestätigt werden. Zwar lieferte die Auswertung der CBCL sowohl in den Grunddimensionen Extraversion (EXT) und Introversion (INT) als auch in den Einzelkomponenten (Sozialer Rückzug etc.) in wesentlichen Bereichen signifikante Unterschiede zwischen Versuchsgruppe und Kontrollgruppe, jedoch nicht gleichermaßen der ETK. Hier waren einzelne Bilder bzw. Summenscores trennschärfer als andere. Während die Summenscores Körpersprache und Mimik signifikante Unterschiede zwischen VG und KG auswiesen, war das bei Perspektivenübernahme und noch stärker bei Gefühlsansteckung nicht in gleichem Maße der Fall. Und auch der Gesamt-ETK-Wert lieferte zwar tendenzielle, aber keine signifikanten Unterschiede ($p = 0,067$).

Die jüngere und die ältere Altersgruppe wiederum unterschieden sich signifikant nur in der Perspektivenübernahme und in der Körpersprache zugunsten der Älteren, in der Tendenz auch in der Mimik ($p = 0,08$). Bei der Gefühlsansteckung erreicht die jüngere Gruppe sogar höhere Empathiewerte.

Weibliche Kinder und Jugendliche erreichten tendenziell höhere Empathiewerte (umgekehrt bei Perspektivenübernahme). Im ETK-Gesamt erreichte die männliche Kontrollgruppe signifikant höhere Werte als die männliche Versuchsgruppe, ebenso die ältere Versuchsgruppe höhere Ergebnisse als die jüngere. All diese Ergebnisse sind Belege und Differenzierungen im Hinblick auf die Grundhypothese.

Es gibt deutliche – aber nicht durchgängige – Unterschiede zwischen VG und KG. Zunächst betrifft das die Auswertung der CBCL. Hier reagieren – bezogen auf die Syndromskalen – die Kinder der VG deutlich auffälliger als die Kinder der KG, und zwar nicht nur in den acht Syndromskalen, sondern auch durchgängig in den Skalen 2. Ordnung (Internalisierendes Verhalten, Externalisierendes Verhalten, Gesamt-Syndromskala). Bei isolierter Betrachtung der *auffälligen* bzw. *unauffälligen* Kinder treten diese Unterschiede noch deutlicher in Erscheinung.

Bei einem geschlechtsspezifischen Mittelwertvergleich innerhalb der Skalen 2. Ordnung *Internalisierende Verhaltensweisen* und *Externalisierende Verhaltensweisen* hingegen treten keine signifikanten Unterschiede auf. Unterschiede werden erst deutlich, wenn man eine Gegenüberstellung zwischen VG und KG vornimmt. Hier treten sowohl im T-Wert-INT als auch im T-Wert-EXT signifikante

Unterschiede zu Lasten der VG auf, und zwar sowohl bei den Jungen als auch bei den Mädchen. Das heißt, dass Jungen und Mädchen nicht generell extrovertierter oder introvertierter reagieren, allerdings sowohl die Jungen als auch die Mädchen jeweils in der VG signifikant stärker belastet sind als ihre Geschlechtsgenossen der KG, und zwar sowohl innerhalb der externalisierenden als auch der internalisierenden Syndromskalen.

Bei Gegenüberstellung von VG und KG bezüglich der vier Teilbereiche des ETK sowie des ETK-Gesamt treten bei den Mädchen keine signifikanten Unterschiede auf. Bei den Jungen hingegen zeigt die VG signifikant geringere Empathiewerte als die KG, und zwar sowohl in allen Teilbereichen (bis auf Gefühlsansteckung) als auch im ETK-Gesamt. Daran lassen sich deutlich größere Empathiedefizite bei den Jungen der VG nachweisen, während die Mädchen hier über effektivere Kompensationsmechanismen zu verfügen scheinen. Innerhalb der Ressourcen-Skalen können ebenfalls signifikante Unterschiede dahingehend festgestellt werden, dass den Kindern der VG deutlich weniger Ressourcen zur Verfügung stehen als den Kindern der KG, und zwar in allen drei Bereichen Aktivitäten, Soziale Kompetenz und Schule.

Bei Auswertung des ETK erreicht in einem Mittelwertvergleich der vier Einzelskalen und des Gesamt-ETK zwar die KG jeweils höhere Werte als die VG, signifikante Unterschiede hingegen sind lediglich in den Bereichen „Körpersprache" und „Mimik" zu erkennen. Insofern kann nur für diese beiden Bereiche die Aussage getroffen werden, dass es Kindern der VG in der Regel schwerer fällt, Körpersprache und Mimik auf Bildern adäquat zu erkennen.

Bei genauerer Betrachtung einzelner Symptome wird deutlich, dass Kinder psychisch kranker Eltern deutlich häufiger unter Alpträumen und Phobien leiden als Kinder der Normalpopulation. Auch bezüglich des Bindungsverhaltens ist festzustellen, dass die Kinder der VG stark benachteiligt sind, da die Kinder der KG fünf Mal häufiger auf sichere Bindungsbeziehungen zurückgreifen können als die Kinder psychisch kranker Eltern.

Noch deutlicher werden die Unterschiede, wenn man das Alter des Kindes zum Zeitpunkt der elterlichen Erkrankung hinzuzieht. Unter den Kindern, deren Eltern bereits zum Zeitpunkt der Geburt ihrer Kinder psychisch krank waren, befindet sich kein einziges sicher gebundenes Kind. Auch zeigt mehr als die Hälfte dieser Kinder unsicher-vermeidendes Bindungsverhalten, was als weiterer Anhaltspunkt für die Schwere der Beeinträchtigung des Bindungsverhaltens angesehen werden kann.

Ein weiterer Unterschied zwischen KG und VG kann am Kommunikationstyp der Eltern festgemacht werden. Beim *Beschwichtiger* wird als Ressource das Einfühlungsvermögen angenommen. In einem Mittelwertvergleich können signifikante Unterschiede sowohl im Gesamt-ETK als auch in den vier Subskalen nachgewiesen werden, wenn einer der Elternteile *Beschwichtiger* ist. Deren Kinder erhalten jeweils deutlich höhere Summenscores, was auf höhere empathische Kompetenzen schließen lässt. Ähnlich sind die Unterschiede, wenn keiner der Elternteile *Ankläger* ist; auch hier erhalten die Kinder in den dargestellten Bereichen höhere Summenscores.

Im Rahmen der Auswertung der *Kontrollfragen*, die sowohl den Eltern als auch den Fachkräften vorgelegt wurden, sind signifikante Unterschiede zwischen Eltern- und Fachkrafteinschätzung zu verzeichnen, wenn es um ängstliches, depressives oder sozial zurückgezogenes Verhalten geht. Daran wird deutlich, dass diese eher introvertierten Kinder – im Vergleich zu den eher extrovertierten Kindern – von ihrem sozialen Umfeld oft nicht stimmig bzw. adäquat wahrgenommen werden. Soweit zunächst eine Generalisierung der empirischen Ergebnisse.

Ursachen für die eben dargestellten nicht durchgängig eindeutigen Unterschiede zwischen VG und KG könnten in unterschiedlichen Bereichen zu suchen sein, etwa in Testmaterial, Gruppengröße, Empathie-Konstrukt oder anderem. Dies müsste weiter in nachfolgenden Untersuchungen verfolgt werden.

Einige Anregungen für künftige Forschungsstrategien sollen an dieser Stelle folgen: Es ist zunächst davon auszugehen, dass das Persönlichkeitsmerkmal Empathie sehr komplex ist und durch einen einzelnen Test nicht erschöpfend erfasst werden kann. Der ETK liefert interessante Ansatzpunkte zur Messung des Konstrukts, die in der jetzigen Form zumindest den Einsatz als *Siebtest* nahe legen. Gruppen mit hohen Empathiewerten können von Gruppen mit geringen Empathiewerten gut unterschieden werden, ein individueller E-Wert ist aber sicher problematisch. Auch sind die vier Grunddimensionen von unterschiedlicher Aussagekraft. Signifikante Unterschiede bei einem Vergleich zwischen VG und KG treten hauptsächlich in den Dimensionen Körpersprache und Mimik zutage. Bei einem geschlechterspezifischen Vergleich zwischen VG und KG hingegen treten signifikante Unterschiede in der Perspektivenübernahme, Körpersprache, Mimik und im ETK-Gesamt auf. Bei altersspezifischen Vergleichen treten signifikante Unterschiede innerhalb der VG in den Teilbereichen Körpersprache, Mimik und ETK-Gesamt zugunsten der jüngeren Kinder auf, während in der KG lediglich die Gefühlsansteckung Signifikanzen zeigt; hier jedoch zu Lasten der jüngeren Kinder. Bei den 7 bis 11-jährigen Kindern sind wiederum signifikante Unterschiede zwischen VG und KG in den Bereichen Körpersprache, Mimik und ETK-Gesamt zu verzeichnen. Umfangreichere Signifikanzen treten dann wieder bei einer Summenscorebildung unter Einbeziehung der niedrigen Itemwerte auf. Hier sind signifikante Unterschiede zwischen VG und KG in den Bereichen Perspektivenübernahme, Körpersprache, Mimik und ETK-Gesamt zu konstatieren. Bei Gegenüberstellung der Jungen zeigen sich sogar in sämtlichen Teilbereichen und im ETK-Gesamt signifikante Unterschiede.

Ein weiterer Auswertungsaspekt betrifft die Skalierung des ETK. Bei der Datenauswertung hat sich die Skala von 0 – 50 als unzureichend herausgestellt. Einerseits mussten die Angaben von „0" auf „1" gesetzt werden, um die statistische Auswertung durchführen zu können. Andererseits hat sich die Skala mit 50 Skalenstufen als zu differenziert herausgestellt. Bei der zu erwartenden kleinen Untersuchungsgruppengröße wären unter Auswertungsgesichtspunkten Angaben von 1 – 5 aussagekräftiger gewesen und hätten eine klarere Auswertung ermöglicht.

Insgesamt bot der ETK einen guten Einstieg zur Messung der Subkonstrukte der Empathie, er lieferte zwar nicht durchgängig die vermuteten Aussagen, ist aber in einzelnen Teilbereichen bei genauerer Betrachtung durchaus einsetzbar. Da es sich um eine in Entwicklung befindliche und noch nicht validierte Version handelt, können weitere Überarbeitungen und Ergänzungen hier evtl. deutlichere Erkenntnisse und Ergebnisse liefern.

Die CBCL hat sich als effizientes Verfahren zur Erfassung kindlicher Ressourcen und Verhaltensauffälligkeiten herausgestellt. Der Fragebogentest enthält eine Reihe gut aufeinander abgestimmter Items, die verschiedenen Skalenstufen zuzuordnen sind. Sowohl in den drei Kompetenzskalen und den acht Syndromskalen als auch in den Skalen 2. Ordnung sind zahlreiche signifikante Unterschiede zu verzeichnen.

Bei der Gegenüberstellung von VG und KG zeigen sich innerhalb der CBCL durchgängige signifikante Unterschiede zwischen den beiden Gruppen in allen acht Syndromskalen und in den Skalen 2. Ordnung. Als vorteilhaft hat sich die geschlechterspezifische Auswertungsmöglichkeit erwiesen, durch die deutliche Unterschiede zwischen VG und KG nachzuweisen waren, und zwar sowohl bei den Jungen als auch bei den Mädchen. Auch der altersspezifische

Vergleich zwischen VG und KG zeigt deutlich stärkere Belastungen bei den Kindern der VG, die in nahezu allen Syndromskalen der jüngeren sowie der älteren Kinder auftreten.

In sämtlichen drei Kompetenzskalen sind ebenfalls signifikante Unterschiede zwischen den beiden Gruppen nachzuweisen. Diese treten bei geschlechterspezifischer Auswertung zwischen allen Jungen und Mädchen nicht in Erscheinung, zeigen sich aber in zwei von drei Kompetenzskalen bei einem Vergleich der Mädchen der VG mit den Mädchen der KG und sogar in sämtlichen drei Kompetenzskalen bei einer Gegenüberstellung der Jungen der VG mit denen der KG. Auch altersmäßige Vergleiche zeigen signifikante Unterschiede zwischen VK und KG in fünf von sechs Gegenüberstellungen. Die CBCL hat sich somit als effizientes Verfahren zum Nachweis signifikanter Unterschiede zwischen VG und KG erwiesen und sich durch eine hohe Trennschärfe bei den gemessenen Items ausgezeichnet.

Der FKB erwies sich als geeignetes Abfrageinstrument zur Erfassung diverser Variablen im Zusammenhang mit der Erkrankung der Eltern, den familiären, bindungs- und kommunikationsspezifischen Besonderheiten sowie Angaben zu den Fachkräften und Institutionen, die die Kinder und ihre psychisch kranken Eltern versorgen. Als besonders aufschlussreich haben sich u. a. das Alter der Kinder bei erstmaliger Erkrankung im Zusammenhang mit den Bindungs- und Kommunikationsstrukturen in den Familien herausgestellt. Auch die sehr geringe Zahl sicher gebundener Kinder in der VG und die Abhängigkeiten vom Kommunikationstyp der Elternteile haben den höheren Belastungsgrad der Kinder der VG bestätigt. Eine weitere interessante Aussage konnte durch die Kontrollfragen dahingehend gemacht werden, dass ängstliche, sozial zurückgezogene Kinder von ihrem Umfeld scheinbar oft nicht adäquat wahrgenommen werden. Einzig die sehr differenzierte Erhebung im Rahmen der Kommunikationstypen hat sich als schwierig herausgestellt, da aufgrund der kleinen Stichprobe eine zufrieden stellende Gruppenbildung erschwert wurde. Insgesamt aber hat sich der FKB als aussagekräftiger, hilfreicher und effektiver Fragebogentest zur Erhebung relevanter Daten erwiesen.

Auf folgende Einzelfragen soll noch näher eingegangen werden:

- Ein Problem, das sich im Rahmen der Auswertung des ETK stellt, zielt auf das Empathie-Konstrukt ab. Sind hier wirklich die Subkonstrukte (Perspektivenübernahme, Körpersprache, Gefühlsansteckung und Mimik) relativ gleichwertig relevant oder zerfällt es in viele andere Einzelteile mit unterschiedlicher Wertigkeit? Oder liefern Selbstberichte als Messinstrument zur

Erfassung von Empathie, selbst wenn sie wie bei Behr et al. (vgl. Monigl & Behr, im Druck; Behr et. al., 2004) durch Bilder und kleine Geschichten ergänzt werden, doch eher Aussagen über das Selbstkonzept der befragten Person als über dessen empathische Kompetenzen (vgl. 1.1.11)? Hier sind weitere Untersuchungen zur Spezifizierung valider Messinstrumente für die Erfassung empathischer Fähigkeiten erforderlich.

- Bezieht man die wenigen, aber aussagekräftigen Daten des ETK mit ein, wird deutlich, dass zur Erfassung empathischer Kompetenzen bei Kindern genaues und differenziertes Hinsehen notwendig und unabdingbar ist. Wie im Rahmen der *Schwarz-Weiß-Hypothese* beschrieben, erfordert das Rating der Items mit dem niedrigsten Empathiewert differenzierte Wahrnehmungskompetenzen bezüglich einzelner Bilder und in diesem Zusammenhang die Fähigkeit zur Identifikation unterschiedlicher Nuancen. Diese Fähigkeiten scheinen bei Kindern psychisch kranker Eltern nicht in dem Maße ausgeprägt zu sein wie bei den Kindern der KG.

- Eine weitere Hypothese, die die geringen Unterschiede zwischen VG und KG im ETK erklären könnte, bezieht sich auf die beteiligten Familien der VG. Aufgrund des geringen Rücklaufes der Fragebögen der VG von 24,5% kann man davon ausgehen, dass sich nur stark motivierte und engagierte Fachkräfte zu einer Teilnahme an der Studie bereiterklärt haben. Diese haben wiederum nur psychisch kranke Eltern und ihre Kinder angesprochen, denen sie eine Teilnahme zumuten und zutrauen konnten. Es handelt sich also ebenfalls um engagierte und motivierte Familien, deren Kinder zwar Auffälligkeiten in der CBCL zeigten, im ETK hingegen mit nicht so großen Empathie-Defiziten in Erscheinung traten. Eine Bestätigung dieser Hypothese lässt sich anhand der Ressourcenfragen des FKB ableiten, die im Vergleich zu anderen Kindern psychisch kranker Eltern relativ gut ausgeprägt zu sein scheinen. Demnach existiert in 36% der Fälle der VG ein kompensierender, Sicherheit vermittelnder Elternteil, in 65% ist eine enge Beziehung zu einer wichtigen Bezugsperson vorhanden und 39% zeichnen sich durch ein tragfähiges soziales Netz außerhalb der Familie aus.

- Es bleibt weiterhin festzuhalten, dass es deutliche Zusammenhänge zwischen Mutter und Kind gibt. Haben die Mütter Ängste, haben auch die Kinder in weit höherem Maße Ängste. Bei Depressionen der Mütter ist die „Angstquote" der Kinder nicht so hoch (80 zu 35%). Bei der Betrachtung von Schizophrenie hingegen zeigt sich, dass bei den Kindern schizophrener Mütter in 60% aller Fälle Alpträume vorkommen. Verglichen mit den Kindern der KG, bei denen in lediglich 20,6% der Fälle Alpträume angegeben wurden, zeigt sich hier schon ein gravierender Unterschied.

- Dass sich die psychische Erkrankung der Eltern auf das Bindungsverhalten der Kinder auswirkt, kann als weiteres deutliches Ergebnis festgestellt werden. In der Normalpopulation gelten mehr als die Hälfte aller Kinder als sicher gebunden. In der VG hingegen findet sich unter den Kindern, deren Eltern bereits bei Geburt der Kinder psychisch erkrankt waren, kein einziges sicher gebundenes Kind. Auch bei Kindern, deren Eltern unter Ängsten leiden, findet sich kein sicher gebundenes Kind.

Diese Ergebnisse zeigen signifikante Auswirkungen der psychischen Erkrankung auf das Bindungsverhalten der Kinder und sprechen für die Übertragbarkeit von Krankheitssymptomen im Familienverband.

4.6.2 Folgerungen

Über die bereits in der Ergebnisdiskussion vorgestellten Folgerungen hinaus sollen nachfolgend weitere wichtige Aspekte benannt werden.

1. Die Fachkräfte, die mit psychisch erkrankten Eltern arbeiten, müssen mitunter stärker für die Bedürfnisse der Kinder ihrer Patienten sensibilisiert werden, insbesondere wenn die Kinder noch in der Familie bzw. mit dem erkrankten Elternteil zusammenleben. Die Tatsache, dass trotz Versendung der Fragebögen sowohl an Erwachsenen- wie auch Kinderbehandler keiner der zurückgesandten Exemplare von einem Erwachsenenbehandler kam, macht die Notwendigkeit einer Wahrnehmungserweiterung in diesem Bereich deutlich.

2. Generell sind Kinder psychisch kranker Eltern in ihrer individuellen Entwicklung gefährdeter als Kinder und Jugendliche aus *stabilen* Elternhäusern. Insofern sind spezielle Betreuungs- und Behandlungsangebote notwendig, um Belastungsfaktoren zu minimieren und Ressourcen zu stärken. Diese Angebote sollten sowohl die Bindungs-, Kommunikations- und Empathiefähigkeit der Kinder beinhalten als auch der besonderen Situation der Kinder psychisch kranker Eltern Rechnung tragen.

3. Je jünger die Kinder, desto stärker müssen sie im Aufbau ihrer Empathiefähigkeit unterstützt und gefördert werden. Dazu fehlen sicher auch noch altersspezifische Programme. In Kapitel 2.2 wird auf die erhöhte Anfälligkeit zur Entwicklung psychischer Auffälligkeiten bei Kindern im frühen Säuglingsalter hingewiesen. Die Ergebnisse dieser Studie zeigen ebenfalls eine erhöhte Vulnerabilität zur Entwicklung psychischer Störungen bei Kindern, die ab Geburt oder in sehr jungem Alter erstmals mit der psychischen Erkrankung eines Elternteiles konfrontiert waren. Daher müssen dieser Lebensspanne erhöhte Aufmerksamkeit gewidmet und es müssen entsprechende Unterstützungsangebote zur Verfügung gestellt werden.

4. Jungen im jüngeren Alter sind vulnerabler als Mädchen und müssen daher besonders gefördert und unterstützt werden. Diese Erkenntnisse decken sich mit dem gesellschaftlichen Trend der letzten Jahre, nach den mädchenspezifischen Angeboten nun auch jungenspezifische Angebote zu entwickeln und bereitzustellen. Auch die Ergebnisse der jüngsten Shell-Studie (vgl. Hurrelmann und Albert 2006) zeigen sehr deutlich die Notwendigkeit zur Bereitstellung jungenspezifischer Angebote.

5. Der Einfluss der Krankheit der Eltern auf Bindungs-, Kommunikations- und Empathiestrukturen muss berücksichtigt werden. Die Kinder psychisch kranker Eltern sind in den unterschiedlichsten Bereichen zwischenmenschlicher Interaktion benachteiligt, was sich nachhaltig auf ihre Identitäts- und Persönlichkeitsentwicklung auswirkt. Hier müssen stabilisierende und ressourcenorientierte Perspektiven entwickelt werden, um die Belastungen zu minimieren und die Identitäts- und Persönlichkeitsentwicklung zu fördern.

6. Die Problematik der Einschätzung der Fachkräfte (im Verhältnis zum Elternurteil) führt hin zu einer Abstimmungs- und Behandlungsproblematik bei Empathiedefiziten. In der Untersuchung finden sich Hinweise auf sehr unterschiedliche Einschätzungen von Eltern und Fachkräften. Offensichtliche Kommunikationsprobleme, wie sie in unterschiedlichen Einschätzungen deutlich werden, können auch zu Fehldiagnosen, nicht bereitgestellten oder falschen Hilfsangeboten führen.

4.6.3 Hinweise zur praktischen Umsetzbarkeit der Ergebnisse

Die Ergebnisse dieser Studie lassen einige sehr praktische Folgerungen zu, die notwendigerweise der weiteren Präzisierung und Strukturierung bedürfen.

1. Die **Sensibilisierung in der Öffentlichkeit** für *Kinder psychisch kranker Eltern* und *Empathie* muss verstärkt werden. Die Entwicklung von Empathie im Kindes- und Jugendalter muss als allgemeiner Erziehungsbestandteil anerkannt werden; ebenso muss die Sensibilität für Bedürfnisse von Kindern psychisch kranker Eltern erhöht werden.

2. Bildungseinrichtungen von der Kinderkrippe über den Kindergarten und die Schule bis zur Lehrer- und Erzieherausbildung müssen **das Empathieproblem stärker thematisieren**. Trainingsprogramme, Spiele und Curricula sind zu entwickeln. Aus- und Weiterbildung sollten schwerpunktmäßig praktische Hilfen zur Empathie-Ausbildung geben.

3. Die **Forschung zur Empathie** in der Kindererziehung muss verstärkt werden, es gibt immer noch Theoriedefizite. Neue Erkenntnisse, wie etwa die Forschungen zur *Emotionalen Intelligenz* oder zu den *Spiegelzellen* sind in die Theorieansätze stärker zu integrieren. Bisher kann noch nicht von einer allgemeingültigen Theorie der Empathie ausgegangen werden.

4. Die Ergebnisse der Arbeit verweisen auf die Notwendigkeit, auch **an den Instrumentarien weiterzuarbeiten**. Der ETK sollte in seiner jetzigen Form nur als *Siebtest* eingesetzt werden. Erfolg versprechend erscheint vor allem der Ausbau der Subbereiche Mimik und Körpersprache.

5. Die **Therapeutische Praxis** muss sensibilisiert werden. Sowohl die Bedürfnisse der Kinder psychisch kranker Eltern als auch der Themenkomplex der Empathie werden lediglich marginal wahrgenommen und stehen noch zu wenig im Fokus von Behandlungsstrategien. Das gilt auch für Fachkräfte, die mit psychisch kranken Erwachsenen arbeiten, die auch Eltern sind. Diese Fachkräfte müssen in besonderem Maße für die Bedürfnisse der betroffenen Kinder in den Familien sensibilisiert werden.

6. Die Notwendigkeit einer besseren **Zusammenarbeit der Fachkräfte mit den Eltern** ist dringend geboten. Auf der Ebene der Kommunikation und Kooperation zwischen Fachkräften und psychisch kranken Eltern sind dringende Abstimmungs-, Klärungs- und Entwicklungsprozesse erforderlich.

Literaturliste

Amsterdam, B. K. (1972): Mirror self-image reactions before age two. Developmental Psychobiology, 5, S. 297-305.

Anders, D.; Wagenblass, S. (2000): ExpertInnengespräch: Gruppenangebote für Kinder psychisch kranker Eltern. Münster. Unveröffentl. Ergebnisprotokoll der Fachtagung vom 19.10.2000.

Angermeyer, M. C.; Matschinger, H.; Holzinger, A. (1997): Die Belastung der Angehörigen chronisch psychisch Kranker. Psychiatrische Praxis, 24, S. 215-220.

Anthony, E. J. (1980): Kinder manisch-depressiver Eltern. In: Remschmidt, H. (Hrsg.): Psychopathologie der Familie und kinderpsychiatrische Erkrankung. Bern: Verlag Hans Huber, S. 12-34.

Arbeitsgemeinschaft der Psychotherapeutenkammern (2002): Erklärung der Arbeitsgemeinschaft der Psychotherapeutenkammern zum Jahrestag für Psychische Gesundheit am 10.10.2002. Psychotherapeutenforum, 6, S. 17-18.

Arbeitsgruppe Deutsche Child Behavior Checklist (1998): Elternfragebogen über das Verhalten von Kindern und Jugendlichen; deutsche Bearbeitung der Child Bahavior Checklist (CBCL/4-18). Einführung und Anleitung zur Handauswertung. 2. Auflage mit deutscher Normierung, bearbeitet von M. Döpfner, J. Plück, S. Bölte, K. Lenz, P. Melchers und K. Heim. Köln: Arbeitsgruppe Kinder-, Jugend- und Familiendiagnostik.

Bandler, R.; Grinder, J. Satir, V. (1993): Mit Familien reden. Gesprächsmuster und therapeutische Veränderung. 4. Aufl. München: Pfeiffer.

Bauer, M.; Lüders, C. (1998): Psychotische Frauen und ihre Kinder. Psychiatrische Praxis, 25, S. 191-195.

Bauer, J. (2006a): Warum ich fühle, was du fühlst. Intuitive Kommunikation und das Geheimnis der Spiegelneurone. Hamburg: Hoffmann und Campe.

Bauer, J. (2006b): Das Gedächtnis des Körpers. Wie Beziehungen und Lebensstile unsere Gene steuern. 7. Aufl. München: Piper.

Bavelas, J. B.; Black, A.; Lemery, C. R.; Mullett, J. (1987): Motor mimicry as primitive empathy. In: Eisenberg, N.; Strayer, J. (Hrsg.): Empathy and its development. New York: Cambridge University Press. S. 317-338.

Beardslee, W. R.; Versage, E. M.; Gladstone, T. R. G. (1998): Children of affectively ill parents. A view of the past 10 years. Journal of the American Academy of Child and Adolescent Psychiatry, 37, S. 1134-1141.

Becker, T. (1999): Psychiatrische Dienste und Einrichtungen. In: Machleidt, W. et al. (Hrsg.) (1999): Psychiatrie, Psychosomatik und Psychotherapie. 6. komplett neu bearbeitete Auflage. Stuttgart: Thieme, S. 399-405.

Behr, M. et al. (2004): Diagnostik von Empathie-Fähigkeiten bei Kindern und Jugendlichen – Zusammenhänge mit emotionalen Störungen und prosozialem Verhalten. In: Bos, W., et al. (Hrsg.): Heterogenität. Münster: Waxmann, S. 1-12.

Bernert, S. et al. (2001): Die Erfassung der Belastung der Angehörigen psychisch erkrankter Menschen. Psychiatrische Praxis, 28, 97-101.

Binder, U. (1999): Empathieentwicklung und Pathogenese in der Klientenzentrierten Psychotherapie. 2. Aufl. Eschborn: Verlag Dietmar Klotz.

Bischof-Köhler, D. (1989): Spiegelbild und Empathie. Dia Anfänge der sozialen Kognition. Bern: Verlag Hans Huber.

Bischof-Köhler, D. (2000): Empathie, prosoziales Verhalten und Bindungsqualität bei Zweijährigen. Psychologie in Erziehung und Unterricht, 47, S. 142-158.

Bischof-Köhler, D. (2001): Zusammenhang von Empathie und Selbsterkennen bei Kleinkindern. In: Cierpka, M.; Buchheim, P. (Hrsg.): Psychodynamische Konzepte. Heidelberg, Berlin: Springer, S. 321-328.

Bischoff, A. (2001): Verbindliche Strukturen schaffen. Kooperation zwischen Jugendhilfe und Jugendpsychiatrie. In: Mattejat, F.; Lisofsky, B. (Hrsg.): Nicht von schlechten Eltern. Kinder psychisch Kranker. 3. Aufl. Bonn: Psychiatrie-Verlag, S. 154-160.

Bohus, M. et al. (1998): Kinder psychisch kranker Eltern. Eine Untersuchung zum Problembewusstsein im klinischen Alltag. Psychiatrische Praxis, 25, 134-138.

Bolognini, S. (2003): Die psychoanalytische Einfühlung. Gießen: Prosozial-Verlag.

Borke, H. (1971): Interpersonal perception of young children : Egocentrism or empathy? Developmental Psychology, 5, S. 263-269.

Bowlby, J. (2005): Frühe Bindung und kindliche Entwicklung. 5. Aufl. München: Ernst Reinhardt Verlag.

Brandes, U. et al. (2001): Klinik? – Aber nicht ohne mein Kind! Psychiatrische Praxis, 28, S. 147-151.

Brisch, K. H. (2000): Von der Bindungstheorie zur Bindungstherapie. In: Endres, M.; Hauser, S. (Hrsg.): Bindungstheorie in der Psychotherapie. München: Ernst Reinhardt Verlag, S. 81-89.

Brisch, K. H.; Buchheim, A.; Kächele, H. (1999): Diagnostik von Bindungsstörungen. Praxis der Kinderpsychologie und Kinderpsychiatrie, 48, S. 425-437.

Brooks, R.; Goldstein, S. (2007): Das Resilienz-Buch. Wie Eltern ihre Kinder fürs Leben stärken. Stuttgart: Klett-Cotta.

Bryant, B. K. (1982): An index of empathy for children and adolescents. Child Development, 53, S. 413-425.

Bullmer, K. (1978): Empathie. Ein Programmierter Text zur Verbesserung der interpersonellen Wahrnehmungsfähigkeit. Erste Aufl. München: Ernst Reinhardt Verlag.

Bundesverband der Angehörigen psychisch Kranker e.V. (Hrsg.) (1996): Auch Kinder sind Angehörige. Dokumentation einer Fachtagung. Bonn.

Chandler, M. J. (1983): Egozentrismus und antisoziales Verhalten: Erfassen und Fördern der Fähigkeit zur sozialen Perspektivenübernahme. In: Geulen, D. (Hrsg): Perspektivenübernahme und soziales Handeln. Frankfurt/Main: Suhrkamp, S. 471-484.

Christiansen, V.; Pleininger-Hoffmann, M. (2001): Auswirkungen psychischer Erkrankungen auf Familiensysteme. In: Institut für soziale Arbeit e.V. (Hrsg.): Kinder psychisch kranker Eltern zwischen Jugendhilfe und Erwachsenenpsychiatrie. Münster: Votum, S. 65-72.

Cierpka, M.; Buchheim, P. (Hrsg.) (2001): Psychodynamische Konzepte. Heidelberg, Berlin: Springer.

Cierpka, M. (2003): Sozial-emotionales Lernen mit Faustlos. Psychotherapeut, 48, 4, S. 247-254.

Cierpka, M. (2004): Das Fördern der Empathie bei Kindern mit „Faustlos". Zeitschrift für Gruppendynamik und Organisationsberatung, 35, S. 37-50.

Conen, M. L. (2006): Wo keine Hoffnung ist, muss man sie erfinden. 3. Aufl. Heidelberg: Carl Auer.

Davis, M. H. (1980): A multidimensional approach to individual differences in empathy. JSAS Catalog of Selected Documents in Psychology, 10, S. 85.

Deneke, C. (1995): Psychosoziale Probleme von Kindern psychisch kranker Eltern. Pro familia magazin, 4, S. 5-7.

Deneke, C. (2001a): Besser früh betreuen als später behandeln. In: Mattejat, F.; Lisofsky, B. (Hrsg.): Nicht von schlechten Eltern. Kinder psychisch Kranker. 3. Aufl. Bonn: Psychiatrie-Verlag, S. 87-91.

Deneke, C. (2001b): Ein Betreuungsnetz knüpfen. In: Mattejat, F.; Lisofsky, B. (Hrsg.): Nicht von schlechten Eltern. Kinder psychisch Kranker. 3. Aufl. Bonn: Psychiatrie-Verlag, S. 139-143.

Döpfner, M.; Schmeck, K.; und Berner, W. (1994): Handbuch: Elternfragebogen über das Verhalten von Kindern und Jugendlichen. Forschungsergebnisse zur deutschen Fassung der Child Behavior Checklist (CBCL). Köln: Arbeitsgruppe Kinder-, Jugend- und Familiendiagnostik.

Dornes, M. (2000a): Die emotionale Welt des Kindes. Frankfurt/ Main: Fischer.

Dornes, M. (2000b): Die Eltern der Bindungstheorie: Biographisches zu John Bowlby und Mary Ainsworth. In: Endres, M.; Hauser, S. (Hrsg.): Bindungstheorie in der Psychotherapie. München: Ernst Reinhardt Verlag, S. 18-37.

Downey, G.; Coyne, J. C. (1990): Children of depressed parents: An Integrative Review. Psychological Bulletin, 108, 1, S. 50-76.

Ebner, J.; Raiss, S. (2001): Kinderprojekt Mannheim: Kinder mit psychisch kranken Eltern – Hilfen für Eltern und Kinder, Vernetzung von Ressourcen. In: Institut für soziale Arbeit e.V. (Hrsg.): Kinder psychisch kranker Eltern zwischen Jugendhilfe und Erwachsenenpsychiatrie. Münster: Votum, S. 88-102.

Eckert, J. (2000): Zur Rolle der Empathie in der Praxis der Psychotherapie. Psychotherapeuten-Forum, 5, S. 18-22.

Eckert, J. (2001): Empathie und Psychotherapie. In: Cierpka, M.; Buchheim, P. (Hrsg.): Psychodynamische Konzepte. Heidelberg, Berlin: Springer, S. 329-338.

Eisenberg, N.; Lennon, R. (1983): Sex differences in empathy and related capacities. Psychological Bulletin, 94, S. 100-131.

Eisenberg, N.; Strayer, J. (Hrsg.) (1987): Empathy and its development. New York: Cambridge University Press. 1. Aufl.

Eisenberg, N. et al. (1988): Differentiation of vicariously induced emotional reactions in children. Developmental Psychology, 24, S. 237-246.

Ekman, P. (1984): Zur kulturellen Universalität des emotionalen Gesichtsausdrucks. In: Scherer, K.R.; Wallbott, H.G.: (Hrsg.): Nonverbale Kommunikation: Forschungsberichte zum Interaktionsverhalten. Beltz Verlag Weinheim, Basel, S. 50-58.

Ekman, P. (2004): Gefühle lesen. Wie Sie Emotionen erkennen. 1. Aufl. München. Spektrum Akademischer Verlag.

Ende, M. (2004): Die unendliche Geschichte. Stuttgart: Thienemann Verlag.

Endres, M.; Hauser, S. (2000) (Hrsg.): Bindungstheorie in der Psychotherapie. München: Ernst Reinhardt Verlag.

Faber, F. R.; Haarstrick, R. (Hrsg.) (1999): Kommentar Psychotherapie-Richtlinien. 5. aktual. und erg. Aufl. München: Urban und Fischer Verlag.

Fähndrich, E. et al. (2001): Die Angehörigenvisite als Teil des Routineangebotes einer Abteilung für Psychiatrie und Psychotherapie im Allgemeinkrankenhaus. Psychiatrische Praxis, 28, S. 115-117.

Feshbach, N. D. (1987): Parental empathy and child adjustment/maladjustment. In: Eisenberg, N.; Strayer, J. (Hrsg.): Empathy and its development. New York: Cambridge University Press, S. 271-291.

Flavell, et al. (1968): The development of role-taking and communication skills in children. New York: Wiley.

Finke, J. (2003): Empathie und Interaktion. 2. Aufl. Stuttgart, New York: Thieme.

Frenzel, P.; Schmid, P. F.; Winkler, M. (Hrsg.) (1992): Handbuch der personzentrierten Psychotherapie. Köln: Edition Humanistische Psychologie.

Freud, S. (1921): Massenpsychologie und Ich-Analyse. Gesammelte Werke XIII. Frankfurt/Main: Fischer.

Friedlmeier, W. (1993): Entwicklung von Empathie, Selbstkonzept und prosozialem Handeln in der Kindheit. Dissertation. Konstanz: Hartung-Gorre Verlag.

Friedlmeier, W. (1999): Emotionsregulation in der Kindheit. In: Friedlmeier, W.; Holodynski, M. (Hrsg.): Emotionale Entwicklung. Funktion, Regulation und soziokultureller Kontext von Emotionen. Heidelberg, Berlin: Spektrum, S. 197-218.

Friedlmeier, W.; Holodynski, M. (Hrsg.) (1999): Emotionale Entwicklung. Funktion, Regulation und soziokultureller Kontext von Emotionen. Heidelberg, Berlin: Spektrum.

Fröhlich-Gildhoff, K. (2006): Gewalt begegnen. Konzepte und Projekte zur Prävention und Intervention. Stuttgart: Kohlhammer.

Fthenakis, W. E. (1996): Trennung, Scheidung und Wiederheirat. Weinheim: Beltz Psychologie Verlags Union.

Gartner, B. (2004): Das mitfühlende Gehirn. In: Die Zeit, 18 (22.04.2004).
Gasser, W.; Habegger, C.; Rey-Bellet, M. (1993): Meine Eltern trennen sich. Teil 1: An die Kinder. 2. Aufl. Zürich: Verlag Pro Juventute.
Gendlin, E.T. (1978): Eine Theorie der Persönlichkeitsveränderung. In: Bommert, H.; Dahlhoff, H.D. (Hrsg.): Das Selbsterleben (Experiencing) in der Psychotherapie. München, Wien, Baltimore: Urban und Schwarzenberg, S. 1-62.
Goleman, D. (1995): Emotional Intelligence. Why it can matter more than IQ. New York: Bantam Books.
Goleman, D. (1996): Emotionale Intelligenz. München, Wien: Hanser.
Goleman, D.(1998): EQ 2. Der Erfolgsquotient. München, Wien: Hanser.
Groddeck, N. (2002): Carl Rogers – Wegbereiter der modernen Psychotherapie. Darmstadt: Wissenschaftliche Buchgesellschaft.
Gross, A. L.; Ballif, B. (1991): Children´s Understanding of emotion from facial expressions and situations: A review. Developmental Review, 11, S. 368-398.
Grossmann, K.; Grossmann, K. (1996): Bindungstheoretische Grundlagen einer psychologisch sicheren und unsicheren Entwicklung. GwG-Zeitschrift, 96, S. 26-41.
Grossmann, K. (2000): Die Entwicklung von Bindungsqualität und Bindungsrepräsentation. In: Endres, M.; Hauser, S. (Hrsg.): Bindungstheorie in der Psychotherapie. München: Ernst Reinhardt Verlag, S. 38-53.
Gundelfinger, R. (2001): Die Widerstandskraft der Familien stärken. In: Mattejat, F.; Lisofsky, B. (Hrsg.): Nicht von schlechten Eltern. Kinder psychisch Kranker. 3. Aufl. Bonn: Psychiatrie-Verlag, S. 120-124.
Harter, C.; Kick, J.; Rave-Schwank, M. (2002): Psychoedukative Gruppen für depressive Patienten und ihre Angehörigen. Psychiatrische Praxis, 29, 160-163.
Hastings, P.; Zahn-Waxler, C. (2000): The Development of Concern for others in Children with Behavior Problems. Developmental Psychology, 36, S. 531-546.
Hédervári-Heller, E. (2000): Klinische Relevanz der Bindungstheorie in der therapeutischen Arbeit mit Kleinkindern und ihren Eltern. Praxis der Kinderpsychologie und Kinderpsychiatrie, 49, S. 580-595.
Heim, S. (2001): Und (k)ein Platz für Kinder? Ein „blinder Fleck" der Angehörigenarbeit in der Psychiatrie. In: Institut für soziale Arbeit e.V. (Hrsg.): Kinder psychisch kranker Eltern zwischen Jugendhilfe und Erwachsenenpsychiatrie. Münster: Votum, S. 73-76.
Heim, S. (2005): Einbeziehung der Kinder in die Behandlung psychisch kranker Eltern? In: Kinderschutz-Zentren (2005) (Hrsg.): Risiko Kindheit: Meine Eltern sind anders. Eltern mit psychischen Störungen und die Betroffenheit der Kinder. Köln: Die Kinderschutz-Zentren, S. 120-127.
Hentze, K. O. (2003): Die Gesprächspsychotherapie als approbationsfähiges Ausbildungsverfahren. Unveröffentl. Arbeitsvorlage für die Vorstandskommission der Psychotherapeutenkammer NRW „Gesprächspsychotherapie / Personzentrierte Kinder- und Jugendlichenpsychotherapie".

Hipp, M.; Staets, S. (2001): Präventionsprojekt für Kinder psychisch kranker Eltern KIP-KEL. In: Institut für soziale Arbeit e.V. (Hrsg.): Kinder psychisch kranker Eltern zwischen Jugendhilfe und Erwachsenenpsychiatrie. Münster: Votum, S. 77-87.

Hogan, R. (1969): Development of an empathy scale. Journal of consulting and Clinical Psychology, 33, S. 307-316.

Hollos, M.; Cowan, P.A. (1973): Social isolation and cognitive development: Logical operations and role-taking abilities in three Norwegian social settings. Child Development, 44, S. 630-641.

Homeier, S. (2006): Sonnige Traurigtage. Frankfurt /M.: Mabuse-Verlag.

Hoffmann-Richter, U.; Finzen, A. (2001): Die häufigsten psychischen Krankheiten. In: Bundesverband der Angehörigen psychisch Kranker e.V. (Hrsg.) (2001): Mit psychisch Kranken leben. Rat und Hilfe für Angehörige. Erste Aufl. Bonn: Psychiatrie-Verlag, S. 22-46.

Holz-Ebeling, F.; Steinmetz, M. (1995): Wie brauchbar sind die vorliegenden Fragebogen zur Messung von Empathie? Kritische Analysen unter Berücksichtigung der Iteminhalte. Zeitschrift für Differentielle und Diagnostische Psychologie, 16, S. 11-32.

Hüther, G. (2005): Bedienungsanleitung für ein menschliches Gehirn. 2. Aufl. Göttingen: Vandenhoek und Ruprecht.

Hufnagel, G. (2003): Personzentrierte Kinder- und Jugendlichenpsychotherapie im Kontext von Heimerziehung. In: Boeck-Singelmann, C. et al. (Hrsg.): Personzentrierte Psychotherapie mit Kindern und Jugendlichen. Bd. 3. Göttingen: Hogrefe, S. 237-256.

Hurrelmann, K.; Albert, M. (2006): Jugend 2006. 15. Shell-Studie. Eine pragmatische Generation unter Druck. Frankfurt/Main: Fischer.

Iannotti, R.J. (1985): Naturalistic and structured assessmentsof prosocial behavior in preschool children: The influence of empathy and perceptual taking. Developmental Psychology, 21, S. 46-55.

Institut für soziale Arbeit e.V. (Hrsg.) (2001a): Kinder psychisch kranker Eltern zwischen Jugendhilfe und Erwachsenenpsychiatrie. Münster: Votum.

Institut für soziale Arbeit e.V. (Hrsg.) (2001b): ISA-Jahrbuch zur Sozialen Arbeit. Münster: Votum.

Janke, B. (1999): Naive Psychologie und die Entwicklung des Emotionswissens. In: Friedlmeier, W.; Holodynski, M. (Hrsg.) (1999): Emotionale Entwicklung. Funktion, Regulation und soziokultureller Kontext von Emotionen. Heidelberg, Berlin: Spektrum, S. 70-98.

Jankowski, P. et al. (Hrsg.) (1976): Klientenzentrierte Psychotherapie heute. Göttingen: Hogrefe.

Jungbauer, J.; Bischkopf, J.; Angermeyer, M.C. (2001): Belastungen von Angehörigen psychisch Kranker. Psychiatrische Praxis, 28, S. 105-114.

Katschnig, H. (2002): Zur Geschichte der Angehörigenbewegung in der Psychiatrie. Psychiatrische Praxis, 29, S. 113-115.

Keefe, T. (1976): Empathy: the critical skill. Social Work, 21, S. 10-14.

Keefe, T. (1979): The development of empathic skill. Journal of education for Social Work. 15, S. 30-37.

Kempf, M. et al. (2001): Mutter-Kind-Behandlung im Rahmen gemeindepsychiatrischer Pflichtversorgung. Psychiatrische Praxis, 28, S. 123-127.

Kienbaum, J.; Trommsdorff, G. (1997): Vergleich zweier Methoden zur Erfassung des Mitgefühls im Vorschulalter. Zeitschrift für Entwicklungspsychologie und Pädagogische Psychologie, 4, S. 271-290.

Kinderschutz-Zentren (2004): 5. Kinderschutz-Forum: Risiko Kindheit: Meine Eltern sind anders – Eltern mit psychischen Störungen und die Betroffenheit von Kindern.[online] URL: www.kinderschutz-zentren.org/kinderschutzforum/kifo04/index.html [Stand 15.05.2004].

Kinderschutz-Zentren (2005) (Hrsg.): Risiko Kindheit: Meine Eltern sind anders. Eltern mit psychischen Störungen und die Betroffenheit der Kinder. Köln: Die Kinderschutz-Zentren.

Klank, I.; Rost, W. D.; Olbrich, R. (1998): Angehörigenarbeit als Bestandteil der Routineversorgung schizophrener Patienten. Psychiatrische Praxis, 25, S. 29-32.

Klimitz, H. (1997): Psychoedukative Familienarbeit bei Schizophrenen – ein populäres Konzept? Psychiatrische Praxis, 24, S. 110-116.

Knuf, A. (2000): Mit meiner Mutter stimmt etwas nicht – Die vergessenen Kinder psychisch Kranker. Psychologie Heute, 6, S. 34-39.

Koch-Stoecker, S. (2001): Zur Wirkung mütterlicher schizophrener Psychosen auf die Entwicklungspotenziale ihrer Kinder. In: Institut für soziale Arbeit e.V. (Hrsg.): Kinder psychisch kranker Eltern zwischen Jugendhilfe und Erwachsenenpsychiatrie. Münster: Votum, S. 48-64.

Köhler, L. (1992): Formen und Folgen früher Bindungserfahrungen. Forum Psychoanalyse, 8, S. 263-280.

Körner, J. (1998): Einfühlung: Über Empathie. Forum der Psychoanalyse, 14, S. 1-7.

Kohut, H. (1977): Introspektion, Empathie und Psychoanalyse. 1. Aufl. Frankfurt/Main: Suhrkamp.

Krause, R. (2001): Emotion und Interaktion. In: Cierpka, M.; Buchheim, P. (Hrsg.): Psychodynamische Konzepte. Heidelberg, Berlin: Springer, S. 235-241.

Krech, H. (2001): Ursache für Sprache und Kultur? Einfühlende Nervenzellen entdeckt. Spiegelneuronen lesen Gedanken anderer. In: http://www.wissenschaft.de/wissen/news/drucken/155366.html (15.03.2006).

Küchenhoff, B. (1997): Kinder psychisch kranker Eltern. Münchner medizinische Wochenschrift, 139, S. 331-333.

Küchenhoff, B. (2001a): Welche Hilfen werden gewünscht?. In: Mattejat, F.; Lisofsky, B. (Hrsg.): Nicht von schlechten Eltern. Kinder psychisch Kranker. 3. Aufl. Bonn: Psychiatrie-Verlag, S. 103-106.

Küchenhoff, B. (2001b): Konsequenzen für die Lebens- und Familienplanung. Angehörigengruppen mit jungen Erwachsenen. In: Mattejat, F.; Lisofsky, B. (Hrsg.): Nicht von schlechten Eltern. Kinder psychisch Kranker. 3. Aufl. Bonn: Psychiatrie-Verlag, S. 148-151.

Landesarbeitsgemeinschaft für Erziehungsberatung (1998): Stellungnahme der LAG zur Leistungsbeschreibung institutioneller Erziehungsberatung. In: LAG Aktuell, 4, S. 27-29.

Laucht, M.; Esser, G.; Schmidt, M. H. (1992): Psychisch auffällige Eltern. Risiken für die kindliche Entwicklung im Säuglings- und Kleinkindalter? Zeitschrift für Familienforschung, 4, S. 22-48.

Leibetseder, M.; Laireiter, A.R.; Riepler, A.; Köller, T. (2001): E-Skala: Fragebogen zur Erfassung von Empathie – Beschreibung und psychometrische Eigenschaften. Zeitschrift für Differentielle und Diagnostische Psychologie, 22, S. 70-85.

Leidner, M. et al. (1997): Kinderprojekt Auryn. Abschlussbericht. Freiburg.

Leidner, M. (2001): Das Schweigen brechen. Die Kindergruppe des Modellprpjektes Auryn. In: Mattejat, F.; Lisofsky, B. (Hrsg.): Nicht von schlechten Eltern. Kinder psychisch Kranker. 3. Aufl. Bonn: Psychiatrie-Verlag, S. 144-147.

Lennon, R.; Eisenberg, N. (1987): Gender and age differences in empathy and sympathy. In: Eisenberg, N.; Strayer, J. (Hrsg.): Empathy and its development. New York: Cambridge University Press. S. 195-217.

Lenz, A. (2005): Kinder psychisch kranker Eltern. Göttingen: Hogrefe.

Liekam, S. (2004): Empathie als Fundament pädagogischer Professionalität. Analysen zu einer vergessenen Schlüsselvariable der Pädagogik. Dissertation. München.

Lisofsky, B. (2001): Ein Netzwerk für Kinder psychisch Kranker schaffen. In: Mattejat, F. und Lisofsky, B. (Hrsg.) (2001): Nicht von schlechten Eltern. Kinder psychisch Kranker. 3. Aufl. Bonn: Psychiatrie-Verlag, S. 179-188.

Lisofsky, B.; Schmitt-Schäfer, T. (2001): Hilfeangebote für Kinder psychisch kranker Eltern – Kooperation versus spezialisierte Einrichtungen. In: Institut für soziale Arbeit e.V. (Hrsg.): Kinder psychisch kranker Eltern zwischen Jugendhilfe und Erwachsenenpsychiatrie. Münster: Votum, S. 19-30.

Lüders, B.; Deneke, C. (2001): Präventive Arbeit mit Müttern und ihren Babys im tagesklinischen Setting. Praxis der Kinderpsychologie und Kinderpsychiatrie, 50, S. 552-559.

Marcia, J. (1987): Empathy and psychotherapy. In: Eisenberg, N.; Strayer, J. (Hrsg.): Empathy and its development. New York: Cambridge University Press. S. 81-102.

Marsiske, H. A. (2002): Lösen Erdnüsse das Rätsel der Sprache? In: http://www.telepolis.de/r4/artikel/13/13031/1.html (15.03.2006)

Mattejat, F. (1980): Familieninteraktion und psychische Störungen bei Kindern und Jugendlichen. Übersichtsreferat. In: Remschmidt, H. (Hrsg.): Psychopathologie der Familie und kinderpsychiatrische Erkrankung. Bern: Verlag Hans Huber, S. 118-156.

Mattejat, M.; Wüthrich, C.; Remschmidt, H. (2000): Kinder psychisch kranker Eltern. Nervenarzt, 71, S. 164-172.

Mattejat, F. (2001a): Kinder psychisch kranker Eltern im Bewußtsein der Fachöffentlichkeit – Eine Einführung. Praxis der Kinderpsychologie und Kinderpsychiatrie, 50, S. 491-497.

Mattejat, F. (2001b): Kinder mit psychisch kranken Eltern. In: Mattejat, F.; Lisofsky, B. (Hrsg.): Nicht von schlechten Eltern. Kinder psychisch Kranker. 3. Aufl. Bonn: Psychiatrie-Verlag, S. 66-78.

Mattejat, F.; Lisofsky, B. (Hrsg.) (2001): Nicht von schlechten Eltern. Kinder psychisch Kranker. 3. Aufl. Bonn: Psychiatrie-Verlag.

Mednick, S. A.; Schulsinger, F. (1980): Kinder schizophrener Eltern. In: Remschmidt, H. (Hrsg.): Psychopathologie der Familie und kinderpsychiatrische Erkrankung. Bern: Verlag Hans Huber, S. 35-49.

Mehrabian, A.; Epstein, N. (1972): A measure of emotional empathy. Journal of Personality, 40, S. 525-543.

Menne, K. (1996): Optionen bei der Kostenrechnung. In: Informationen für Erziehungsberatungsstellen, 1, S. 4-6.

Miller, P. A.; Eisenberg, N. (1988): The relation of empathy to aggressive and externalizing/antisocial behavior. Psychological Bulletin, 103, S. 324-344.

Minsel, W. R. (1979): Praxis der Gesprächspsychotherapie. Grundlagen, Forschung, Auswertung. 4. unv. Aufl. Wien, Köln, Graz: Hermann Böhlaus Nachf.

Mischo, C. (2003): Wie valide sind Selbsteinschätzungen der Empathie? Gruppendynamik und Organisationsberatung. 34, 2, S. 187-203.

Monigl, E. & Behr, M. (in Druck). Emotionale Kompetenzen bei Kindern und Jugendlichen. Göttingen: Hogrefe.

Moser, U.; v. Zeppelin, I. (1996): Die Entwicklung des Affektsystems. Psyche, 50, S. 32-84.

Mosheim, R., et al. (2000): Bindung und Psychotherapie. Bindungsqualität und interpersonale Probleme von Patienten als mögliche Einflussfaktoren auf das Ergebnis stationärer Psychotherapie. Psychotherapeut, 45, S. 223-229.

Münder, J., et. al. (Hrsg.) (1991): Frankfurter Lehr- und Praxiskommentar zum KJHG. Münster: Votum.

Nowicki, S.; Duke, M. P. (1992): The association of children´s nonverbal decoding abilities With their popularity, locus of control, and academic achievement. The journal of genetic psychology, 153, S. 385-393.

Oerter, R. (1997): Psychologie des Spiels. 2. Aufl. Weinheim: BeltzVerlagsUnion.

Opp, G.; Fingerle, M.; Freytag, A. (Hrsg.) (1999): Was Kinder stärkt. Erziehung zwischen Risiko und Resilienz. München: Ernst Reinhardt.

Ostermann, J.; Hollander, U. (1996): Die Angehörigenvisite. Psychiatrische Praxis, 23, S. 279-281.

Petermann, F.; Wiedebusch, S. (2003): Emotionale Kompetenz bei Kindern. Göttingen: Hogrefe.

Piaget, J.: Inhelder, B. (1971): Die Entwicklung des räumlichen Denkens beim Kinde. 1. Aufl. Stuttgart: Klett.

Pitschel-Walz, G.; Engel, R. R. (1997): Psychoedukation in der Schizophrenie-Behandlung. Ergebnisse einer Meta-Analyse. Psycho, 23, S. 22-36.

Plessen, U.; Postzich, M.; Wilkmann, M. (1985): Zur Bedeutung expertengeleiteter Angehörigengruppen in der Psychiatrie. Psychiatrische Praxis, 12, S. 43-47.

Pleyer, K. H. (2001): Systemische Spieltherapie – Kooperationswerkstatt für Eltern und Kinder. Vorschläge aus der Praxis einer kinderpsychiatrischen Tagesklinik. In: Rotthaus, W. (Hrsg.): Systemische Kinder- und Jugendlichenpsychotherapie. 1. Aufl. Heidelberg: Carl-Auer-Systeme Verlag, S. 125-159.

Plutchick, R. (1987): Evolutionary bases of empathy. In: Eisenberg, N.; Strayer, J. (Hrsg.): Empathy and its development. New York: Cambridge University Press. S. 38-46.

Pott, W. (1996): Die Angehörigen-Gruppe bei schizophrenen Erkrankungen. Psychiatrische Praxis, 23, S. 219-225.

Pressestelle des Universitätsklinikums Hamburg-Eppendorf (2002): Die vergessenen Kinder. Presseartikel zur Fachtagung über Kinder psychisch kranker Eltern am 28.08.2002.

Psychotherapeutenkammer NRW (2007): Kammer: Rechtliches. [online] URL: http://www.ptk-nrw.de/seiten/rechtliches.php [Stand: 06.03.2007]

Raiss, M.; Ebner, J. (2001): Kinderprojekt Mannheim. Kinder mit psychisch kranken Eltern. Abschlussbericht. Mannheim.

Remschmidt, H. (Hrsg.) (1980): Psychopathologie der Familie und kinderpsychiatrische Erkrankungen. Bern: Huber.

Remschmidt, H.; Mattejat, F. (1994a): Kinder psychotischer Eltern. Göttingen: Hogrefe.

Remschmidt, H.; Mattejat, F. (1994b): Kinder psychotischer Eltern – Eine vernachlässigte Risikogruppe. Praxis der Kinderpsychologie und Kinderpsychiatrie, 43, S. 295-299.

Robins, L. N.; Regier, D.A. (1991): Psychiatric Disorders in America. New York: The Free Press.

Rogers, C. R. (1959): A theory of therapy, personality and interpersonal relationships as developed in the client-centered framework. In: Koch, S. (Hrsg.): Psychology: A study of science. Vol. III. Formulations of the person and the social context. New York: Mc Graw Hill, S. 184-256.

Rogers, C. R. (1976): Eine neue Definition von Einfühlung. In: Jankowski, P. et al. (Hrsg.): Klientenzentrierte Psychotherapie heute. Göttingen: Hogrefe, S. 33-51.

Rogers, C. R. (1980a): Empathie – eine unterschätzte Seinsweise. In: Rogers, C.; Rosenberg, R. (1980): Die Person als Mittelpunkt der Wirklichkeit. Stuttgart: Klett-Cotta, S. 75-93.

Rogers, C. R. (1980b): Ellen West – und Einsamkeit. In: Rogers, C.; Rosenberg, R. (1980): Die Person als Mittelpunkt der Wirklichkeit. Stuttgart: Klett-Cotta, S. 94-103.

Rogers, C. R.; Rosenberg, R. (1980): Die Person als Mittelpunkt der Wirklichkeit. Stuttgart: Klett-Cotta.

Rosenthal, R. et al. (1977): The PONS-Test: Measuring Sensitivity to Nonverbal Cues In: P. Mc.Reynolds (Hrsg.): Advances in Psychological Assessment. San Francisco: Jossey Bass.

Rothbauer, J.; Spießl, H.; Schön, D. (2001):Angehörigen-Informationstage. Psychiatrische Praxis. 28, S. 118-122.

Rotthaus, W. (2000): Kundenorientierung in der stationären systemischen Kinder- und Jugendlichenpsychotherapie. Vom Kontext des Versagens zum Kontext der Kompetenz. In: Vogt-Hillmann, M.; Burr, W. (Hrsg.): Kinderleichte Lösungen. Lösungsorientierte Kreative Kindertherapie. 2. verb. Aufl. Dortmund: Borgmann, S. 159-169.

Rotthaus, W. (Hrsg.) (2001): Systemische Kinder- und Jugendlichenpsychotherapie. 1. Aufl. Heidelberg: Carl-Auer-Systeme Verlag.

Rugulies, R. (1993): Sozialpsychologische Überlegungen zur Perspektivenübernahme: Konflikt, Press und das Konzept der emotionalen Empathie. Unveröff. Diplomarbeit. Bielefeld 1993.

Satir, V. (1993): Selbstwert und Kommunikation. 11. Aufl. München: Pfeiffer.

Schäfer, S. (2002): Carl Rogers hätte sicherlich verständnisvoll und froh gestimmt gelächelt. Psychotherapeuten Forum. 4, S. 25-27.

Scherrmann, T. E. et al. (1992): Psychoedukative Angehörigengruppe zur Belastungsreduktion und Rückfallprophylaxe in Familien schizophrener Patienten. Psychiatrische Praxis, 19, S. 66-71.

Schick, A.; Cierpka, M. (2003): Präventionsprogramme. Faustlos: Evaluation eines Curriculums zur Förderung sozial-emotionaler Kompetenzen und zur Gewaltprävention in der Grundschule. Kindheit und Entwicklung, 12, S. 100-110.

Schmid, P. F. (1989): Personale Begegnung. Der Personzentrierte Ansatz in Psychotherapie, Beratung, Gruppenarbeit und Seelsorge. Würzburg: Echter.

Schmidt, S.; Strauß, B. (1996): Die Bindungstheorie und ihre Relevanz für die Psychotherapie. Teil 1. Grundlagen und Methoden der Bindungsforschung. Psychotherapeut, 41, S. 139-150.

Schmidt, S.; Strauß, B. (1997): Die Bindungstheorie und ihre Relevanz für die Psychotherapie. Teil 2. Mögliche Implikationen der Bindungstheorie für die Psychotherapie und Psychosomatik. Psychotherapeut, 42, S. 1-16.

Schone, R. (2005): Der Familie kann geholfen werden. Jugendhilfe als Motor und Partner. In: Kinderschutz-Zentren (2005) (Hrsg.): Risiko Kindheit: Meine Eltern sind anders. Eltern mit psychischen Störungen und die Betroffenheit der Kinder. Köln: Die Kinderschutz-Zentren, S. 68-83.

Schone, R.; Wagenblass, S. (2001): Kinder psychisch kranker Eltern als Forschungsthema. In: Institut für soziale Arbeit e.V. (Hrsg.): Kinder psychisch kranker Eltern zwischen Jugendhilfe und Erwachsenenpsychiatrie. Münster: Votum, S. 9-18.

Schrewe, S. (1996): Der Einfluß von Empathie auf Perspektivenübernahme im Bereich des sexuellen Mißbrauchs. Unveröff. Diplomarbeit. Bielefeld 1996.

Schwarzer, W.; Trost, A. (Hrsg.) (1999): Psychiatrie und Psychotherapie. Dortmund: Borgmann.

Sibitz, I. et al. (2002): Krankheitsverlauf und Probleme schizophren erkrankter Frauen und Männer aus der Sicht der Angehörigen. Psychiatrische Praxis, 29, 148-153.

Sherman, S. E.; Stotland, E. (1978): Adding a new tool: Development of scales to measure empathy. In: Stotland, E. et al. (Hrsg.): Empathy, fantasy and helping. Beverly Hills: Sage, S. 27-44.

Simon, F. B. (2001): Emotion und Interaktion aus systemischer Sicht. In: Cierpka, M.; Buchheim, P. (Hrsg.): Psychodynamische Konzepte. Heidelberg, Berlin: Springer, S. 243-250.

Sollberger, D. (2000): Psychotische Eltern – verletzliche Kinder. Identität und Biografie von Kindern psychisch kranker Eltern. Bonn: Psychiatrie-Verlag.

Sollberger, D. (2001): Ich-Identität und Ich-Störung: Zu Identitätsproblemen von Kindern psychosekranker Eltern. Psychiatrische Praxis, 28, S. 128-132.

Sollberger, D. (2002): Kinder psychosekranker Eltern. Psychiatrische Praxis, 29, S. 119-124.

Spangler, G. (1999): Frühkindliche Bindungserfahrungen und Emotionsregulation. In: Friedlmeier, W.; Holodynski, M. (Hrsg.): Emotionale Entwicklung. Funktion, Regulation und soziokultureller Kontext von Emotionen. Heidelberg, Berlin: Spektrum, S. 176-196.

Spiegel (2006): Zellen zum Gedankenlesen. Hamburg: Gruner und Jahr, 10, S. 138-141.

Steins, G. (1990): Bedingungen der Perspektivenübernahme. Dissertation. Bielefeld.

Steins, G.; Wicklund, R. (1993): Zum Konzept der Perspektivenübernahme: Ein kritischer Überblick. Psychologische Rundschau, 44, S. 226-239.

Steins, G. (1998): Diagnostik von Empathie und Perspektivenübernahme: Eine Überprüfung des Zusammenhangs beider Konstrukte und Implikationen für die Messung. Diagnostica, 44, 3, S. 117-129.

Stern, D. (2000a): Tagebuch eines Babys. 8. Aufl. München: Piper Verlag.

Stern, D. (2000b): Mutter und Kind. Die erste Beziehung. 4. Aufl. Stuttgart: Klett-Cotta.

Strauß, B.; Schmidt, S. (1997): Die Bindungstheorie und ihre Relevanz für die Psychotherapie. Psychotherapeut, 42, S. 1-16.

Stöger, P.; Mückstein, E. (1995): Die Kinder der Patienten – Versuch einer Prävention. Sozialpsychiatrische Informationen, 2, S. 27-31.

Strayer, J. (1987): Affective and cognitive perspectives on empathy. In: Eisenberg, N.; Strayer, J. (Hrsg.): Empathy and its development. New York: Cambridge University Press. S. 218-244.

Strotzka, H. (Hrsg.) (1975): Psychotherapie: Grundlagen, Verfahren, Indikationen. München: Urban und Schwarzenberg.

Tausch, R.; Tausch, A. (1979): Erziehungspsychologie. 9. Aufl. Göttingen: Hogrefe.

Teipel, S. (1993): Effekte von Erziehungsberatung. Unveröff. Diplomarbeit. Bielefeld 1993.
Thompson, R.A. (1987): Empathy and emotional understanding: the early development of empathy. In: Eisenberg, N.; Strayer, J. (Hrsg.): Empathy and its development. New York: Cambridge University Press. S. 119-145.
Wagenblass, S. (2001): Kinder psychisch kranker Eltern. Unveröff. Manuskript eines Workshops im Rahmen einer Fachtagung des Caritasverbandes Frankfurt am 21.11.2001, Frankfurt, S. 1-9.
Wagenblass, S.; Schone, R. (2001a): Zwischen Psychiatrie und Jugendhilfe. Hilfe und Unterstützungsangebote für Kinder psychisch kranker Eltern im Spannungsfeld der Disziplinen. Praxis der Kinderpsychologie und Kinderpsychiatrie, 50, S. 580-592.
Wagenblass, S.; Schone, R. (2001b): Unbekannte Welten – die Entdeckung der Kinder psychisch kranker Eltern als betroffene Angehörige. In: Institut für soziale Arbeit e.V. (Hrsg.): ISA-Jahrbuch zur Sozialen Arbeit. Münster: Votum, S. 128-138.
Werner, E. E. Smith, R.S. (1993): Overcoming the Odds: High-Risk Children from Birth to Aduldhood. 2. Aufl. Ithaca, London: Cornell University Press.
Werner, E. E. (1999): Entwicklung von Risiko und Resilienz. In: Opp, G.; Fingerle, M.; Freytag, A. (Hrsg.): Was Kinder stärkt. Erziehung zwischen Risiko und Resilienz. München: Ernst Reinhardt, S. 25-36.
Werner, E. E.; Smith, R.S. (2001): Journeys from Childhood to Midlife: Risk, Resilience, and Recovery. New York: Cornell University Press.
Wikipedia (2006): Spiegelneuron. In: http://de.wikipedia.org/wiki/Spiegelneuronen (15.03.2006).
Wispé, L. (1986): The Distinction Between Sympathy and Empathy. Journal of Personality and Social Psychology, 50, S. 314-321.
Wispé, L. (1987): History of the concept of empathy. In: Eisenberg, N.; Strayer, J. (Hrsg.): Empathy and its development. New York: Cambridge University Press. S. 17-37.
Zahn-Waxler, C.; Radke-Yarrow, M.; King, R.A. (1979): Child rearing and children`s prosocial initiations toward victims of distress. Child Development, 50, S. 319-330.
Zahn-Waxler, C.; Radke-Yarrow, M. (1982): The Development of Altruism: Alternative Research Strategies. In: Eisenberg, N. (Hrsg.): The development of prosocial behavior. San Diego, CA: Academic Press, S. 109-137.
Zahn-Waxler, C.; Friedman, S.L.; Cummings, E.M. (1983): Children´s Emotions and Behaviors in Response to Infant´s Cries. Child Development, 54, S. 1522-1528.
Zahn-Waxler, C. et al. (1992): Development of concern for others. Developmental Psychology, 28, S. 126-136.

Abbildungsverzeichnis

Abb. 1: Überblicksskala über einfühlendes nicht-wertendes Verstehen 15

Abb. 2: T-Werte des Elternfragebogens (CBCL) nach Kontrollgruppe und Versuchsgruppe 160

Abb. 3: Testergebnisse des CBCL nach Kontrollgruppe und Versuchsgruppe (in % nur Anteil „Auffälliger") 161

Abb. 4: Testergebnisse des Elternfragebogens (CBCL) nach Kontrollgruppe und Versuchsgruppe (in % nur Anteil „Unauffälliger") 161

Abb. 5: Testergebnisse des T-Wert-INT des Elternfragebogens (CBCL) nach Kontrollgruppe, Versuchsgruppe, Geschlecht & Alter. 165

Abb. 6: Mittelwertunterschiede bei Empathiewerten (Summenscore) nach Geschlecht (Kontroll- und Versuchsgruppe) 182

Abb. 7: Mittelwertunterschiede bei Empathiewerten (Summenscore) nach Elterntyp „Beschwichtiger" (nur Versuchsgruppe). 186

Abb. 8: Mittelwertunterschiede bei Empathiewerten (Summenscore) nach Elterntyp „Ankläger" (nur Versuchsgruppe). 187

Abb. 9: Fachkräfte- und Elternurteil 188

Abb. 10: Fachkräfteurteil in Abhängigkeit vom Elternurteil 189

Tabellenverzeichnis

Tab. 1: Alter nach Geschlecht, Versuchs- und Kontrollgruppe 156

Tab. 2a: Alter der Population nach Jahren, korrigiert gerundet. 157

Tab. 2b: Zusammenfassung der Altersgruppen 157

Tab. 2c: Zusammenfassung der Altersgruppen 157

Tab. 3: Geschlechterverteilung in der Gesamtpopulation.............. 158

Tab. 4: Qualifizierungsniveau der Eltern in Versuchs- und Kontrollgruppe... 159

Tab. 5: Mittelwertvergleich der CBCL-Ergebnisse INT-T-Wert (VAR 13) und EXT-T-Wert (VAR 15) nach Versuchs- und Kontrollgruppe, Alter und Geschlecht..................................... 163

Tab. 6: Syndromwerte des CBCL im Gruppenvergleich 164

Tab. 7.: Mittelwertvergleich der Ressourcen-Skalen des CBCL (Aktivitäten, Soziale Kompetenz und Schulleistungen)......... 166

Tab. 8: Zusammenhang zwischen der Syndromskala EXT (Var. 15) und dem ETK-Wert Mimik (Var. 170-175) 167

Tab. 9: Mittelwerte der Summenscores des ETK in den jeweiligen Gruppen mit Signifikanzprüfung 168

Tab. 10: Erkrankter Elternteil und ausgewählte ETK-Ergebnisse 171

Tab. 11: Zusammenhang zwischen dem Erkrankungsalter der Eltern und dem Empathiescore..................................... 173

Tab. 12: Phobien und Alpträume in Versuchs- und Kontrollgruppe und nach Alter 175

Tab. 13: Urteile der Fachkräfte über Beziehung in der Herkunftsfamilie .. 175

Tab. 14: Bindungsverhalten in der Untersuchung im Vergleich zur Normalpopulation 176

Tab. 15: ETK-Gesamtergebnis und Eigenschaften der Kinder nach Fachkräfte- bzw. Elternurteil 177

Tab. 16: Kommunikationstypen bei Kindern psychisch kranker Eltern....178

Tab. 17: Zusammenhang zwischen der Form der Erkrankung der Eltern und dem Bindungsverhalten des Kindes (nur A vs. C, in %).....179

Tab. 18: Zusammenhang zwischen der Erkrankung der Mutter (nur Ängste und Schizophrenie) und Bindungsverhalten des Kindes..180

Tab. 19: Empathie-Summenscores bei ausschließlicher Einbeziehung nur der niedrigen Itemwerte[5] 183

Tab. 20: Zusammenhang von Empathie-Summenscores und CBCL-Syndromwerten 184

Tab. 21: Bindungsverhalten der Kinder und Ausbruch der Krankheit der Eltern..185

Tab. 22: Rangfolge der Eigenschaften/Verhaltensweisen der Kinder psychisch kranker Eltern 190

Anlagenverzeichnis

Anl. 1: Erst-Information zur Studie 220

Anl. 2: Empathietest für Kinder (ETK) 222

Anl. 3: Fachkraft-Fragebogen (FKB) 235

Anl. 4: Informationsblatt für Eltern der Kontrollgruppe 243

Anlage 1

Studie zur Empathie
bei Kindern psychisch kranker Eltern

Bielefeld, August 2005

Sehr geehrte Damen und Herren,
liebe KollegInnen,

im Rahmen meiner Promotion befasse ich mich mit der Bedeutung von Empathie bei Kindern psychisch kranker Eltern und bitte Sie dabei um Ihre Unterstützung und Mithilfe.

Ich habe ein Fragebogen-Paket zusammengestellt, was sich an Sie als Fachkraft, einen psychisch bzw. psychiatrisch erkrankten Elternteil sowie dessen Kind im Alter von 7-14 Jahren richtet.

- Das Kind bekommt einen Fragebogen mit Comics, Fotos von Stoffpuppen und Gesichtern vorgelegt, auf denen es jeweils zu verschiedenen Gefühlen Einschätzungen vornehmen soll. Ein Zusammenhang zur psychischen Erkrankung des Elternteiles wird hier nicht aufgebaut. Der Fragebogen sollte bei jüngeren Kindern mit Unterstützung einer objektiven erwachsenen Person ausgefüllt werden, kann aber auch vom Kind selbständig bearbeitet werden.
- Die Eltern bekommen die CBCL, einen Fragebogen, der vielfach zur Anamneseerhebung eingesetzt wird und Ihnen vielleicht sogar bekannt sein dürfte. Dieser Fragebogen kann von den Eltern selbständig ausgefüllt werden und sollte möglichst dem psychisch erkrankten Elternteil vorgelegt werden.
- Für Sie als Fachkraft ist ein 5-seitiger Fragebogen vorgesehen, der Aussagen zur Erkrankung des Elternteils, zur Interaktion in der Familie sowie zu einigen Variablen beim Kind abfragt.

Selbstverständlich werden Ihre Angaben und die der Familie vertraulich und anonymisiert behandelt. Die Unterstützung und Mithilfe, um die ich Sie bitte, bestünde im Ausfüllen des „Fachkraft-Fragebogens" sowie der Weiterleitung nebst späterem Einsammeln und Rücksendung der „Eltern- und Kinderfragebögen". Der zeitliche Aufwand für Sie läge bei max. 20-30min.

Mit freundlichen Grüßen,

Klaus Riedel

✂ ....

Fax-Anfrage (0521 / 521 77 77)

Bitte senden Sie mir ____ Exemplare des Fragebogen-Pakets zur Studie über Empathie bei Kindern psychisch kranker Eltern zu:

Ansprechpartner: _____

Institution: _____

Anschrift: _____

Tel./Fax: _____

ggf. Mail: _____

Klaus Riedel · Wittekindstr. 41 · 33615 Bielefeld · praxis@klaus-riedel.de

Anlage 2[1]

Chiffre Nr.: 1

Lies die Geschichten genau durch. Mache dann je Geschichte
7 Kreuze (auf verschiedenen Balken), wie sich <u>das Kind</u> fühlt.

Beispiel:

Je stärker das Gefühl ist, je weiter rechts muss das Kreuz gemacht werden.

```
              gar nicht                          sehr
              1    10    20    30    40    50
fröhlich      |....|....|....|....|....|....|

traurig       |....|....|....|....|....|....|

wütend        |....|....|....|....|....|....|
```

---

[1] Quelle: Monigl, E. & Behr, M. (im Druck). Emotionale Kompetenzen bei Kindern und Jugendlichen. Göttingen: Hogrefe.

1.

	Seit Wochen schon wünscht sich Thomas ein neues Mountainbike.	Er weiß auch schon ganz genau, wie es aussehen soll: Genauso wie das Fahrrad im Laden gegenüber.
	Als er heute nach der Schule heimläuft, überholt ihn Dieter laut klingelnd auf seinem Traumfahrrad. Thomas schaut ihm nach.	Ausgerechnet dieser Angeber hat das Fahrrad bekommen, das sich Thomas schon so lange gewünscht hat. Er läuft langsam mit gesenktem Kopf nach Hause.

Wie ist/fühlt sich Thomas?

gar nicht   sehr
1   10   20   30   40   50

48	eifersüchtig
49	hilflos
50	wertlos
51	wütend
(52)	glücklich
53	traurig
54	neidisch

2.

Heute hat Annika Geburtstag. Auf ihrem Wunschzettel hat sie COMPUTER geschrieben.	Doch Annika weiß nicht, ob sie einen bekommen wird. Ihre Eltern haben ihr die ganze letzte Woche erzählt, wie teuer ein Computer doch ist.

Jetzt steht Annika vor ihren Geschenken. Da sieht sie ein großes, viereckiges Päckchen. Schnell reißt sie das Papier auf.	„Juhu, genau so einen hab ich mir gewünscht", jubelt Annika und umarmt ihre Eltern stürmisch.

Wie ist/fühlt sich Annika?

		gar nicht					sehr
		1	10	20	30	40	50
55	glücklich						
(56)	traurig						
57	schuldig						
58	dankbar						
59	stolz						
60	aufgeregt						
61	schämt sich						

3.

Sandra hat heute ihre Freundin Kerstin zu sich nach Hause eingeladen. Die Mädchen spielen mit Charlie, Sandras Hund.

Sie werfen einen Ball und Charlie soll ihn wieder zurückbringen. Aber Charlie bringt den Ball immer nur zu Kerstin. Dabei wedelt er fröhlich mit dem Schwanz und lässt sich von ihr streicheln.

Sie nimmt Charlie am Halsband und sperrt ihn ins Haus.

	Wie ist/fühlt sich Sandra?					
		gar nicht				sehr
		1 10	20	30	40	50
62	eifersüchtig					
63	wütend					
64	enttäuscht					
65	einsam					
66	hilflos					
67	verletzt					
(68)	stolz					

4.

| Paul und Lars sind dicke Freunde seit vier Jahren schon. Sie gehen zusammen zur Schule und erleben am Nachmittag so manches Abenteuer. | Heute haben sie sich die beiden zum Angeln verabredet. Um zwei wollen sie sich am kleinen See hinter ihrer Schule treffen. Paul ist zuerst da. Er setzt sich auf die Holzbank und wartet auf seinen Freund. |

| Die Zeit vergeht. Als Paul auf seine Uhr sieht, ist es schon halb drei – doch Lars ist nicht zu sehen. Paul wartet nochmals eine halbe Stunde. | Als sein Freund noch immer nicht auftaucht, trottet Paul mit gesenktem Kopf nach Hause. | Am nächsten Morgen entschuldigt sich Lars bei seinem Freund. |

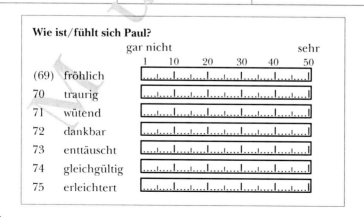

Wie ist/fühlt sich Paul?

		gar nicht					sehr
		1	10	20	30	40	50
(69)	fröhlich						
70	traurig						
71	wütend						
72	dankbar						
73	enttäuscht						
74	gleichgültig						
75	erleichtert						

5.

Sarah kann Martin nicht leiden und das hat seinen Grund: Im Unterricht macht sich der Bursche häufig über sie lustig. Er lacht über Sarahs Kleider und zieht sie an den Haaren.	An einem Mittwochmorgen bekommt die Klasse 6a ihre Deutscharbeit zurück.

Herr Schulz, der Deutschlehrer, gibt Martin sein Diktat zurück und sagt vor der ganzen Klasse:	Ein paar Schüler kichern und zeigen mit dem Finger auf Martin. Dieser wird ganz still und senkt den Kopf. Sarah hat alles beobachtet.

Wie ist/fühlt sich Sarah?

                gar nicht   sehr
                1   10   20   30   40   50

- 76 traurig
- 77 überlegen
- 78 schadenfroh
- 79 hat Mitleid
- (80) wütend
- 81 mächtig
- 82 glücklich

> Schau dir die Körperhaltung der Puppe genau an und überlege dir, welches Gefühl mit dieser Körperhaltung ausgedrückt wird.

Die Puppe ist/fühlt sich...

		gar nicht — sehr
83	...ängstlich	
84	...enttäuscht	
(85)	...fröhlich	
86	...traurig	
87	...verletzt	
88	...einsam	
89	...hilflos	

Die Puppe ist/fühlt sich...

		gar nicht — sehr
90	...aufgeregt	
91	...überrascht	
92	...wütend	
93	...selbstsicher	
(94)	...traurig	
95	...stark	
96	...fröhlich	

Die Puppe ist/fühlt sich...

		gar nicht — sehr
(97)	...verletzt	
98	...trotzig	
99	...hilflos	
100	...wütend	
101	...einsam	
102	...selbstsicher	
103	...überlegen	

Schau dir die folgenden Bilder genau an. Kreuze dann an,
wie <u>DU dich als Zuschauer</u> fühlst.

ICH bin/fühle mich...

		gar nicht — sehr
104	...aufgeregt	
105	...neidisch	
106	...einsam	
107	...traurig	
108	...neugierig	
109	...zufrieden	

ICH bin/fühle mich...

		gar nicht — sehr
110	...ängstlich	
111	...neugierig	
112	...schadenfroh	
113	...aufgeregt	
114	...mitleidig	
115	...traurig	

Schau dir das Bild genau an. Kreuze dann an, wie <u>DU</u> dich als Betrachter fühlst.

ICH bin/fühle mich...

		gar nicht ──────── sehr
116	...neugierig	
117	...neidisch	
118	...zufrieden	
119	...traurig	
120	...einsam	
121	...glücklich	

**Lies dir die folgende Geschichte genau durch.
Kreuze dann an, wie DU dich als Leser fühlst.**

Die ganze Nacht hat es geschneit. Als Peter heute morgen aufgewacht ist, war draußen alles weiß. Am liebsten würde er sofort in den Garten rennen und einen riesigen Schneemann bauen oder eine Schneeballschlacht mit seinen Freunden veranstalten. Aber ausgerechnet heute muss er im Bett bleiben, weil er Fieber hat.

Nach der Schule treffen sich die anderen Kinder. Peter sieht ihnen von seinem Fenster aus sehnsüchtig dabei zu, wie sie im Schnee toben. Er hört sie lachen und wünscht sich er dürfte auch dabei sein.

ICH bin/fühle mich...

		gar nicht ———————— sehr
122	...hilflos	
123	...nervös	
124	...neidisch	
125	...traurig	
126	...einsam	
127	...wütend	

Schau dir die folgenden Bilder genau an. Kreuze dann an, welche Gefühle das Mädchen oder der Junge haben.

Der Junge fühlt...

		gar nicht — sehr
128	...Angst	
129	...Trotz	
130	...Zorn	
131	...Unsicherheit	
132	...Neid	
133	...Ekel	

Das Mädchen fühlt...

		gar nicht — sehr
134	...Eifersucht	
135	...Wut	
136	...sich erschreckt	
137	...Neid	
138	...Hass	
139	...Angst	

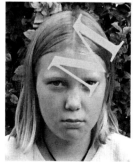

Das Mädchen fühlt...

		gar nicht — sehr
140	...Trauer	
141	...Scham	
142	...Furcht	
143	...Wut	
144	...Einsamkeit	
145	...Trotz	

Das Mädchen fühlt...

		gar nicht — sehr
146	...Stolz	
147	...Glück	
148	...Erstaunen	
149	...Neugier	
150	...Schuld	
151	...Angst	

Der Junge fühlt...

		gar nicht — sehr
152	...Erleichterung	
153	...Überlegenheit	
154	...Schadenfreude	
155	...Stolz	
156	...Glück	
157	...Stärke	

Das Mädchen fühlt...

		gar nicht — sehr
158	...Neid	
159	...Verachtung	
160	...Wut	
161	...Selbstsicherheit	
162	...Überlegenheit	
163	...Stolz	

Das Mädchen fühlt...

		gar nicht ——— sehr
164	...Einsamkeit	
165	...Enttäuschung	
166	...Furcht	
167	...Scham	
168	...Hilflosigkeit	
169	...Trauer	

Das Mädchen fühlt...

		gar nicht ——— sehr
170	...Trotz	
171	...Enttäuschung	
172	...Neid	
173	...Wut	
174	...Trauer	
175	...sich mächtig	

Anlage 3

Fragebogen für Fachkräfte aus der Versorgung psychisch kranker Eltern und deren Kinder

Chiffre-Nr.: __1__
bitte diese Chiffre-Nr. (z.B. erster Buchstabe des Familiennamens des Kindes mit Geburtsdatum, z.b.: M28039) selbst vergeben und
a) auf die erste Seite des Fragebogens an die Kinder sowie
b) auf die erste Seite des Elternfragebogens CBCL übertragen

Fragen zu Ihnen als Fachkraft

Grundberuf: _____177_____

Institution: 178   O 1 Erwachsenen-Psychiatrie
(Zutreffendes ankreuzen)   O 2 Kinder- und Jugendlichenpsychiatrie
                 O 3 Ambulante Jugendhilfe (Erziehungsberatung, SPFH, ASD, ...)
                 O 4 Stationäre Jugendhilfe (Heim, ...)
                 O 5 Psychiatrische / Psychotherapeutische Praxis
                 O 6 Selbsthilfe- oder Angehörigengruppe
                 O 7 Projektmaßnahme
                 O 8 Sonstige: _____

Fragen zur psychischen Erkrankung des Elternteils
(Bitte möglichst pro Frage nur eine Antwort ankreuzen)

179 Erkrankter Elternteil: O 1 Mutter   O 2 Vater   O 3 beide
180 Form der Erkrankung: O 1 Ängste   O 2 Depressionen   O 3 Schizophrenie
181 Intensität der Erkrankung: O 1 leicht   O 2 mittel   O 3 schwer
182 Momentane Behandlung: O 1 ambulant   O 2 teilstationär   O 3 stationär
183 Erkrankter Elternteil hat bereits _ Klinikaufenthalte hinter sich O 0 keine
184 Alter des Kindes bei erstmaliger Erkrankung: ca.: ___ Jahre

Fragen zur Familie

Alter des Kindes: _3_ Jahre   2 Geschlecht: O Mädchen   O Junge
Geschwisterreihe: Das Kind ist _227_ .tes von _228_ Kindern der Familie
185 Das Kind lebt mit dem psychisch erkrankten
Elternteil zusammen: O ja   O nein
186 Ein kompensierender, Sicherheit vermittelnder
Elternteil ist vorhanden: O ja   O nein
187 Das Kind hat eine enge Beziehung zu einer
wichtigen Bezugsperson: O ja   O nein
188 Ein tragfähiges soziales Netz außerhalb der
Familie ist vorhanden: O ja   O nein
189 Wohn- und
Lebenssituation des Kindes: O 1 Kind lebt bei leibl. Mutter und leibl. Vater
O 2 Kind lebt bei leibl. Mutter und neuem Partner
O 3 Kind lebt bei leibl. Vater und neuer Partnerin
O 4 Kind lebt bei allein erziehendem Elternteil
O 5 Kind lebt in Pflege- oder Adoptivfamilie
O 6 Kind lebt in Heim oder Wohngruppe
O 7 andere: _____

Bitte beantworten Sie die folgenden Fragen zu Eigenschaften und Verhaltensweisen des Kindes so gut Sie können, auch wenn Ihnen einige Fragen für das Kind unpassend erscheinen:

(0 = nicht zutreffend / 1 = etwas oder manchmal zutreffend / 2 = genau oder häufig zutreffend)

190 Hat Angst, etwas Schlimmes zu denken oder zu tun   0 1 2
191 Fühlt sich wertlos oder unterlegen   0 1 2
192 Ist zu furchtsam oder ängstlich   0 1 2
193 Hat zu starke Schuldgefühle   0 1 2
194 Ist unglücklich, traurig oder niedergeschlagen   0 1 2
195 Hört Geräusche oder Stimmen, die nicht da sind   0 1 2
196 bitte beschreiben:
197 Sieht Dinge, die nicht da sind   0 1 2
198 bitte beschreiben:

199 Gerät leicht in Raufereien / Schlägereien	0	1	2
200 Schreit viel	0	1	2
201 Produziert sich gern oder spielt den Clown	0	1	2
202 Ist störrisch, mürrisch oder reizbar	0	1	2
203 Bedroht andere	0	1	2
204 Lügt, betrügt oder schwindelt	0	1	2
205 Richtet mutwillig Zerstörungen an	0	1	2

Schätzen Sie bitte ein, in welchem Maße in der vorliegenden Beziehung die folgenden Sachverhalte ausgeprägt sind. Betrachten Sie dabei die Intensitätsskala als gleichabständig von sehr hoch bis sehr tief. Kreuzen Sie jeweils die zutreffende Ziffer an.

206 Bindungsverhalten sehr intensiv 1 2 3 4 5 wenig intensiv

207 Zuwendung sehr intensiv 1 2 3 4 5 wenig intensiv

208 Zuhören können sehr ausgeprägt 1 2 3 4 5 wenig ausgeprägt

209 Gegenseitiges Vertrauen sehr ausgeprägt 1 2 3 4 5 wenig ausgeprägt

210 Feinfühligkeit in der Beziehung sehr ausgeprägt 1 2 3 4 5 wenig ausgeprägt

Nun bitte ich Sie um eine Einschätzung zum **Bindungsverhalten des Kindes**
211. Geben Sie das Bindungsverhalten an, was aus Ihrer Sicht am ehesten zutrifft. (Bitte nur ein Feld ankreuzen)

Unsicher-vermeidende (distanzierte) Bindung	
o 1	Im Erstkontakt fällt das Kind durch sein pseudoreifes Verhalten auf. Es wirkt reifer, selbständiger und unabhängiger als andere Kinder. Bei Nutzung eines Spielzimmers wendet es sich neugierig unmittelbar dem Spielzeug zu und scheint die Anwesenheit der Fachkraft nur beiläufig wahrzunehmen. Das Kind ist bemüht, die Spiel- und Handlungsebene zu betonen und gefühlsmäßige Äußerungen herunterzuspielen. Es berichtet kaum von dem, was es bewegt, man hat das Gefühl, schwer an Gefühle oder Beziehungsthemen heranzukommen. In Erzählungen weist es zwischenmenschlichen Beziehungen und emotionalen Bindungen wenig Bedeutung zu. Im Kontakt zur Bezugsperson drückt es Gleichgültigkeit aus und scheint dessen Rückkehr nicht besonders wahrzunehmen.
Unsicher-ambivalente (verstrickte) Bindung	
o 2	Im Erstkontakt wird das Kind versuchen herauszufinden, was es tun muss, um der Fachkraft zu gefallen. In Erzählungen fällt es oft durch seine langatmigen und teils widersprüchlichen Geschichten und Beschreibungen vielfältiger Beziehungen auf. Im Kontakt mit der Bezugsperson bemüht sich das Kind mäßig bis stark, diesen Kontakt zu erreichen und aufrecht zu erhalten, drückt aber gleichzeitig Ärger innerhalb des Kontaktes aus.

Desorganisierte Bindung	
o 3	Im Erstgespräch wird das Kind durch chaotische Einfälle und Verhaltensweisen imponieren. Das Kind zeigt bisweilen stereotype Bewegungen, Phasen der Starrheit, desorientiertes Verhalten, plötzliche Aktivitäts- und Lautausbrüche wie zufällige und beiläufige Aggressionen gegen die Bezugspersonen.
Sichere Bindung	
o 4	Im Erstgespräch wirkt das Kind der Situation und Atmosphäre gegenüber angemessen und kongruent. In Erzählungen kann es offen und frei über seine Erlebnisse berichten und bezieht auch emotionale Beteiligungen mit ein. Im Kontakt mit der Bezugsperson findet eine ausgewogene Balance zwischen neugierigem Explorationsverhalten und Sicherheit suchendem Bindungsverhalten statt.

In der folgenden Tabelle sehen Sie verschiedene **Kommunikations-Typen**, auf die viele Menschen in Stress- und Belastungssituationen zurückgreifen. Jede dieser Kommunikations-Formen zeichnet sich durch besondere Stimmlage, Wortwahl und Haltung dem anderen gegenüber aus. Man kann sich den jeweiligen Kommunikations-Typ auch als Karikatur vorstellen und dadurch als inneres Bild noch einmal deutlicher vergegenwärtigen.
Bitte geben Sie für das betroffene Kind, den psychisch erkrankten Elternteil sowie ggf. den anderen - aktuell mit dem Kind in einem Haushalt lebenden - Elternteil bzw. Partner jeweils den am ehesten zutreffenden Kommunikations-Typ an. Es ist also je Spalte (Kind, Mutter, Vater) ein Kreuz zu machen.

	Kind	Mutter	Vater
Der **Beschwichtiger** spricht mit leiser und weinerlicher Stimme und ist sehr bemüht, die Erwartungen des anderen zu ergründen und zu erfüllen. In Worten ist er oft zustimmend („wenn du meinst, ..."). Kinder sind hier oft ängstlich darauf bedacht, nicht aufzufallen und reagieren mit Rückzug. Als Karikatur dargestellt wäre er unterwürfig und beschwichtigend.	212	213	214
Der **Ankläger** spricht mit lauter Stimme, dabei oftmals den anderen entwertend, verletzend oder beleidigend. In Worten wirkt er anklagend und nicht zustimmend („Du bist Schuld", „wie kannst du nur ..."). Kinder sind hier ständig auf der Suche nach (negativer) Aufmerksamkeit und oft in Auseinandersetzungen verstrickt. Als Karikatur dargestellt hätte er etwas Mächtiges oder Tyrannisches.	215	216	217
Der **Rationalisierer** spricht mit lebloser Stimme, auch seine Sprache wirkt monoton. Er versucht, dem Gegenüber alles logisch und kognitiv geprägt zu erklären. In Worten wirkt er vernünftig und sachlich, dabei oft Gefühle vermeidend („man ..."). Kinder zeichnen sich hier durch besondere Leistungen aus und suchen dadurch nach Anerkennung. Als Karikatur dargestellt wäre er die Figur eines zwanghaften und peniblen Beamten.	218	219	220

Der **Ablenker** spricht in belanglosen und nicht sinnhaften Zusammenhängen. Dem anderen gegenüber wirkt er zunächst witzig und komisch, kann aber auch mit der Zeit auf die Nerven gehen. In Worten ist er ablenkend und ohne Bezug zur Fragestellung. Kinder lenken hier durch ihre Clownereien von den eigentlichen Problemen ab und sind viel in Bewegung. Als Karikatur dargestellt wäre er ein Clown oder Klassenkasper.	221	222	223
Der **Kongruente** ist ein in sich stimmiger und zufriedener Kommunikations-Typ, der auch unter Stress genau das in Worten, Mimik und Gestik widerspiegelt, was er innerlich fühlt und empfindet. Er kommuniziert mit klaren und verständlichen Worten. Kinder wirken hier zufrieden und ausgeglichen und stimmig zwischen innerem Erleben und äußerlich sichtbarem Ausdrucksverhalten. Als Karikatur wären sie mit dem Gesicht zugewandt, locker und zufrieden wirkend.	224	225	226

Bitte senden Sie die 3 Teile der Fragebögen (Fachkraft-, Kind-, Elternversion) zurück an:

Praxis Klaus Riedel
Wittekindstr. 41
33615 Bielefeld

Sollten Sie Rückfragen zum Ausfüllen der Fragebögen oder der Studie haben, können Sie sich auch gerne per Mail (praxis@klaus-riedel.de), per Fax (0521/5217777) oder telefonisch (0521/5217799) an mich wenden. Bei Bedarf können Sie gerne weitere Fragebögen anfordern.

Sofern Sie nicht auf vollständige Anonymität (Kind, Eltern, Fachkraft) bestehen, bitte ich Sie für eventuelle Rückfragen um die Angabe einiger Daten Ihrerseits.

Name des Ansprechpartners (Fachkraft): _____

Mail oder Fax: _____

Tel.Nr.: _____

Vielen Dank für Ihre Mithilfe,

Klaus Riedel

Anlage 4

Praxis für Psychotherapie und Beratung

Praxis • Klaus Riedel • Wittekindstraße 41 • 33615 Bielefeld

KLAUS RIEDEL
Psychotherapeut
fon: 0521 / 5217799
fax: 0521 / 5217777

Wittekindstraße 41
33615 Bielefeld
email: praxis@klaus-riedel.de

Bielefeld, 24.08.2005

Sehr geehrte Eltern,
liebe Kinder und Jugendliche,

im Rahmen meiner Promotion befasse ich mich mit Kindern psychisch kranker Eltern. Ich habe dafür einige Fragebögen zusammengestellt, die einerseits die Eigenschaften und Verhaltensweisen der Kinder abfragen (Elternfragebogen) und sich andererseits mit Gefühlen von Kindern und Jugendlichen befassen (Kinder-/ Jugendlichenfragebogen).

Da für eine solche wissenschaftliche Untersuchung neben der Untersuchungsgruppe (psychisch kranke Eltern und deren Kinder) auch immer eine Kontrollgruppe (Kinder und Eltern aus durchschnittlichen Familien) benötigt wird, bitte ich Sie/Dich um Mithilfe.

Als Eltern müssten Sie den Elternfragebogen (CBCL) ausfüllen; unter „Name des Kindes" reicht der Anfangsbuchstabe des Vor- oder Nachnamens Ihres Kindes.

Als Kind/Jugendlicher im Alter von 7 – 14 Jahren müsstest Du Dir Bilder ansehen, kurze Texte lesen und viele Fragen durch Ankreuzen beantworten. Es gibt hier kein „richtig" oder „falsch", kreuze bitte ganz nach Deinem Gefühl, deiner Meinung an. Unter Chiffre: in der ersten Zeile trägst Du bitte den ersten Buchstaben Deines Vor- oder Familiennamens sowie Dein Geburtsdatum (z.B. M29.07.95) ein.

Selbstverständlich werden alle Daten streng vertraulich behandelt.

Sollte etwas unklar sein oder sich Nachfragen ergeben, können Sie / kannst Du mich gerne unter der o.a. Tel.-; Fax- oder Mailadresse kontaktieren. Die beiden ausgefüllten Fragebögen können dann mit dem frankierten Rückumschlag an mich zurückgesandt werden.

Mit freundlichen Grüßen und herzlichem Dank für die Mitarbeit,

(Klaus Riedel)

Sachregister

Adoleszenz 78f., 90, 93
Angehörige 59, 67f., 70f., 77, 85, 105-107
- Angehörigengruppe 86, 106-105
- Angehörigenvisite 100-101
Anonymisierte Fallbesprechung 129, 144
Aggression 29-30, 39, 141
Aktualgenetisches Modell 27
Alpträume 174f., 180f., 193, 197f., 198
Alter 11, 16f., 20f., 26, 36f., 69, 70, 78f., 83, 148, 156f., 164f., 166, 172f., 183, 185, 192, 194f., 196
- Alter bei Erkrankung der Eltern 172f., 185, 193, 196, 199
- Säuglingsalter 20, 40, 78, 90, 199
- Jugendalter 78f., 90, 93
Ängste 23, 34, 40, 45-46, 80f., 91, 141, 152, 171, 177, 179, 180, 188-190, 197
Auryn-Projekt 117-122, 136, 138, 142

Bindung 22-25, 38, 40, 75, 82, 108, 185
- Bindungsforschung 19, 22-25, 33, 38, 56f. 105, 176
- Bindungstheorie 22-25
- Bindungstypen 22-24, 176, 180
- Bindungsverhalten 31, 33, 76, 174-176, 179, 180, 185, 193, 198, 199
- Desorganisierte Bindung 23f., 176, 185
- Feinfühligkeit 19, 22, 174f.
- Fremde-Situation-Test 22-24
- Sichere Bindung 25f., 176, 185, 198
- Unsicher-ambivalente Bindung 23f., 176, 179f., 185
- Unsicher-vermeidende Bindung 23f., 176, 179f., 185
Bezugsperson 21-24, 38, 40f., 46f., 90, 116, 121, 141, 174f., 179, 185, 191, 197

Belastungsfaktoren 67-72, 79-80, 96, 98, 104, 117, 123, 126, 129, 142, 145, 196, 198f.
- Belastungsfaktoren für die Kinder 77-83
- Belastungsfaktoren für die Eltern 72-77
- Belastungsfaktoren für die Familien 67-72, 145
- objektive Belastungsfaktoren 69f., 96
- subjektive Belastungsfaktoren 69f., 71, 96

Checkliste 79, 127
Child-Behavior-Checklist (CBCL) 148, 149-150, 160-167, 177, 184, 188f., 192, 195, 196, 197

Deinstitutionalisierung 67f., 102
Depression 34, 63, 71, 80, 83, 152, 171, 179, 181, 197
Diagnostik 38, 42-44, 72, 98, 120, 123f., 127f., 145
- Physiologische Reaktionen 25f., 27, 40-43, 62
- Selbstberichte 25f., 43f., 191, 196
Drei-Berge-Versuch 20, 35

Einfühlung 10, 14f., 24, 32, 48, 49, 52f., 187, 194
Emotionale Intelligenz (EQ) 28-29, 44, 191, 200
Empathie 8f., 10-57, 181-190, 191-200
- Affektive Komponenten 27, 32
- Aktualgenetisches Modell 27f.
- Diagnostik von Empathie 38, 42-44, 150-151
- Empathie und Aggression 29-31, 39
- Empathie und Familienorientierte Ansätze 63-65, 94

245

- Empathie und Gefühlsansteckung 16, 19, 31-34, 56, 150f., 167-169, 183f., 191, 196
- Empathie und körperliche Gewalt 31
- Empathie und Körpersprache 40-42, 57, 150f., 167-169, 183, 184f., 191, 196, 200
- Empathie und Perspektivenübernahme 20, 25, 30, 32, 34-39, 57, 167f., 191, 196
- Entwicklungspsychologische Ansätze 16-21, 27, 37f., 41
- Kognitive Komponenten 27, 34
- Motor-Mimicry 40-41
- Sozialpädagogische Ansätze 45-67, 94
- Sozialpsychiatrische Ansätze 63-65
- Sozialpsychologische Ansätze 27-28
- Spiegelneuronen 44-47, 55, 191

Empathietest für Kinder (ETK) 148, 150-151, 155, 166, 167-169, 171, 173, 177, 181-190, 191-197, 200
Empirische Untersuchung 9, 147-200
Entwicklungspsychologische Aspekte 16-21, 22, 27, 37f., 41, 79
Erziehungsberatung 110-111, 115
Expressed-Emotions 64, 71, 104

Fachkraft-Fragebogen (FKB) 148, 152-153, 169-178, 186, 188, 191, 196f., 197
Fachkräfte vs. Elternurteil 188-190, 194, 199
Familienorientierte Ansätze 63-65, 94
Familiensystem 65, 67-69, 75, 84-87, 142
intaktes Familienverhältnis 85, 91
Fremde-Situation-Test 22-23

Gefühlsansteckung 16, 22, 31-34, 56, 150f., 167-169, 183f., 191, 196
Genetische Aspekte 62f., 74, 91, 94

Geschlechtsspezifische Aspekte 25-27, 43, 75, 79, 92, 156-158, 162-165, 169, 174, 178, 182, 192f., 195, 199
Geschwister 38, 78, 89, 129, 152
Gestik 40-42, 57, 191
Glasplatte-Experiment 32f, 56
Gruppenangebote 89, 103f., 118, 129, 133
- Angehörigengruppe 102-105
- Auryn-Projekt 117-122, 136, 138, 142
- Kipkel-Projekt 117, 122-125, 137, 138, 142, 146
- Mannheimer Kinderprojekt 117, 125-133, 134f., 138, 142, 146

Heimunterbringung 110, 113-114, 116, 173
High-Risk-Forschung 60-62, 63f., 94
Hilfeplan 112-114, 135
Hilfsangebote 60, 66f., 86, 90f., 93, 98, 100-146, 147, 199
- Angehörigengruppe 102-105
- Angehörigenvisite 100-101
- Auryn-Projekt 117-122, 136, 138
- Erziehungsberatung 110-111
- Finanzierung der Hilfsangebote 136-137
- Gruppenangebote 89, 103f., 118, 129, 133
- Heimunterbringung 110, 113-114, 116, 173
- Jugendhilfe 8f, 60, 67, 109-114, 123, 125, 126, 128, 130, 132, 135, 136-140, 143-145, 154, 170
- Kindorientierte Modellprojekte 117-133
- Kipkel-Projekt 117, 122-125, 137, 138, 142, 146
- Kompetenz der Anbieter 133, 137-139
- Mannheimer Projekt 117, 125-133, 134f., 138, 142, 146

- Mutter-Kind-Angebote 105-109
- Schwierigkeiten bei der Inanspruchnahme 139
- Stationäre und teilstationäre Angebote 168-117
- Psychiatrie 8f, 60, 67, 72, 75, 94, 100-109, 123, 125, 126, 131, 135-138, 145f., 154, 170
- Psychotherapie 9, 12, 47-48, 90, 98, 108, 114-117, 145
- Tagesgruppe 110, 112-113

Identitätsentwicklung 83, 119, 299
Identifikation 18, 32, 33, 56, 83, 89, 92, 199
Informationsvermittlung 87, 88, 91, 96f., 104, 119, 120f., 130, 141, 143, 144
Interaktion 19, 24, 35, 39, 41f., 55-57, 64, 65, 71f., 75-77, 97, 199
- Mutter-Kind-Interaktion 19, 24, 41f., 97, 105-106, 108
Isolation 64, 69, 77f., 96, 97, 117, 129

Jugendhilfe 8f, 60, 67, 109-114, 123, 125, 126, 128, 130, 132, 135, 136-140, 143-145, 154, 170

Kinder- und Jugendlichenpsychotherapeuten 114-116, 154, 169f.
Kinder- und Jugendlichenpsychiatrie 60, 116f., 125, 154
Kipkel-Projekt 117, 122-125, 137, 138, 142, 146
Klinik 67, 86-87, 100-111, 123, 126, 137, 139, 144, 172
Körpersprache 40-42, 57, 150f., 167-168, 183, 184f., 191, 192, 193, 194, 196, 200
- Gestik 40-42, 57, 191
- Gesichtsausdruck 26, 41-42, 57, 151
- Gesichtsgestik 41-42, 57

- Mimik 40-42, 57, 151, 166-169, 171, 174, 181, 183-185, 191, 192, 193, 196, 200
- Physiologische Reaktionen 25, 41, 43
Kommunikation 24, 39f., 55-57, 64, 69, 71f., 75-77, 87, 109, 114, 121, 122, 130, 134f., 142, 147, 153, 178, 191, 196, 198, 199
- Kommunikationstypen nach Satir 178f., 186-188, 194
Kompensierende Faktoren 66, 73, 75, 84-99, 147, 152, 174
Kooperation 100, 123, 128, 131f., 133-135, 136, 138, 139, 141, 146, 200
- Kooperation der Fachdienste 125, 128, 131f., 133-135, 138, 141, 146, 200
- Kooperation Jugendhilfe und Psychiatrie 125, 126, 135, 138, 146
- Kooperationsfahrplan 128, 134, 146

Löffel-Experiment 17-18
Loyalitätskonflikte 78f., 142

Mannheimer Kinderprojekt 117, 125-133, 134f., 138, 142, 146
Motor-Mimicry 40-41
Mutter-Kind-Angebote 105-109, 137
Mutter-Kind-Interaktion 19, 63, 65, 76, 97, 105f., 108, 197

Negativsymptomatik 70f.
Neurobiologie 24f., 45-47

Paarprobleme 71, 74f., 88, 171
Pathogenese 66, 84
Personzentrierter Ansatz 47f., 49-52
Perspektivenübernahme 20, 25, 30, 32, 34-39, 57, 167f., 191, 196

- Affektive Perspektivenübernahme 25, 36-37
- Drei-Berge-Versuch 20, 35
- Konzeptuelle Perspektivenübernahme 35-36
- Visuell-räumliche Perspektivenübernahme 35-36

Phobien 174f., 193
Positivsymptomatik 71
Prävention 11, 30, 61f., 66f., 86, 87, 98, 117, 122, 126, 137, 145, 146
Protektive Faktoren 62, 65, 84-99
Psychiatrie 8f, 60, 67, 72, 75, 94, 100-109, 123, 125, 126, 131, 135-138, 145f., 154, 170
Psychische Erkrankungen
- Ängste 34, 40, 61, 80f., 152, 171, 179, 180, 197
- Depressionen 34, 63, 71, 80, 83, 152, 171, 179, 181, 197
- Dauer der Erkrankung 81
- Intensität der Erkrankung 172
- Phobien 174f., 193
- Psychose 58, 61, 63, 76, 78, 93
- Schizophrenie 58, 61-63, 70, 72, 75, 76, 80, 83, 152, 171, 179, 180f., 197
- Wohnsituation der Kinder 173f.
- Wochenbettpsychose 78

Psychoanalyse 47f., 52-54, 115
Psychotherapeuten 48, 114-116, 154, 169f.
- Ärztliche Psychotherapeuten 115, 154, 170
- Kinder- und Jugendlichenpsychotherapeuten 114-116, 154, 169f.
- Psychologische Psychotherapeuten 114, 154, 170

Psychotherapie 9, 12, 47-48, 90, 98, 108, 114-117, 145
- Ambulante Angebote 115f.
- Personzentrierter Ansatz 47f., 49-52, 115, 117

- Psychoanalyse 47f., 52-54, 115, 117
- Psychotherapie-Prozessforschung 25
- Stationäre Angebote 116f.
- Verhaltenstherapie 48, 54-55, 115, 117

Pubertät 78f., 90

Resilienz 84, 95
Redeverbot 140, 142-143
Ressourcen 70, 86, 93, 95, 96, 120, 124, 127, 128, 140f., 149, 165-166, 193, 195, 197, 198, 199
Risikofaktoren 63-65, 75
- Checkliste zur Risikoeinschätzung 79

Rouge-Test 17f.

Salutogenese 65, 84
Schizophrenie 58, 61-63, 70, 72, 75, 76, 80, 81, 85, 126, 152, 171, 179, 180f., 197
Schuldgefühle 73, 77f., 79, 88, 108, 118, 120, 125, 130, 132
Schwarz-Weiss-Hypothese 184, 197
Selbst 19, 49, 90
- Selbst-Entwicklung 19f.
- Selbstkonzept 21, 43, 197
- Selbstwahrnehmung 29, 91, 130
Selbstberichte 25f., 43f., 191, 196
Soft Skills 29
Sozialpädagogische Ansätze 65-67, 94
Sozialpsychiatrische Ansätze 63-65, 123
Sozialpsychologische Ansätze 27-28
Soziodemographische Aspekte 70, 156-160
Spiegelneuronen 44-47, 55, 191, 200
Stimmungsübertragung 16
Stationäre / Teilstationäre Angebote 116f.
Tagesgruppe 110, 112-113
Tabuisierung 8, 69, 117, 123, 142f.
Teddy-Experiment 16-18

Trennung / Scheidung der Eltern 74f., 82, 171

Verhaltenstherapie 48, 54-55, 115, 117
Vernetzung 67, 128, 131, 133-135, 146
Vulnerabilität 62, 63, 79, 199

Wissensvermittlung 87, 88, 91, 96f., 104, 119, 120f., 130, 141, 143, 144
Wochenbettpsychose 78

GwG-Akademie (Hrsg.)

Personzentrierte Psychotherapie und Beratung für traumatisierte Klientinnen und Klienten

2007, 240 Seiten, 15 Abb., brochiert, 21,90 €
Sonderpreis für GwG-Mitglieder 17,50 €
ISBN 978-3-926842-40-4

Die Broschüre dokumentiert die Fachtagung „Personzentrierte Psychotherapie und Beratung für traumatisierte Klientinnen und Klienten", die vom 2. bis 3. Februar 2007 in Bonn stattgefunden hat. Der Reader ist ein beeindruckender Beleg für personzentriertes Arbeiten in der Traumatherapie und -beratung. Er bietet zudem eine gute Mischung aus Theorie und Praxis der Traumatherapie, er lässt teilhaben an Lebensgeschichten und Verläufen in der Behandlung traumatisierter Menschen, er reflektiert die Arbeit mit Traumatisierten vor dem Hintergrund personzentrierter Haltungen und Personzentrierter Psychotherapie und Beratung und er entfaltet theoretisch-konzeptionelle Überlegungen in Richtung auf eine Personzentrierte Traumatherapie.

Unter anderem mit Beiträgen von

Petra Claas zu einer Personzentrierten Psychotherapie für traumatisierte Klientinnen und Klienten ▪ *Else Döring* zur Traumatherapie mit Kindern ▪ *Jobst Finke & Ludwig Teusch* zur Gesprächspsychotherapie bei posttraumatischer Belastungsstörung ▪ *Silke Birgitta Gahleitner* zur Bindungstheorie als Grundlage der Psychotherapie bei komplex traumatisierten KlientInnen ▪ *Klaus Heinerth* zum Trauma der Frühen Störung ▪ *Sybille Jatzko* zu Schicksalsgemeinschaften und Hinterbliebenengruppen in der Katastrophenhilfe ▪ *Ernst Kern* zur körperpsychotherapeutischen Perspektive in der Personzentrierten Traumatherapie ▪ *Rosemarie Steinhage* zur Psychotherapie mit Multiplen Persönlichkeiten

---

 **GwG-Verlag**

Melatengürtel 125a • 50825 Köln
Telefon: 0221 925908-0 • Fax: 0221 251276
E-Mail: gwg@gwg-ev.org • http://www.gwg-ev.org